TKC全国会会員に学ぶ

中小企業の経営維新

自利利他の実践に命を燃やす社長たれ!!

税理士
経営士
神野 宗介

はじめに

中小企業の経営者の皆さん、今あなたの会社は黒字でしょうか。

それとも赤字でしょうか。

まさか赤字じゃないでしょうね。

はたまた赤字なのに、何の危機感も感じていないなんてことはないでしょうね。

赤字会社は倒産予備群です。

赤字が続けば必ず会社は倒産します。

「倒産」という言葉を耳にしても、自分とは関係がない時には「かわいそう」程度の思いしか感じないと思います。

しかし倒産の現実は、過酷です。

社員とその家族を路頭に迷わせるだけではありません。

中小企業の経営者は自分の財産、家族と共有の財産を担保に借入をしています。

個人保証もしています。

倒産となれば、それを全て失ってしまいます。

子供達を含めた家族をどん底に突き落としてしまいます。

債権者からは、やんやの催促がきます。

夜中であろうが何であろうが取り立てにきます。

家族にも執拗に迫ってきます。

今まで仲間と思っていた人たちの多くが去っていきます。

「あれほど面倒をみたはずなのに……」、口惜しさだけが募ります。

会社更生法などは大企業のためのものであり、中小企業の場合対象にならないと言ってよいでしょう。


倒産という時あなたは、どう説明しますか。

もちろん倒産させて申し訳なかったという思いはあるでしょう。

それに耐えきれない経営者は自殺ということもあります。

しかし倒産させてからでは、どんな言い訳をしても全てが遅いのです。

中には倒産から立ち上がって再生する経営者もいますが、それはむしろ例外的と考えるべきです。


大事なのは倒産しない会社づくりを、毎日の経営の中で作り上げていくことです。

それは、今黒字であっても同じです。


今、日本の中小企業の約七五%が赤字です。

言葉を替えれば、日本の中小企業の約七五%が倒産予備群ということです。

このまま黙って何の努力もしないで倒産を待ちますか。

家族を、社員とその家族を、路頭に迷わせますか。

それとも赤字から脱する努力をしますか。

あなたにその気持ちがあれば、決して失望することはありません。

やりかた次第で赤字会社が黒字に転換します。


私は会計事務所を開業して間もなく五十年、ＴＫＣ会員になって四十五年になります。

三千社を超える顧問先の中小企業とおつき合いをしてきました。

そのなかで、ＴＫＣコンピューター会計システム導入による効果を、時間を追って強く実感しています。

その理由は、わが事務所の顧問先の黒字化率は八〇％にまでいっているからです。

今はこの数字を二〇％アップし、一〇〇％にすることを目指しています。

正に中小企業の経営維新の断行支援を実践して取り組んできたことの結果であると、自信を持って断言します。

後半で私どもの実践する維新改革経営を紹介します。

その体験から、経営者がＴＫＣ会員の会計事務所を活かさなければ「もったいない」。ぜひともＴＫＣ全国会会員一万名の会計事務所を活かしてほしい、と思って本書をまとめました。

本書では、私どもＴＫＣ全国会会員会計事務所としての実践を中心に、経営力を強化向上させるために役立つ内容を豊富に紹介しています。

その結論を一言で言えば、「経営者の意識改革」と「実践」です。

「それは充分にわかっている。しかし、わかっているけど、なかなか実践できない」という経営者もおられると思います。

だからこそ真剣に親身になって相談相手になってくれるパートナーが必要なのです。

経営者の皆さん、本書を手掛かりにまず一歩を踏み出してください。

経営者自身のあなたが、そして会社が変わり始めることを実感するはずです。

そしてその一歩一歩の努力が積み重なり、あなたの会社の明るい未来を手にすることができるのです。

神野宗介

目次

第一章

中小企業の「経営維新」それは社長の意識改革から!!

（1）赤字会社の経営者に警告!!　命を燃やす意識改革の実践者たれ!!

国税庁が法人税事務整理表に基づいて作成した、平成二十四年四月一日〜平成二十五年三月三十一日（平成二十四年度）のまとめをみると、申告した法人総数約二六〇万社に対し利益計上法人数は七〇・七万社になっています。その比率を計算すると黒字会社の割合は二七・二％ということになります。同じ統計で平成二十二年度を見ると黒字法人は二四・九％、平成二十三年度は二五・七％となっています。

第二次安倍内閣の誕生が平成二十四年十二月で、株価も上昇し始めましたから、平成二十四年度は、多少アベノミクス効果があったと言えるかもしれません。

しかしその後の様子を見ていると、確実に効果は上がっていると簡単に結論づけられるものではありません。大企業といえども、すべてが良い成績を上げているのではなく、苦しい立場にある企業もあります。

また中小企業だけに絞れば赤字の割合はもう少し高くなると思いますが、約七五％の企業が法人税を納めていないのです。これが国家の一大事でなくて何でしょうか!?　私は会計事務所の経営をしながら、「中小企業が元気にならねば日本に明日はない」と言い続けてきました。労働人口の約七割が中小企業に勤めているからです。

アベノミクスが今後どのような効果をもたらしてくれるのか。揺れ動く国際社会も相まって予測がつきません。大企業はおろか、中小企業はなお厳しい環境にさらされると言っても過言でないのです。

では全てがダメかと言えばそうではありません。

約七五％の企業が赤字ということは、裏を返せば、約二五％しか黒字会社が存在しないということです。然し、私どもの事務所では顧問先の約七五％が黒字になっています。

これは、同じ経営環境下でも堂々と利益を上げ続けている中小企業もあるということです。不況なんぞに負けてたまるか、という元気会社が存在するのです。

問題は、こうした状況下で赤字会社から黒字会社に変身し、儲かる元気会社にステップアップする確かな方法や仕組みがあるのかどうかということです。

それは間違いなく「ある」と私は断言します。

元気会社には、その共通の要因とでもいうべき「勝ち組企業となるノウハウと仕組みづくり」が確実に存在しています。では元気会社は、そういうノウハウや仕組みをどのようにして手にすることができたのでしょうか。

ここが最大のポイントです。その最も肝心なこと、それは社長の姿勢で決まるということです。

元気会社づくりの第一歩は「社長の意識改革」です。

その改革にあたってのポイントは第一に現状否定、第二に脱皮創造、第三に想念実現です。これがこれから説明する三大実践ポイントです。

これが赤字会社から黒字会社へ、そして優良企業誕生へと繋がっていきます。

結論的に言うと、赤字会社の社長は会社の黒字化実現へ向け、意識改革を行って次の三大改革を実践断行せよ!! そして必死で取り組むトップしかできないことと割り切ることです。

私は、断言します。赤字会社の経営者は「生まれ変わったつもりで経営維新改革断行の挑戦者たらん」と決意し、これに必死で取り組むことしかないと私は警告します。その改革の三大ポイントが、一、現状否定　二、脱皮創造　三、想念実現ということです。

第一、現状否定↓タブーに挑戦せよ！

揺れ動く激動の国際社会の時代にあっては、過去にとらわれていては会社の将来はありません。

私どもの会計事務所業界でも、今だに請負業的発想で記帳代行（企業側で作成すべき帳簿を会計事務所が代わりに作成すること）を行っているような事務所があります。

クラウド会計の波がやってくることを知りながら、現状に甘んじて改革をしようとしない。もはやクラウド会計が現実になっており、改革ができない会計事務所には将来などありません。

その人達は先を見ることを怠り、あるいは変革を恐れて、過去の延長線上にあぐらをかいているからです。

同様に改革が迫られている赤字会社の経営者は、なぜ改革に取り組まないのでしょうか。

一つは、危機がおとずれることに何の危機感も感じていない。

二つは、現状維持でなんとか経営が成り立ってきた。

三つは、改革をするにはそれなりの努力が必要であり、社員の教育、取引先への丁寧な説得が必要であるために面倒なことはしたくないという会社の将来を考えない怠け心が優先しているのでしょう。


これでは改革はできません。

改革をするにはこうした現状で満足している経営者自らの意識を全面否定することです。

現状を否定しない限り何も変わりません。即ち、現状肯定の上には明日はないのです。

さて、あなたは会社の現状をどう見ていますか。

そこが現状否定の第一歩の始まりです。

まず、現状を冷静に見つめてください。

赤字でも平気な経営者は目覚めてください。

このままではダメだ!!　嫌だ!!　と自分に言い聞かせてください。

現状否定とは、単に現状を否定するだけではありません。

現状に満足せず新たな領域にチャレンジするということです。

その場合、その業界でタブー視されていることに踏み込まざるを得ないことが往々にしてあるものです。

しかしそのタブーに一歩踏み出す勇気もなくて、現状を打破し、一大変革を成し遂げることなどできるわけがありません。そんなことをやるのは業界の異端児だといわれることに、あえて挑戦するのです。

業界の常識外のこと、今まで誰もやったことのないこと、やってはいけないと言われてきたことを敢然としてやり抜く。「他社がやらないからこそ、当社があえて挑戦し、前例をくつがえすのだ」との不退転の覚悟で取り組むのです。それが現状否定によるタブーへの挑戦です。

第二、脱皮創造→原点に立ち返り、〝フトンの寝起き〟を実践せよ！

ヘビは、激痛に耐えて脱皮しながら生命を維持し成長していくといわれます。これと同じように、現状を打破するということは、いままでにない苦しみや困難が伴います。

だから創業時はあれほど頑張ったのに、現状に甘んじて改革ができないという経営者がいます。そんな状態になっていませんか。

そういう場合は、創業時の志に立ち返り、生まれ変わったつもりで第二の創業をスタートさせることです。それが、「脱皮創造」です。

具体的には、〝フトンの寝起き〟を自らに課すことです。

フトンから起きる時は、頭が一番先に起きて、足が最後にフトンの外に出ます。寝る時はフトンに足が一番先に入って頭は最後に休みます。

足は「社員」、頭は「社長」です。

つまり、社長たる者、朝は誰よりも早く出社し、掃除をして社員を迎え、夜は最後まで会社にいて、社員の帰社を待って「ご苦労さま、また明日頑張ろう」とその労をねぎらう。そして、消灯し、会社に最敬礼して一番最後に帰宅し、感謝の気持ちでフトンに入り就寝する、というのが〝フトンの寝起き〟の意味です。

私の知人の社長が、赤字が十期も続いている会社の再建に自ら願って発心・決心そして持続心で挑戦しました。

その会社の営業エリアにあるお店は、一番遠いところは車で四時間もかかったそうです。しかしその社長は、どの店にも朝七時には出社するという目標を立てました。

朝三時に家を出て、言った通りに朝七時までに出社して掃除をする。

一回も約束を破ることなく続けたら一年で黒字に転換したそうです。

間違い無く社員の意識は変わったと言えます。

もちろんその社長は朝の出社だけでなく、社員に経営者の感覚を身につけてもらう研修（ＭＧ・マネジメントゲーム）も併せて行ったそうです。

脱皮創造とは、朝早くから夜遅くまで仕事に全力投球し、社長は一番忙しくて苦しいのは当たり前だという社長業の原点を再認識し、実践することなのです。

第三、想念実現→「絶対に勝ち組になるぞ」と念じ続けよ！

想念実現とは、思ったことが実際に現実となるということです。

赤字でも平気と思っている経営者は、赤字経営を続けます。

経営環境が悪いと思っている経営者は、悪い経営環境から抜け出すことはできません。

それではやがて倒産ということになりかねません。

そうではなくて、赤字から必ず脱してやる。誰よりも努力し、業績を必ず改善する。という願いを強くして、あせらずに「必ず勝ち組になる、頑張ればなれるんだ！」と強く想い念じ続けるのです。

思いが行動に表れます。

絶対に勝ち抜くという強い思いが、行動に繋がるのです。

人生も会社経営も同じです。

自分の人生はもうダメだと想えば、本当にダメになってしまいます。なぜならダメだと想う自分の意思が、人生の生き方を引っ張り、ダメになるような習慣・行動を伴ってしまうからです。

事業経営も同じで、これは売れないと想ったら売れなくなるし、今のレベルが自社の限界だと思えばそれ以上に成長することはありません。

自分はダメとか、会社は赤字で当たり前と思うような「誤てり自己限定は、自分の人生そして会社経営の最大の敵である」と肝に銘じて行動すべきです。

想念は実現します。できると思えば、できます!!

このことはＴＫＣ全国会会員会計事務所をパートナーにすると、儲かる仕組みづくり、ヤル気の土俵づくりなどの実践で実感するはずです。

社長の意識改革で運命の女神を機敏かつ勇敢につかまえよ！

本書の目的である中小企業の「経営維新」は〝元気会社づくり〟であり、その第一歩は、社長の意識改革であるということを述べました。

再度申し上げれば、意識改革とはともすれば誤てり自己限定しがちな意識と戦い、勇気を持って現状を打破し、タブーに挑戦することをいうのだということなのです。

そして「たとえ同業者が半分に減っても、わが社は生き残るぞ！」という想念を常に忘れない気迫あふれる社長の思いが社長の意識改革につながるのです。

「悪い会社は無い。悪い社長がいるだけだ」という言葉も時々本書には出てきますが、社長は社員をはじめ取引先、お客様からも常に見られています。

ですから社長の行動が周りの人たちに大きく影響します。

社長の心すべきところは、取引先等の関係者がみんな協力したくなるような魅力あふれる社長になることが大切です。

ただ経営のポイントを外して、とにかく一所懸命にやれば元気会社をつくれるかといえば、そうではないことを強調しておきます。

「一所懸命やったのにどうしてつぶれたんでしょうか？」

と言う社長がいますが、時代の流れやマーケットの変化を見ずに、ただ一所懸命やっていたことが会社をつぶす原因になっているのです。

「魚人間は会社をつぶしてしまう」

という教えがあります。魚は水の流れは知っていても、川の流れは知りません。

水の流れに合わせて懸命に泳ぐすべは知っていても、川の流れ全体がわかっていないので、深い滝壺に真っ逆さまということにもなるのです。

真面目にコツコツというのは決して悪いことではありません。しかし時代の流れを見ずにただコツコツの努力だけでは、サクセスから離れてしまいます。

現在のような加速度的に進化する状況下で、ぐずぐず迷っていたら運命の女神はあっという間に飛び去ってしまいます。

これからのサクセスキーワードは「運・鈍・根」という「運をつかむには鈍重にして根気よく」から、「運・敏・敢」に変化しています。世の中全体の流れをしっかりと見据え、運命の女神の前髪を機敏かつ勇敢につかまえ、自分のもとに引き寄せ、ビッグチャンスとすることが成功の鍵です。

そのうえで、あとは「社長の意識改革」にあたってどう行動するかということになります。

人は一人で決意しても、なかなか実行できるものではありません。

身近に相談する人、見守ってくれている人がいると頑張ることができます。

そんな時、中小企業の経営者にとって何よりの味方になってくれるのがＴＫＣ会員の会計事務所なのです。このことは私の約五十年という経験から出てくる結論です。

（２）赤字会社の社長の心に潜む『四つの神話』を打破せよ!!

経営は常に真剣勝負です。ところが会社が赤字であっても、さほど問題意識も危機感も持っていない経営者がいます。そんなことで、会社を存続させることができるでしょうか。

もちろん存続できません。まして経営改革や維新改革などできるはずがありません。

なぜそうなのでしょうか。

それは、経営者として経営改善の努力もせず、中小企業だから何をしてもダメなんだと諦めが心に潜んでいるからです。その思いが社長の改善意欲を阻害しているのです。

この思い込みは、赤字会社の社長に共通しています。

それが私の言う『四つの神話』です。

社長の意識改革も、この社長の心を呪縛している『四つの神話』から脱することから始まります。

最近、改めてそのことを知る機会がありました。

まだまだ中小企業の経営者が呪縛されている現状を知り、その解放を訴えたいと思います。

話はこうです。

何社か集まって経営計画書を作成する集まりがあり、私も参加しました。指導者がこういう説明したのです。

「経営計画書を作成するにあたり、社員の意見を良く聞いて、それを吸い上げてまとめてください」というのです。

驚いた私は「それでは、社長は必要ありませんね。経営計画書は社長の命を懸けた情熱と思いを入れ込んでこそ作る意味があります。それを社員が社長と思いを共有して実践するのが経営計画書ではないですか」と私の持論を述べました。

「神野さんは税理士だから経営計画書の作り方がわからないのです。社員の意見を入れて民主的に作るのが経営計画書なんです」

「とんでもない。私は実際に経営者として一三五人の運命を担った経営計画書を作成し、顧問先中小企業の黒字化を八〇％まで高めてきた生の体験から得た私の結論ですよ」と反論しました。

……言葉が返ってきませんでした。

さて、読者の皆さんはどう思いますか。

なぜ赤字会社が改善されないのでしょうか。

私の結論から言えば、いま述べたように中小企業の経営者は最初から「民主経営でやるべきだ」

などという神話に呪縛されているからなのです。

もしこの四つの神話にとらわれていたら即刻捨て去ってください。捨てなければ、元気会社、会社の黒字化などは到底できません。次に述べる四つの神話は、経営者が陥りやすい考え方ですので、そうならないように真剣に考えてください。

第一の神話　中小企業弱者論

中小企業の経営者と話をしていて、元気のない社長に共通して感じるのは「どうせわが社は中小企業で弱い立場にある」という諦め的な考え方を持っているということです。

ですから「何としても、己自身の力で生き残ってみせるぞ！」という意気込みがなく、当然のことながら覚悟を持って現状を打破し、経営革新にチャレンジするという強い意欲も持ち合わせていません。

出て来る言葉は、「仕事をくれない親会社が悪い」、「金を貸してくれない銀行が悪い」、「国の政策が悪い」、「しょせん中小企業は弱者だ、被害者だ」という否定的なことばかりです。

はじめから、すねている中小企業の経営者が少なくないのです。

かつての右肩上がり経済下では、発展し続ける大企業のおこぼれ、お流れに十二分にあずかり、食いっぱぐれがない状況だったために、中小企業は自己革新する必要がありませんでした。

ところがバブル崩壊後の未曾有の不景気によって大企業の業績は急落し、徹底したコスト削減を余儀なくされ、生き残るために、下請けや関連の中小企業を容赦なく切り捨てました。

金融機関も同じでした。かつてのイケイケドンドンの頃には、十分な担保や社長の連帯保証さえあればいくらでも金を貸してくれました。

バブル崩壊後はその放漫経営のつけ、つまり不良債権が一気に表面化し、それをきちんと処理して健康体になれない金融機関は国有化するぞ、と国からにらまれたとたん、中小企業に対する態度を豹変させたのです。貸し渋り、貸しはがしで中小企業が倒産しようが、社長が首をくくろうが、そんなことにかまってはおれない。自分を守ることが先決だったのです。

大企業や金融機関、いや中小企業であれ個人商店であれ、自己保全を優先させることなど、当たり前のことです。バブルによって経済には浮き沈みがあることさえ忘れ去られ、いつまでも好景気が続くと経営者も国民も信じてしまったのです。

愚痴が出る経営者は、そうした異常構造のバブル時代に甘え、そこから抜け出せないでいるだけなのです。

そんなことを嘆いているヒマがあったら、大企業に踏み台にされない会社、「あなたの会社になら喜んで融資します」と金融機関から言われるような会社にどうすればなれるかを考えることです。

中小企業弱者論は、経営者不在の寝言です。

図体は大きいが動きの鈍い大企業には無理でも、柔軟で機動力のある中小企業にならできることがたくさんあるはずです。むしろ、これからは中小企業の強みを生かす時代だという意識で、経営維新、すなわち元気会社づくりに取り組むことです。

ＴＫＣ会員会計事務所を活かすことで、中小企業弱者論から見事に脱することができます。

第二の神話　経営の成果はヒト・モノ・カネで決まる論

会社の経営はヒト・モノ・カネで決まるという考え方が根強くあります。果たしてその考えは本当でしょうか。一つの例として、優秀な人材・モノ・カネを備えたＪＡＬ（日本航空）が破綻しました。また旧国鉄（現在のＪＲ）が四十兆円近い累積赤字を抱えてやはり破綻しました。ということは、経営はヒト・モノ・カネで決まるとは言えないことを物語っています。

ご存知のようにＪＡＬは稲盛和夫氏が再建に取り組み、見事に再生を図りました。また旧国鉄は民営化されＪＲとなって立派に生まれ変わりました。

トップが替わることで会社が甦ったのです。経営は、ヒト・モノ・カネで決まるのではなく、それを活かせるかどうかなのです。ＪＡＬも旧国鉄も、豊富な経営資源を活かしきれなかったということです。

もちろんこれは大企業に限らず中小企業においても、トップが替われば会社の経営は変わっていきます。経営がトップで決まることは一目瞭然なのです。

世界の松下と言われた松下電器、松下幸之助氏という経営の神様が築きあげました。幸之助氏の信念は「松下は電気器具を作る前に人を作っています」でした。その会社が業績悪化のためリストラを行ないました。これもトップの考え一つで変わるということです。

トップの責任とは、社長業に命を燃やして、黒字の元気会社にし、社員を守り切るということなのです。ヒト・モノ・カネを活かすも殺すもトップ次第です。「うちには優秀な人材がいない」などと言う社長が少なくないわけですが、業績の悪さをヒト・モノ・カネのせいにするのは、経営の本質を忘れた経営者の寝言でしかありません。

社員がいつかない、働かない、能力がないと愚痴をこぼすのは簡単ですが、それは社員を選んだ社長の姿が鏡に映っているのです。愚痴をこぼさず、やけにもならず、「自分が会社を、社員を守るんだ！」という覚悟でひたむきに、そして前向きに仕事をする。社長のそんな後ろ姿を見れば社員も発奮する。こうした中から出てくる人財こそ本物で、社長の右腕になってくれる社員も出てくるのです。おざなりの社員教育だけでは人財は生まれません。社長の仕事に対する姿勢こそ、最も問われるポイントなのです。

第三の神話　民主経営論

トップも社員も一体になってやろうという民主経営論は、非常に聞こえはよいのですが、これは管理と経営をはきちがえた大間違いの考え方です。

もちろん、会社を民主的に運営することは大切です。「報告・連絡・相談」を基本にしたコミュニケーションを十二分にとることによって風通しの良い組織をつくり、全社員が気持ちを一つにして業務に取り組むことが、業績向上の、そして中小企業の経営維新・元気会社づくりの大きなポイントです。しかし、それはあくまでも運営管理のレベルのことであって、経営の本質ではないのです。トップが民主経営などと言い出すと、役員会や幹部会の決定を待たないと何もできなくなってしまう恐れがあります。しかし、現実にはこのような経営者が多く、中には半年も役員会の決定を待つという冗談のような社長もいます。これでは、会社がつぶれてしまわないのが不思議なくらいです。

「民主的な経営でないとみんながついてこない」という経営者がいますが、それはまったく逆です。社長が自分の責任の下に意思決定しない限り、責任をとらされるのがいやで他の誰も決めることはしないのです。すべての責任は社長が持つのであり、逆に言えば責任を持たない社員が決定権を持つことは本来ありえない話なのです。

民主経営とは、まさしく無責任経営であり、悪魔の経営と言っても言い過ぎではありません。特に法人会の会長やロータリーの会長など、数多くの役職に就いている経営者にこのような危険思想の持ち主が多くいます。なぜかというと、法人会などの組織はみんなの意見を聞いて多数決で決める仕組みになっているからです。事業経営において多数決の論理は大間違いで、それを行えば失敗します。たとえ反対意見が多くても、社長が正しいと思う経営を実践する「ワンマン経営」こそが、経営の本道です。この重要な部分をはきちがえてはなりません。

知人の社長が次のようなことを言っていました。

「保証人にならず、担保も提供しない経営者などいない。社長の下にいる専務や常務は担保を出し、保証人になっていれば経営者の資格がある。しかし、そこまで腹をくれないのなら経営者とはいえない、単なるサラリーマンだ」と。

そのとおりです。経営者は、命の次に大切な財産をぶち込み、まさに己のすべてを経営に費やしているからこそ、責任のある仕事をするのです。

民主経営などといっている社長が責任をとらずにすむかというと、決してそんなことはありません。会社がつぶれたらトップが一〇〇％責任を負うことになり、社員や幹部が責任をとることはありません。民主経営を唱える人は、会社を仲良しクラブと勘違いしているのです。

すべての責任を負う社長がすべての意思決定をするワンマン経営こそが正しい経営で、それ以外の経営はすべて誤りです。一般的には、日常業務の実施方法について社長がいちいち口を出したり、好き勝手な経営をすることがワンマン経営と思い込まれているようです。そうではなく、社長一人が会社の命運を左右する決定を下し、その実施に関しては社員にまかせる。これこそが真のワンマン経営なのです。

その意味で、ワンマン経営は「独裁政治」であるといえますが、一人よがりの〝独断〟に陥ってはいけません。重要な懸案事項がある場合は、可能な限り幅広く情報を集め、そして、幹部や社員の意見を十分に聞き、よく検討した上で、社長が最良であると思う決定を、己の責任で下すのです。

そして、社長は自分が決定した意図を噛んで含めるように社員に説明し、その実施へのモチベーシヨンを高めていくのです。

社長は会社の未来像を描き、その未来像を実現するための目標・方針を自らの意思で決定し、これを経営計画書として形にする。そして、その計画の内容を社員に十分に説明して協力を求める。経営計画書の最も重要な施策については社長自らが取り組み、他は社員にまかせるのです。その結果、何がどうなってもすべての責任は自分が負う、という社長にこそ社員は信頼を寄せ、ついてくるのです。

第四の神話　利潤追求否定論

脱却すべき神話の四つ目が、利益追求否定論です。

経営者の中には、名刺に書ききれないくらいの公共的、社会的な役職に就いている人がいます。本業以外に、三つも四つもそんな役職を掛け持ちしている人の会社は、まずおかしくなっています。なぜかというと、公共的な仕事に奔走するうちに、「会社は社会的存在だ」という意識が強くなり、利潤を追求することを否定し始めるからです。

しかし会社は、少なくとも社会に害をもたらすことのない正当な活動を通じて利益を上げ、きちっと税金を納めて初めて社会的な存在となります。利益を出さずに、ただ赤字をたれ流している会社などに、社会的な存在意義などあるわけがありません。だいたい、利益は将来の費用となるものであり、未来費用を否定するというバカなことがあるでしょうか。企業活動は一年で終わるものではないのです。

某市の商工会会頭に選ばれたある人が、その就任挨拶の際にこんな挨拶をしました。

「みなさんがこの場所に来るのに使った道路は、国税や県税、市税でできたもので、税金の上を車で走ってきたんですよ。そこで私が会頭になった以上は、みなさんの中に赤字会社、つまり税金を払っていない会社の常任役員の方がおられたら、辞表を出して帰ってください」

その場には、いろんな会社の常任役員が三十人ほどいたそうですが、数名が辞表を出して帰ったということです。会社は黒字であって初めて社会的存在を語ることができるのです。

四つの神話に、陥っていませんか？……。

中小企業は「四つの神話」を打ち破り、その呪縛から自らを解放し、会社は黒字で当たり前を実現しましょう!!

（3）経営の成功者・失敗者に学び意識改革を断行

中小企業の『経営維新』改革断行の挑戦者たらんとして、経営者が意識改革によって生まれ変わるための三大檄、一、現状否定　二、脱皮創造　三、想念実現の重要性をご理解いただけたでしょうか。

あとは具体的に実践するのみです。

ところが……「わかっているけど実践がなかなかできない」という経営者が必ずいます。

そんな経営者に、経営の成功者・失敗者の話を贈りましょう。大いに役立つはずです。

鈴木敏文イトーヨーカドー会長が実践するトップダウン経営の極意

アベノミクス効果の恩恵を受けているのは大企業ばかりで、我々中小企業にはちっとも恩恵がないという声をよく耳にします。確かにそういう面もあるでしょうが、そういうことに気をとられるより、自分の会社の永続的な経営をしていくための手を打つべきです。

物が売れないのは、何も消費者の収入が減って買いたくても買えないという理由だけではありません。不景気だから売れないというのは本当のようなウソの話です。

その証拠に、イトーヨーカドーは増収増益を続けていますが、その要因は安さだけではありません。地域の消費者と目線を合わせてニーズを汲み取り、消費者が買いたくなるような場を提供しているからです。かつては競争相手だったダイエーは、ただ安い物を買わせよう、売ろうという発想で売り場を提供した結果、業績の悪化を招きました。

大企業でも中小企業でもトップダウン経営が当たり前ですが、イトーヨーカドーの鈴木敏文会長はその代表的な人物です。

鈴木会長は、徹底した現場主義と強力なリーダーシップで人を動かしています。その経営の極意はトップダウン経営という言葉に象徴されます。だからこそ、今日の増収増益体質の会社を創り上げたのです。鈴木氏の持論は「持たない、停滞させない、腐らせない」で、これに対してダイエーはやみくもに規模の拡大を目指したあげく借金漬けになり、結局人も育ちませんでした。

日本の経済構造は大きく変化しており、現在の景気状況を過去の景気循環の尺度で考えることには誤りがあると考えるべきです。鈴木会長は「景気がよくないのは政治のせいでもなんでもない。個々の企業が世の中の変化に対応していないからだ」と言い切っています。不景気といわれる中にあっても、消費者のニーズを汲み取った良い商品やサービスを提供することができれば、いくらでも売れる。これは、鈴木会長率いるイトーヨーカドー、セブンイレブンが実証していることです。

本業以外に手を出さず、かつ社内の誰もが反対することをやれば、企業経営はまず大丈夫だと鈴木会長は言います。誰もが賛成することは他社が容易に考え付くことであり、簡単に実行に移すことができます。その結果として、必ず過当競争に陥ってしまうからです。

イトーヨーカドーグループのセブンイレブンでは二〇〇円のおにぎりでヒットを飛ばしましたが、これも鈴木会長が社内の反対を押し切って決断したことです。安ければ売れるのではなく、納得のいく品質であれば顧客の支持を得ることができるという見本です。イトーヨーカドーは銀行業への参入まで果たしたが、これはあくまで顧客の利便性の向上を主眼とした本業の延長線上のことであり、必然性があったからです。

人間は往々にして成功の経験則から解決を図ろうとしますが、特に今の経済情勢では過去の成功体験に頼らないことが大事です。この悪しき旧弊に陥らないための極意こそ、鈴木会長の実践するトップダウン経営なのです。ボトムアップ経営は右肩上がりの経営環境でこそ通用しましたが、経営の抜本的な改革が必要な局面では機能しないのです。

常識は過去の経験から導き出されますが、ボトムアップ経営でトップが「よきに計らえ」という態度では会社がおかしくなってしまいます。もっとも、鈴木会長がいうトップダウン経営は俗に言うワンマン経営とはまったく異なります。一人ひとりの社員が持っている能力や意見を経営者が吸い上げ、トップダウンで実行させることで、会社全体の知恵を結集するのです。そして、トップは仕事を可能な限り抱え込まないようにする。トップは方針を打ち出し、具体的な仕事は社員にまかせるのです。

鈴木会長は「ヒト、モノ、カネ」が十分にそろったときこそ、会社が衰退に向かうときだといっています。組織はある一定の水準まで満たされると、必ず保守的になってしまうからです。社員が外部環境の変化ではなく、会社の中にだけ目を向けるようになり、出世競争やセクショナリズムなどに犯され、つまらないことにエネルギーを使うはめになるというのです。鈴木会長が最大の危機感を持っているのはこの点であり、全国のスーパーバイサーを毎週東京に集めて鈴木会長自身が経営方針やマーケットに関する最新情報を伝え続けています。

経営トップが率先して市場動向を見つめ、その情報を会社全体で共有化する。ここにこそ、正しいトップダウン経営の極意があるのです。

〝社員と運命共同体で取り組む日本流経営〟を重視するキャノンの御手洗富士夫氏

キャノンの御手洗富士夫氏（現会長）が社長当時「日本的経営は健在だ」と断言しています。社員と運命共同体で取り組むことが、顧客満足、株主安心の会社づくりにつながるというのです。御手洗氏は、株主優先ではなく社員優先から会社の経営は始まるといっています。株主に対する配当を優先すると社員を犠牲にしてしまうからです。

中小企業の場合は、リストラは避けるべきで、リストラ的なオフバランス化の必要があってもそれは社長自らの範囲で行うことが大事です。中小企業には社員に対する退職勧告などのリストラはなじみません。みんなが運命共同体として力を合わせていく体質を持っており、そこで人の教育問題が出てくるのです。

御手洗氏は一九九五年の社長就任まで二十年以上アメリカで勤務した経験を持つ、アメリカ流の経営を知り尽くした人物です。トップダウン方式で経営改革を断行し、不採算のパソコン事業から撤退し、パソコンの周辺機器に展開することで高収益体質に会社を生まれ変わらせました。

しかし、こと人の問題に関しては日本的経営に人一倍こだわりを持っています。社員には愛社精神を持つことを求めますが、会社への忠誠心ではなく全員の連帯感を意味しています。

キャノンは戦時中の昭和一八年に現場労働者の月給制を採用するなど、実力主義型の人事を早期に導入したことで知られています。現在も学歴や勤続年数を問わない人事政策を採っており、自由な社風が開発力や生産性の向上にストレートに結びついているといえます。「自発、自治、自覚」の「三自の精神」という創業精神は、御手洗氏が社長に就任してからもしっかりと受け継がれてます。

日本経済は自信喪失気味で多くの面でアメリカ流が取り入れられようとしていますが、アメリカ流の経営に精通した、日本屈指の優良企業のトップが、日本企業は日本流こそ大事だと力説する。御手洗氏の姿勢は、中小企業の社長こそ見習うべきものだといえるでしょう。

野口誠一八起会会長がいう〝会社を倒産させた社長の決まり文句〟

社長業に命を燃やさず、会社をつぶした社長は枚挙にいとまがありません。

倒産の原因は種々様々あるでしょうが、共通項として、まず第一に「何事につけても楽をしようとした」ということが挙げられるでしょう。

また、それと関連することですが、①社会の変化についていけなかった、②改善・改革の意思がなかった、という点も共通する要因ではないかと思われます。

倒産経験者を中心に結成され、〝倒産駆け込み寺〟として無料電話相談などを実施している「八起会」の野口誠一会長によると、間違いに気付いても改めず、会社を倒産させた社長の決まり文句は次のような具合になるそうです。

■その1：まず、「まさかこうなるとは思わなかった」

これは先見力、問題発見能力がなかったと告白しているようなものです。

■その2：続いて、「あいつにだまされた」

ほとんどの社長は、決して自分に経営力がなかったとは言わない。自分の失敗を銀行や政治のせいにする。銀行が貸さなかったからつぶれたのではなく、三年前、五年前に打つべき手を打たなかった結果です。

■その3：そして最後に、「俺は死にたい」となる

以前、三つの会社で手形を切り回すという安易な資金繰りを考え、そのあげく不渡り事故を起こし、コップ酒をあおって自殺し、天国でまたまた楽をしようとした三人の社長がいました。「楽をしようとした人が大体会社をつぶしている」と野口会長も言っています。

こうした言葉を吐くのも、資本主義、競争社会を甘く見た結果であり、そもそも経済人として失格です。かくのごとく情けない、落ちこぼれ社長にならないことが大事です。

社長のもっとも大事な使命は、会社をつぶさないことです。倒産は恐ろしいものだと知り、恐れることで危機管理ができるようになります。危機感を持ちながら、悲観的に準備して楽観的に行動すること。明日を力強く生き抜くことこそ社長の社会的責任なのです。

一般的に良い会社、悪い会社などといわれるが、そんなものはありません。あるのは良い社長と悪い社長で、悪いと言われた会社でも社長自身が変わるか交代するかで生まれ変わることができます。その逆に、良い会社だったのに社長が代わったおかげでダメになるケースもあります。

会社の規模とは関係なく、会社の運命は社長の良し悪しでほぼ一〇〇％決まってしまうのです。だからこそ、社長の正しい姿勢が求められるわけです。

第二章

悪い会社などない!!
悪い赤字会社の社長がいるだけ!!
絶対に元気会社にするぞと決意し社長業に命を燃やそう!!

（1）中小企業は国家を支える国の宝　日本経済の担い手なり

ＴＫＣ全国会の創設者である恩師故飯塚毅先生の教えの中に、「職業会計人であるＴＫＣ会員は国家を支える集団であれ」という大きな「檄」文があります。

職業会計人が国家を支えるということは、どういうことでしょうか。

そこに職業会計人の役割があります。

顧問先である中小企業を黒字化し、国家を支える税金を「一円の取り足らざるも一円の払い過ぎも認めない」というスタンスで納めるという租税正義の実践のことです。

その重要な意味は、ＴＫＣ全国会会員会計事務所は、単に会計処理や税務申告をやる作業者ではないということです。

黒字化を図ることが大きな役割になっているのです。

中小企業は社員を雇用していることですでに国家に貢献しています。その数は労働人口の七割と言われています。もし経営が継続しなければ、その人たちの生活を守ることができなくなってしまいます。

すなわち会社は、黒字であって初めて国家を支える集団、即ち国家社会に貢献することができるわけです。

まさに中小企業は国家の支えであって、国の宝なのです。

問題は、どうやって黒字化を実現するかということです。

私どもＴＫＣ全国会会員会計事務所は、それを実現する優れたツール・ＴＫＣコンピューター会計システムを持っていて、本当に自信を持って、そして一万名の会員が正しい使命感と情熱を持って提供し取り組んでいます。

ぜひあなたの会社の良きパートナーとしてＴＫＣ全国会会員会計事務所を選んでください。寄り添いザムライとして、その役割を果たしてくれます。

ただここで重要なことは、社長は社長業に命を燃やし黒字化実現に向けて真剣に取り組むことです。それがあって「中小企業の経営維新改革断行!!」が可能になります。

では社長業とは何なのかを問うてみたいと思います。

(2) すべては社長で決まる　トップしかできないことを断行せよ

平成十六年（二〇〇四年）、私は初めて『中小企業の経営維新』という本を出しました。その「はじめに」、

「昭和四十一年に税理士事務所を開業してから今日まで、私は大勢の中小企業経営者と接してき

ました。成長し続けている会社もあれば、残念ながら倒産してしまった会社もある。それらを鳥瞰《ちょうかん》してみると、伸びている会社も、ダメになってしまう会社も、それぞれに驚くほど共通項が多く、その中でもはっきりと言えることは、すべては社長で決まるということであります。」

と書きました。

この思いは今でも変わっていません。

いやむしろ、その思いはさらに強くなっています。

会社の運命も、社員も社員の家族も取引先の運命も、すべて経営者であるあなたが握っているのです。


どうでしょうか。あなたは経営者として責任を果たす覚悟がありますか。

いや覚悟だけではダメです。

会社を黒字にしなければ、経営者としての責任を果たすことはできません。

ではどうやって会社を黒字にしていくのかが重要になってきます。

企業経営は、社員とお客様と取引先の三者がよい関係にあって初めて機能します。

そのなかで経営者が一番力を入れなければならないのは、一番身近にいる社員との関わりを強くすることです。

なのにダメな経営者ほど社員に不満を持っています。

赤字を垂れ流している経営者も同じです。悪いのを周りのせいにしています。

トップがそういうことでは、会社が良くなるはずがありません。

そういう会社で働く社員は生き甲斐をなくしています。

しかし、その責任が経営者自身であることを知って生き方を変えれば社員が変わり会社は甦ります。

人というのは、自分のやるべき役割や使命があると、不思議と力が出るものです。

ここが重要なポイントです。

人が自分の人生に虚しさや絶望感を感じるのは、自分の存在を感じなくなった時です。

この会社に自分がいて、本当に価値があるのだろうか、と思ってしまったら働く意欲は出てきません。

しかし自分の働きが、自分の生活を支えることはもちろんとして、家族や仲間や取引先やお客様のために役立っていると感じることができれば、絶望感や虚しさは消えてしまいます。

社員をそのような方向にもっていくのが経営者の責任です。

それがまた経営者の生き甲斐でもあり喜びでもあるはずです。

そこのところを分かっていただきたいのです。

社員に働き甲斐や生き甲斐を与えるのも絶望させるのも社長次第であり、会社を元気にするのも悪くするのも社長次第ということです。

悪い会社があるのではなく、会社が悪くなるというのは、悪い社長がいるだけなのです。

トップはそれだけ大きな影響を持ち、責任があるということです。

経営維新改革断行!!　それは経営理念を明確に表明し実践することから

悪い会社などない!!　悪い社長がいるだけ!!

また、中小企業は国の宝と書きました。

会社を良くするのも、悪くするのも、社長の問題だということです。

それで社長に必要になってくるのが、「会社を絶対に黒字化する」という覚悟と実践です。

経営者である以上、当然そういう思いはあるでしょうが、もしなければ経営者失格です。

経営者としての経営に対する強い思いが無ければ、具体的に動く気持ちが湧いてこないからです。

まず、経営者として「元気会社にする」という明確な思いを文章化してみましょう。

やることが明確になれば打つ手も見えてきます。


あなたはどういう目的で会社を経営していますか。

経営理念はありますか。

社長として最も大事にしていることは何ですか。

あなたの会社の自慢は何ですか。

あなたの会社の存在価値は何ですか。

あなたは経営者として誇りに思っていることは何ですか。

社員は自分の会社に誇りを持っていますか。

社員とコミュニケーションを図っていますか。

あなたが経営者として果たすべき重要な役割は何だとお考えですか。

今の会社に必要なものは何ですか。

あなた自身、そして会社の夢は何ですか。


これらは全て経営理念、経営計画につながっていきます。

どうでしょうか。

すぐに答えは、思い浮かびますか。

現状を知り、目標や理念をはっきりと把握している経営者や社員は、明確に言葉として返すことができます。

日本経営品質賞を受賞した会社の会長さんにお聞きしたのですが、調査員は現場で働く社員、パートさんに話を聞き、経営理念をどこまで理解しているかを確認するそうです。

それで答えられなければ当然日本経営品質賞は受賞できません。

もうおわかりと思います。

言葉としてすぐに返答できない経営者や社員は、目標や理念を自分のものとして明確に把握していないことになります。

となれば、「会社を良くしたい」という思いがあっても、具体的に行動を起こすことはできません。

その結果、会社全体に活力が無くなり、業績も低迷することになります。

さらには社員のやる気も徐々に無くなっていくことになるでしょう。

それでは、とても中小企業の経営維新改革断行!! はできません。

でも心配はいりません。ＴＫＣ会員会計事務所では、経営理念をはじめ経営計画などを良きパートナーとなって具体的に作成指導をします。それだけではなくＰＤＣＡで実態をチェックしながら改善していきます。

その鍵を社長が握っています。ここで、社長の仕事、役割の中で重要な点を挙げてみましょう。

社長の仕事の第一は〝顧客の創造〟にあり

社長業の第一歩は〝自分のやらない仕事を決める〟ことだ！

これからの時代、優勝劣敗・適者生存の原理がますます顕著になり、中小企業経営者は、時代の流れを的確に読む洞察力、グローバルな眼力、そして強い情熱と行動力をもって、困難な社長業を遂行していかなければなりません。すべては社長次第であり、社長の有り様で企業の方向付けが決まり、赤字にも黒字の元気会社にもなります。

社長業遂行の第一段階として、まずは自分のやらない仕事を決めて部下に委譲することが不可欠になります。社長たるもの、創業時にはなんでもかんでも自分でこなしてきただろうと思います。しかし、自分でやらない仕事を決めないと会社はいつまで経っても成長できません。

それというのも、「事業は人なり、組織なり」だからです。ずっと個人商店のレベルでかまわないというなら別ですが、会社として成長・発展を目指すならば、組織力を高めていかなければなりません。人を活かすこと、動かすことを「働く」と書きます。社長は、社員をその適性に応じて配置し、その能力を伸ばしつつきちんと動かせる人間になることが大事で、逆に社長が自分で動いてはダメな場面が経営の中には数多くあります。

これまで数多くの中小企業の社長を見てきましたが、「社長がこんな仕事をやっていて、本当に大丈夫なのか？」と思ってしまうことが少なからずありました。社長が何でもやってしまうと、部下の責任自覚がなくなってしまって成長が遅れ、組織が活性化しないからです。もちろん、部下にまかせることには相当の勇気と努力と根気が求められますが、人材を育成し、会社を発展させるためには絶対に超えなければならないハードルだということを理解してください。

これは我々の会計事務所業界でも同様で、トップの自信が過信になり職員にまかせられないケースが多く見受けられます。私は事務所の開業当初から、自分のやる仕事とやらない仕事を決めました。ヨーロッパの経営書に書かれていた、「トップに就任して第一に行うべきことは、自分のやらない仕事を決めることである」という一文を読んで早速実践したのです。

そして、トップである自分よりも潜在能力のある人間を採用することに努め、自分のやらない仕事を担当させました。さらに、これは幹部になれると見込んだ者には、その能力ギリギリの仕事をどんどんまかせて鍛えたのです。

意思決定は絶対に部下にまかせてはならない

ただし、ここではっきり認識しておくべきことがあります。四つの神話の中でも触れましたが、社員にまかせるのは意思決定ではなく、管理面や実施面での実務だということです。社長の最大の役割は意思決定で、社長業は意思決定の連続です。意思決定は会社の命運を決めるものであり、それはすべての責任を負う社長にしかできないことです。社員にまかせるのは社長が決定した後の実践段階であり、意思決定は絶対に部下にまかせてはダメなのです。

航海にたとえれば、目的地を決め（経営理念・目標）、そこへ最も安全に、かつ早く到達するにはどの航路をとるべきか（経営戦略）を決めるのは、トップの役割であり、実際の船の操縦や、整備・点検などの管理業務は、社員にまかせるのです。

それでは、社長業とは意見決定だけなのかというと、そうはいきません。「顧客の創造」をはじめ、後述する「儲かる仕組みづくり」、「やる気の土俵づくり（人材の育成・啓蒙）」、そして「円滑な資金繰りの実現（健全な財務体質の構築）」、この四つは、社員にまかせることなく、社長が全力投球すべき仕事なのです。

〝顧客の創造〟こそ社長の最重要の仕事と心得よ！

「社長の仕事の究極は、顧客の創造にある」と、P・F・ドラッカー博士が語っています。売上は「単価×数量」です。売上単価を上げる工夫をすることももちろん重要ですが、景気が低迷すれば自ずと限界が生じます。したがって、数量を増やす、すなわち顧客を拡大することに全力を挙げなければなりません。

顧客を増やす上で最も重要なことは、提供する商品・製品、あるいはサービスの質の高さであることはいうまでもありません。良い商品やサービスなら消費者は買う。不景気だからモノが売れないというのは、本当のようなウソなのです。

次に重要なポイントは、広告宣伝です。インターネットのホームページなどの広告媒体を利用した宣伝活動、訪問や電話による営業活動を積極的に行うことは当然ですが、一番効果的なのは、何といっても人脈を基本とするヒューマンネットワークづくりです。口コミパブリシティが顧客拡大の最大のカギを握るものであり、そのためにも、社長たる者はとにかく人目の多いところに顔を出し、名前を売らなければなりません。自らが最大の広告塔となって顧客を創造することこそ、中小企業の社長の最重要の仕事と心得るべきです。

〝スリと芸人と社長は人目の多いところで仕事をする〟ものだと言われています。人の目に付いたら「あの人は誰ですか」と関心を持たれ、「私がご紹介しましょう」ということになり、周りの人が名刺交換をしようと近づいてきます。たとえば製造業の社長なら、工業会の交流会で事務局を担当し、総会で司会進行を引き受ける。自分で手を挙げて宴会部長などを積極的に務めるのです。そこで裸踊りの一つでもやってみせて、まずは「面白い人間だ」と思わせるのが最初の第一歩となります。

私も地元の福島で何かの集まりに出ると、「青年会議所の理事長をやった神野さんですね」「同友会を作った人ですね」「いまロータリーにいるね」といった具合に、必ずといってよいほど声をかけられます。目立つところで動いているからこそ、顧門先を一、〇〇〇社以上に増やすことができたのです。

ほとんど外に出ることなく、やたらと社内の管理や合理化などにせいを出している社長がいますが、それでは社長としては半人前です。例えば、製造ラインの効率化によって生産性を高めるといった仕事はもちろん重要ですが、収益は基本的に会社の外にしかないことを認識すべきです。

トップが外で顔を売り、顧客拡大に取り組むことは、腕利きの営業マンに新規開拓をまかせるよりもはるかに大事なことです。マーケティングと新規開拓は社長の専担業務なのです。それをフォローして最終的に売上に結びつける実務が営業マンの仕事です。社長の顧客拡大戦略と言業マンの仕事は本質的に異なるものであり、社長が会社にいて営業マンの尻を叩いているだけではダメなのです。

だいたい、社長が会社にしかいないのでは、顧客のニーズを知ることができるわけがありません。顧客のところに出向いていって初めて、まったく知らなかったことが見えてくるものです。その意味で、社長はぜひ「三現主義」に徹してもらいたい。「三現主義」とは、〝現場に出向き、現物をよく見て、現実を肌で知る〟ということです。

一例を挙げれば、イトーヨーカドーの鈴木敏文会長が率いるグループ企業のセブンイレブンが冷夏時におでんをヒットさせたことや、高級おにぎり、スイーツ、セブンカフェ等々数々のヒット商品を誕生させています。これは、社長室に閉じこもりっきりの穴熊社長にはできないことです。鈴木会長自身が現場（店頭）に出向き、現物をよく見て、顧客のニーズを肌で感じたからこそ、通常ならミスマッチのヒット商品が生まれたのです。現場は、情報という宝の山であり、それをしっかりおさえることが顧客の創造につながることを銘記しておいてください。

特に赤字会社の社長は営業の第一線に立つべきだ！

余談になりますが、昭和三十五年、私は高校を卒業して上京し、浅草の商事会社に就職してそこでトップセールスマンになりました，ルートセールスよりも自社商品の顧客拡大に力を入れたからです。得意先から注文をとるだけの単なるご用聞きでは顧客は増えませんが、同僚の営業マンはひたすらご用聞きに励み、電話で注文をとっていました。

それをはなはだ疑問に感じた私は、営業会議の場で「配送の仕事で終わりたくない。販売戦略は各人にまかせてもらってよいでしょうか」と発言しました。得意先から注文をもらって納品書を切り、納めるだけなら配送担当者で十分だと考えたからです。新規の得意先を開拓する、あるいは既存の得意先に積極的に関わって自社商品の売上を増やす、つまり、自社商品の顧客拡大が営業マンの仕事であり、それでこそはじめて会社が伸びるとアピールしたのです。営業担当部長には「神野君は生意気だ」と言われましたが、私は本当のことを言ったまでです。

まず、私は一番大きい得意先への深耕作戦を開始しました。どうしたらその得意先の売上が増えるかを社長と一緒になって考えたのです。それで「面白い奴だ」と社長に気に入られ、倉庫と店頭の担当をやらせてもらうことになりました。つまり、私は得意先のスタッフ同然となったわけです。

その三ヵ月後、私はトップセールスマンとなりました。他の会社の製品を排除し、店頭で自社の扱う商品をどんどん売り込んだのです。しかし、ご用聞きに専念している他の営業マンたちには、私の成績がなぜ上がったかわからずじまいでした。

このように、戦略営業では仕掛けをつくり、顧客のふところに入っていくことが大事です。誠意を尽くすというのは、お客さんのところに直接出向いて仕事をするということなのです。良いたとえではありませんが、戦争で言えば、社長はミサイル攻撃、陣地構築を行い、そこに歩兵を派遣する任務を負っているのです。

特に赤字会社では、社長が営業の第一線に立つべきです。自分はセールスには向かないなどと言っている場合ではありません。黒字化のためにはどんなことでもやる責任が社長にはあるのです。社長の一回の訪問は営業マンの一〇〇回の訪問に勝る効果があると知るべきです。売上は訪問回数に比例するもので、顧客を確保するために社長は定期訪問するべきです。軌道に乗ったら営業マンにバトンタッチすればよいのです。

社長が会社にいなければいないほど、幹部はよく育つものです。社長が会社にいるとみんな社長に聞きにくるものですが、トップが不在にしていると幹部が指示を出す立場になるからです。社長がどんどん会社の外に出かけることは、売上アップだけでなく、人材育成という大きな副次効果ももたらすのです。

要は社長によって会社の状況が変わってくるということです。悪い会社などはなく、赤字たれ流しで平気でいる悪い社長がいるだけということを肝に銘じてください。

経営者を支える三つの条件を欠くべからず

経営者は孤独と言われます。それは会社経営の全責任を背負って、常に決断しなければならないからです。そうした立場にある経営者の皆さんは、必ずと言ってよいほど、何か支えてくれるものを持っています。

皆さんは、どうでしょうか。

私自身は、次に掲げる三つの条件を支えにしています。

心と身体と会社の健康は三位一体、どれが欠けてもダメだ！

経営者を支える三つの条件とは、①健康、②人生の師、③良妻です。

心の健康なくして身体の健康なし。身体の健康があっても会社の健康がないと、心が病んで身体を悪くします。心と身体と会社の健康は三位一体で、これらのどこに問題があってもダメです。

予防医学の大家である阿部博幸先生は、「健康は、予防医学で相当程度解決できる。突然死など絶対にない」と言っておられますが、これは本当だと私は思います。

ある外資系大手企業の元社長が「経営の専門家である私は、頑健な身体を過信していた」と公表したことがあります。この人物は、百社会という集まりで阿部先生の話を何度も聞いていながら、「俺には関係ない」と健康管理や予防医学を軽視し、健康診断や人間ドックをまったく怠っていたのです。そのため、具合が悪くなって病院で診てもらったときには、既に手の施しようのない末期の肺がんで、その一週間後に亡くなったのです。その人は、毎日のようにジョギングで皇居を三周ほどしていたらしいが、「神野君、僕は頑健そのものなんだよ。会社もこうでなくてはダメなんだ」と言ってました。ところが皇居周辺のジョギングで十年間排気ガスを吸い続けた結果、肺が真っ黒になってしまっていたのです。

その人は、マネジメントについては大変な人物で、会社は危機管理と長期の見通しが大事だと繰り返し強調していました。しかし、自分自身の身体についてはまったく無頓着そのものでした。もっと前にレントゲンの一枚も撮っていれば、間違いなく発見されていたのです。この社長が我々に書き残したメッセージは、「どうか皆さん、健康管理、健康ドックだけはやってください」というものでした。そして、「私はあきらめたけど、あきらめられないのは女房、家族との絆です」と後悔の念がつづられていました。

会社も同じで、何の予兆もなく突然つぶれるなどということはなく、絶対に必然死なのです。資金ショートを何回か繰り返したり、社員が何人もまとまって辞めたり、あるいは取引先の倒産や不渡り、親会社が吸収合併されるなど、かなり以前に何らかの兆候が現れていたはずなのです。業績や資金繰りの悪化が歴然となる前に、客観的なデータ上に必ず倒産の兆候が現れるのです。社長が「倒産するなんて、まさに青天の霹靂だ」などというのは、その兆候にただ気がつかなかっただけなのです。

八起会の野口誠一会長がいみじくも言っています。倒産した三千数百人の社長に「あなたは一年前に会社が倒産すると思っていましたか」と聞いたところ、一年も前にそんなことを考えていた社長は誰ひとりとしていなかったといいます。やはり、会社の健康を過信してしまったからです。変調をいち早く察知して手当てをしなかったから、倒産という最悪の事態を招いてしまったのです。危機管理は経営者の重要な仕事です。いざというときに備える予防医学が大事なのは、会社も身体も同じなのです。

生き方や考え方の指針を与えてくれる良き「人生の師」を持つべし！

生き方や考え方の指針を与えてくれるような良き「人生の師」を持つことは、意思決定の困難な岐路に立たされることの多い経営者にとって、非常に重要なことではないかと思っています。

人間には、人生の師との出会いによって生まれ変わる局面が、生涯のうちに三回くらいあるといわれています。学生時代、社会人として出発した頃、そして、老いにさしかかった頃です。

私にも、そのような時期に出会った三人の人生の師がいます，最初に私の人生を変えた師は、中央大学の学生時代に教えを受けた富岡幸雄先生（現、同大学名誉教授）です。富岡先生は税務会計の権威で、税金はマネジメントできるというタックスマネジメントの教えは、税理士を志す私にとって非常に衝撃的で、税金に対する考え方を一八〇度変えさせられました。また、「不撓不屈《ふとうふくつ》」、すなわち〝たゆまず屈せず〟という人生観を教えられました。先生は「人生とは、自分に対する不満と退屈の時計の振り子だ」といわれます。右に振れると不満、左に振れると退屈で、決して満足することはない。このままでは嫌だという現状否定であり、同時に自分に対して退屈を感じるというのです。骨身を惜しまず、たゆまず屈せず、不惜身命に徹する心構えを教えていただきました。

そして、税理士事務所を開業して三年あまりたった二十代後半の頃、第二の師との運命の出会いがありました。当時ＴＫＣ全国会会長であった故飯塚毅先生です。故飯塚先生からは、会計人はいかにあるべきか、いかに生きるべきかをたたき込まれましたが、その中で最も重要なことは「自利利他」の教えです。「世のため人のため、つまり会計人なら、職員や関与先、社会のために精進努力の生活に徹すること（利他）、それがそのまま自利すなわち本当の自分の喜びであり幸福なのだ」ということであり、まさしく究極の人生哲学です。「あなたの幸せが私の幸せだと心底思えるような、仕事なり人生を送りなさい」と故飯塚先生は、繰り返し我々ＴＫＣ会員や中小企業経営者に檄を飛ばされました。大変難しいことでしたが、経営者には、まさにこの考え方を実践原理とすべき大切な場面が数多くあるのです。

三人目の師が、「老いて学べば死しても朽ちず」を数えてくれた魚谷増力先生（平成国際大学名誉教授）です。先生は七十歳にして法学博士になられ、そして七十五歳にして経済学博士を目指されました。お会いするたびにその勉学への情熱、国家愛に燃える使命感には感服させられます。私の事務所でも、「生涯、立派な勤労学徒たれ！」をスローガンに、仕事と勉学の両立に取り組んでいます。率先垂範で、私自身、平成十四年に中央大学大学院に入学して法学修士課程を修了、現在は法学修士を取得し、尚美学園大学大学院の教授も務めました。

このような話を関与先の社長などにすると、「神野さんはうらやましい，私には残念ながらそんなすばらしい師匠との出会いがなかった」と言われることがけっこうありますが、あきらめるのは早い。素直な心と正直な気持ち、そして向上心を常に持っていれば、人生の師と思える人との出会いは必ずあるものです。

〝良妻は口に苦し〟――現実を見抜く女房の目を甘く見るべからず！

これまで数多くの社長を見てきましたが、奥さんの存在というのはつくづく大きいと感じています。特に元気会社をつくりあげた社長のほとんどが、「ここまでこられたのは、妻のおかげ。妻は人生だけでなく、事業経営においてもベストパートナーだ」と口をそろえます。私自身も、妻は特に口うるさい存在ではありますが、最高のパートナーだと実感しています。

夫は妻の浮気を見抜けないが、夫の浮気は妻はすぐに見抜く、とよく言われるように、女性の予見能力、直感、霊感の鋭さは凄いものがあります。そして何よりも、女性というのは、男とは比べものにならないほど徹底した現実主義者、リアリストです。男は、思想だの、哲学だの、政治的イデオロギーだの、あるいは男同士の固い絆などといった、いわば形のないものにとらわれたあげく、目の前の現実を見失うことが往々にしてあるものです。

しかし女性は、そういう形而上的《けいじじょう》なものに心を奪われることは、まずありえません。だから、男よりもはるかに現実がよく見えるのです。女性のこの厳しいリアリストの視線をバカにすると、手痛い目に遭うと銘記しておくべきです。

例えば、妻が「あの人とだけは、絶対に付き合ってはダメだ」と言った相手に社長たちはみんなだまされています。八起会の野口誠一会長がいつも言うことですが、会長自身がだまされた経験の持ち主なのです。会長の奥さんが「付き合わないでください」と頼んでいるにもかかわらず、「お前なんかに分かってたまるか」と突っぱねて、言うことを聞かずだまされてしまったそうです。八起会に来る人のほとんどが同じような経験の持ち主で、「女房の意見を聞いておけばよかった」と後悔しているというのです。

「良薬は口に苦し」と同じで、こわい女房ほどよいわけです。うるさく厳しいことを言うからこそ良妻なのです。逆に悪魔のような奥さんというのは、何でも言うことを聞く人で、それは子供にとっても悪魔のような存社です。子供がお金を欲しいと言えばお金を与え、遊びたいと言えば遊ばせ、勉強したくないと言えば勉強させない。しつけの三原則を忘れた母親に育てられた子供は、返事もしなければ、親の言うことも聞かず、後始末もしない。己の欲望のままに動くけものになってしまい、親を折檻し、果てには殺してしまいます。結果的に、こうした半端者をつくってしまうのです。

繰り返し言います。中小企業経営者よ、現実を見抜く妻の良い目を尊重し、その奥にあるあたたかい思いやりに感謝しましょう！

（3）顧客も社員も己自身だと心に刻んで、今こそ社長業に命を燃やそう！顧客のため、社員のために徹することができるかどうかが社長業の要諦である

ＴＫＣ全国会の基本理念である「自利利他」（自利とは利他をいう）は、社長業の実践原理ともなるものです。ぜひ深く味わってもらいたいと思っています。

前にも書きましたが、ＴＫＣ全国会の創設者であり、私の人生の師である故飯塚毅先生は、「自利利他」について、「『自利利他』とは、『利他』のまっただ中で『自利』を覚知すること、すなわち『自利即利他』の意味である」と説萌されました。

この基本理念は、社長業の実践原理ともなるものです。

「自利利他」とは「自他不二」（自分と他人とを区別しては見ない）という思想を根底においた概念、つまり、可愛い職員を「俺はお前だよ」と思うこと。そして大切な顧客である関与先を「己自身」だとの思いで仕事に取り組め、と我々ＴＫＣ会計人に訴え続けてこられました。

また、故飯塚毅先生はこう言われました。

「発展していない会計事務所の所長に共通する特徴は、発想が常に自己中心的であること、この発想の構造を切り替えることが大発展の原理である。自己中心の発想から、関与先中心の発想への転換だ。それは、利他に撤することが即ち自利なのだ、との人間の真の生きざまに通ずることだ。

つまり中心を関与先に置いて万事を眺めてみると、先生の事務所が関与先に対して、常に欲求不満の種を与え続けていることに気がついて、愕然とするはずである。この発想の切り替えをやると、間違いなく事務所は大発展の道を歩み始める。疑わずに、やってみよ」と。

この故飯塚毅先生の教えは、そのまま社長業の要諦に通じるものです。

「お客様は己自身だ」との熱き思いで、顧客の要望を汲み取り、大きな安心と満足を提供することが自分の喜びであると心に刻み込み、そして断固実践するのです。

顧客や取引先だけでなく、自社の社員に対しても同様です。

「社員の幸福を実現することが俺の幸福なのだ」と心から思い、社員に夢を与え、確固たる自社の未来像を提示して、「これを実現すべく、苦労をともにしよう」と熱く語りかけ、一丸となって突き進むのです。

このように、自己中心の発想を切り替えて、顧客のため、社員のために撤することができるかどうかが、赤字から脱却して黒字の元気会社をつくり、そして優良会社に成長するための重要な要因の一つであり、社長業の大切なポイントなのです。

それを私は、中小企業経営者に強く訴えたい。自利利他の理念を胸に、社長業に命を燃やしてもらいたいのです。

会社の外に目を向けた正しい姿勢が社長に求められる

何度も言いますが、会社は社長の意識改革と実践で生まれ変わります。業績を伸ばし続ける会社をみると、例外なく社長がしっかりとした考えを持ち、適切な行動をしていることがわかります。

社長が正しい姿勢をとっているかどうかで、会社の業績も決まってきます。

社長の適切な行動、正しい姿勢とは、会社の外に目を向けるということです。

事業経営は経済活動であり、経済活動の現実は市場にあるからです。市場に目を向けて適切な行動をとる人が適切な社長であり、それができない人は社長として適任ではありえません。それは単なる管理者にすぎないということです。

例えば、会社の一大事であるクレーム処理で話をしてみましょう。

クレーム処理ほど、社長の姿勢が現れるものはないからです。

クレームは自社の商品やサービスに対し、顧客の期待感が大きく離れてしまったが故に発生するものです。ですから、まずもって誠意ある対応をしなければなりません。

しかし社長によっては、クレームを軽く見たり、いい加減な処理で済まそうとします。

その結果、会社を倒産に追い込むことさえあるわけです。

社長の姿勢が会社の運命を決めるということです。

ですからクレーム処理は、誠意を持って対処すべきことはもちろんですが、素直な気持ちで自社が改善すべき課題を見つけ出し、具体的な改善に取り組まなければなりません。

ではクレームにどう対処したらよいか、四つのポイントを紹介したいと思います。

第一、クレーム処理はすべての業務に最優先させる。

第二、絶対に言い訳をしてはならない。

第三、クレーム処理に要する時間や費用は一切無視する。

第四、クレームの責任は追及しない――責任を追及すると担当者がクレームの発生を隠して処理しようとするからです。ただし、クレームを報告しなかった場合は責任を追及する。

クレームは会社にとって大きな事故ですが、対応の仕方によっては、「あの会社は誠意がある」ということで顧客の信用を得ることができます。

大事なのは、クレームが起こったことは元に戻すことはできません。ですから会社がやるべきことは、誠意を尽くして対応することです。それができるかどうかで会社の命運が分かれると言ってよいでしょう。

そこで、各社員の名刺に社長の直通電話、携帯電話の番号を入れ、次のようなメッセージを入れておく会社があります。

「何かご不満な点や問題がございましたら、こちらへお電話ください。必ず誠意をもって対処させていただきます」と。

それが命を燃やす経営者の姿勢ということです。

そうした姿勢を含めて、経営者が持つべき五つの顔を次に紹介します。

元気会社の社長になって、五つの顔を持つ桃太郎ザムライに変身しよう!!

経営者は、五つの顔を持つ桃太郎ザムライに変身し増税時代を乗り切ろう!

その第一は、威風堂々たる街医者の顔です。

「あの社長にまかせておけば安心だ」と誰もが感じる、いわば〝安心感を与える顔〟が、経営者には必要です。

第二には、芸者の顔です。取引先に「あの社長は口が堅い」と信頼され、「自分のことを本当に思ってくれている」と二人っきりで別室で話ができる芸者さんのような顔、取引先や社員からの信頼が得られるという〝親近感を持たせる顔〟ということです。

第三には、易者の顔です。「あの社長のいう商品、製品やサービスは間違いなくニーズがある」と思わせる、〝先を読む顔〟即ち先見力あふれる顔です。

第四には学者の顔です。預言者であると同時に、学問的裏付けを持っていることです。「あの社長はよく勉強している」という、いわば〝尊敬の念を与える顔〟です。尊敬もされない社長では、取引先も逃げてしまうでしょう。

最後の第五が、人を惹きつける役者の顔です。説得力が重要になるプレゼンテーションなどの場では、演技力に長けた役者のように、〝人を惹きつける顔〟が必要です。

こうした五つの顔が社長には必要です。

さらに桃太郎には三つの強い味方がいます。

「キジ」（インターネットなどの高度情報網）、

「サル」（経営ノウハウを含めた高度技術）、

そして「イヌ」（顧客や社員と目線を合わせた高感度かつ親身な姿勢）です。

これらの強い味方を引き連れて社員が誇りを持って働けるように経営者の腕を磨いていきましょう。それに的確に役立つのがＴＫＣ会員の会計事務所です。

なぜならＴＫＣ理念を実践しているＴＫＣ会員の会計事務所は、この五つの顔を持つ桃太郎ザムライの職業会計人だからです。中小企業の経営者は、ＴＫＣ会員の会計事務所を最良のパートナーとして、大いに活かして欲しいと思います。

第二章

中小企業の「経営維新」断行に活かすべく
ＴＫＣ会員会計事務所についてよく知ろう!!

（1）TKC会計人とはいかなる者であるのか

TKC会員会計事務所が経営に当たって、その中心に置いているのは恩師故飯塚毅先生の思想です。その中心になる考え方が「自利利他」と「光明に背面なし」です。

ここで重要なのは、顧問先と会計事務所とは一対であって、顧問先の繁栄をもたらすことが会計事務所の繁栄につながるという「顧問先は己自身である」という確固とした仕事感です。

本書では、中小企業の経営維新改革にあたって「TKC会員会計事務所を活かす」ことが何より重要であると謳っています。では、TKC会員会計事務所はどういう存在なのか。それを知ることで中小企業の経営者の皆様から活かしてもらえるのではないかと考え、TKC創設者である恩師故飯塚毅先生が語る「TKC会計人の生きざま」をここで取り上げます。

幸いにして飯塚先生が語った講演集がTKCより発売されています。『TKC全国会　初代会長飯塚毅講演集』より、ほんの一部ですが、重要部分を抜粋して紹介します。顧問先から信頼され会計事務所として活かしてもらうためにも、TKC会員自身が心して実践しなければならないことばかりです。なお見出しは、内容を解りやすくするために付けました。

以下、恩師故飯塚毅先生が語る講演内容です。

ＴＫＣ創設者恩師故飯塚毅先生が語るＴＫＣ理念の実践

まず真っ先に、ＴＫＣ会計人の生きざまについて申し上げます。

その前に、一体ＴＫＣ会計人とはいかなるものであるのか、ＴＫＣ会計人をどのように把握するのか、ということが真っ先にきていなければならないだろうと思います。

ちょっと読ましていただきます。

「自利利他」の理念を理解し、職業会計人としてそれを実践する人

一つ、ＴＫＣ会計人とは何か。

ＴＫＣ会計人とは、単に形式的にＴＫＣに加入している税理士または公認会計士であるというにとどまらず、何よりもＴＫＣの根本哲理である「自利利他」の理念を理解し、それを実践している職業会計人ということになります。

「自利利他」、自利とは利他を言う。この言葉は最澄・伝教大師の言葉であります。

ＴＫＣ会計人は、自利とは利他をいうとの理念を理解し、その理念の実践に真に励み、厳正な租税正義の具体的完結のため、特に職業専門家としての独立性を重んじ、会計における真正なる事実――これは税理士法四五条に書いてありますが――この真正なる事実に準拠して業務を実施するため、月々の巡回監査を適正に実施し、関与先の親身の相談相手として世界で認められた職業会計人の正当業務を正々堂々と実施している者をいう。

こういうわけでありまして、単にＴＫＣに加入しているというだけでは、ＴＫＣ会計人とはいえないと私は考えているわけであります。

二番目にＴＫＣ会計人の生きざまとは何か。

ＴＫＣ会計人の生きざまとは、職業会計人としての生活を展開するにあたって、特にどういう点に関心を払い、自己の職業生活をどのように特徴づけていくべきかの諸相をいう。

というふうに書いてございます。これは別に解説を必要としないだろうと思いますので、解説は省略させていただきます。

巡回監査は会計記録が真実なのか厳正に検査を行うことを基本とする

次に本論に入ります。

まず一番。巡回監査の完全実施について。

巡回監査の完全実施とは、毎月必ず一回以上関与先に往査していわゆる監査を実施することをもって足れりとするものではない。（繰り返して）巡回監査の完全実施というのは、単に巡回すればそれで足れりとするものではない。

二番目。それは何よりも会計記録が取引を完全網羅的に記録しているか、真実を記録しているか、適時に記録しているか、整然明瞭に記録しているか否か、について厳正に検査を行うことを基本としているものであって、単に会計記録と証票との照合のみを行うものではない。

多くのＴＫＣ会計人は巡回監査というと会計資料をただ突き合せて帰ってくる、という傾向があるやに聞いておりますけど、それは巡回監査ではないということです。

断固として顧問先を叱りつけるという姿勢を持っていること

三番目。ＴＫＣ会計人は会計記録における上記の諸点について、親切に教育と指導を行い、時には声を大にして関与先の関係者を叱りつけることのできる者でなければならない、とあります。

これは職員の方々にはちょっと困難な場面があろうかと思いますけど、所長たる者は必ずその条件を備えていなければならない。

断固として顧問先を叱りつけるという姿勢を持てないような人は正しい意味におけるＴＫＣ会計人とはいえない。こういうわけでございます。

指導と教育に従わない顧問先は断固として切って捨てる

四番。ＴＫＣ会計人は巡回監査に当たって、関与先が厳正な指導と教育に従わないことを見抜いたときは、己の損得を計算せず断固としてその関与先を切って捨てる、解約するだけの見識と権威を持たねばならない。

こういうことを言うと、収入が減ってしまうんじゃないかということを言う方がいらっしゃるやに聞いておりますけど、それはちょっと情けないんでありまして、やはり税理士、公認会計士はサムライですから、武士は食わねど高楊枝式の見識と勇気を持っていなければならない。

西ドイツ税理士法が、関与先の解約通知を税理士の業務として規定している事実を重く見なければばならない。一九七五年の税理士法第六三条にそう書いてあります。

ご承知と思いますが七五年に西ドイツ税理士法の大改正がありまして、その前には第二七条に解約義務というのがありました。つまり、税理士は、これは不適だと見た時は遅滞なく解約の処分をしなければならない義務を負うという規定があります。

これは何もドイツ税理士だけの義務ではなく、日本の税理士もこれをやらなければならない。私はこのように考えております。

関与先の経営方針の健全性及び合理性について終始助言する

五番。ＴＫＣ会計人は、巡回監査に当たって自己が供給した各種の電算機会計上の帳票の内容について、単に関与先の能力に対応した解説を行うのみではなく、モンゴメリーがその監査論第八版で指摘しているように――第八版の一七ページで言っていますが――関与先の経営方針の健全性及び合理性について終始助言する能力を発揮しなければならない。つまり、

「お宅の経営方針はこのように私はお見受けするけれども、ちょっとそれは健全性に欠けるところがある」

「ここをこのように修正すべきだ」

「このように直したらどうか」

という風に助言・指導するという要素を持たねば、ＴＫＣ会計人としてはあまりいい点数はもらえないということでございます。

TKC理念「自利利他」「光明に背面なし」の実践こそが中小企業の経営維新とつながる!!

いま紹介したような恩師故飯塚毅先生のお話を私はお聞きし、私の人生は変わりました。

先生との最初の出会いで、私は先生のスケールの大きさに驚きました。

同時にリーダーの条件を発見しました。

そして「飯塚の先見力を信頼しなさい」という先生の確信に満ちた言葉を聞いた時、その瞬間に私はこの先生について行こうと誓いました。

恩師故飯塚毅先生は人間の条件として「素直さ、正直さ」が必要だと最初に檄を飛ばしてくれました。まがりなりにも私は弟子としてその言葉を素直に信じ、学んで真似て、素直に実行してきました。

何度も繰り返しますが、先生の教えの基本理念は「自利利他」です。

「自利とは利他をいう」

その本質は利他即自利即ち自他不二なり。

己を忘れてお客様のために全力を注ぐ。

他人のために尽くすことが自分の利益につながっているということです。

もう一つ大事な教えがあります。

それは「光明に背面なし」です。

「光明に背面なし」とは、光や明るさには表も裏もないということです。

それと同じように、人生においても裏表のない生き方をしなさいと教えているのです。

即ち「素直に」「正直に」「うらをかかない」生き方をしなさいということです。


恩師故飯塚毅先生が言われる経営維新は、単に利益が上がればいいというようなものではありません。会計事務所にしても中小企業にしても、経営維新で大事なのは、ＴＫＣ理念「自利利他」と「光明に背面なし」を素直に受け入れて実践することです。

それがあってこそ、真の経営維新が始まるのです。

よく言われるように、想念――自分の強い思い――があって物事は実現していきます。

自分は経営者としてどうありたいのか。

どんな会社を目指しているのか。

それらを具体的に思い描くことです。

その根底に「自利利他」と「光明に背面なし」を置いておくのです。

これらを根底に置くことで、考え方や想念がプラス方向に導かれます。

やる気、元気、生き甲斐、働き甲斐、使命感といったものが出てきます。

逆に、もし自分はダメな経営者と思ってしまえば、ダメな経営者になっていきます。

本気で社員とその家族の幸せを考えるなら、自分はダメなどとは言っている暇はありません。

「やるぞ。できるぞ。俺ならできる」

そういう熱き思いを経営者は、まず持たなければなりません。

その強い思いがあって、初めて物事は動き始めるからです。

これは、会計事務所にしても中小企業にしても同じことです。

恩師故飯塚毅先生は、そうした基礎の基礎まで実践を通しながら私達に教えてくださいました。

会計事務所は「顧問先を絶対に守る」と決意して業務にあたる。そのためにも中小企業の経営者の皆様には、会計事務所を良きパートナーとして活かしてほしいということなのです。

(2) TKC会員会計事務所を活かし中小企業の「経営維新」を断行するのは今なり!!

TKCは世界一と誇れる安心、安全なシス研を持つコンピューター会計システムである

中小企業の「経営維新」を断行するには、会計事務所がそれにふさわしい働きをちゃんとやってくれるかどうかにかかってきます。とりもなおさず、顧問先の職域防衛、運命打開を断固として行う会計事務所でなければならないということです。

すなわち、職域防衛、運命打開ができない会計事務所は、その資格はないということです。果たして現在契約をしている会計事務所は、それにふさわしい事務所なのか、それを経営者は見極めなければなりません。

もし現在の会計事務所が経営指導もできないなら即刻替えるべきです。しかし、いままでお願いをしていたからとか、そこまで会計事務所に要求する必要はないとか、というような理由で会計事務所を替えないことは自殺行為ともなります。

ではそういう時に、どういう基準で会計事務所を選んだら良いのかということになります。

そんな時にお薦めしたいのが、ＴＫＣ会員会計事務所なのです。

ＴＫＣには、素晴らしいＴＫＣ理念があり、その基で日々努力、発展しているからです。

私は故飯塚毅先生に出会って、ＴＫＣ全国会に入会して四十五年になります。

その体験と実績から、ＴＫＣの会員であることに胸を張って誇ることができます。

そしてＴＫＣは進歩を続けています。

シス研の世界一と誇れる安心、安全の管理体制、ＦＸ２からＦＸ４クラウドの優れたシステム群の活用と実践、たゆまぬ研究開発を行っています。

そのすべてのスタートが、ＴＫＣ創設者故飯塚毅先生（法学博士、公認会計士、税理士）の、歴史的に世界唯一と言える、五つの顔を持つ桃太郎ザムライの存在なのです。先生は技術面だけでなく、哲学的、宗教的方面でも徹底して勉強され強い信念をお持ちでした。

そういう素晴らしい先生に教えを頂いた訳ですから、とにかく私は少しでも先生に近づきたいと思って真似て学んで実践してきたわけです。

中小企業の経営者の皆様に、自信を持ってお伝えします。

ＴＫＣ理念を実践するＴＫＣ会員事務所は、間違いなく良きパートナーとなって会社経営に役立ちますので、大いに活かしていただきたい。

社長の必死の決断で繁栄を手にすることができるのです。

ＴＫＣ会員ナラできる、ＴＫＣ会員シカできない「ナラシカ経営」のすすめ

「デモシカ経営」では黒字化は難しい

なかなか事業成績が上がらない中小企業の中に、「デモシカ経営」即ち、誰デモできる経営、それシカやらない経営をやっている経営者はいないでしょうか。

進歩無き状態の継続は、後退しているとも言われます。

そうでなくとも、今日の中小企業を取り巻く経営環境は、消費税の増税や円安による原材料費の高騰などで厳しさを増しています。

そしてまた最近は、デフレ不況下のインフレ経済状況が台頭しつつあります。

そのような状況の中で、誰デモできる、それシカやらない「デモシカ経営」を続けているようで

は、同業他社との競争に勝ち抜けないどころか、会社の存続さえ許されないと言って良いでしょう。
まさに現代は、中小企業受難の時が到来しているのです。

安倍政権下に於ける金融、財政の政策は、一時成功したかに見えますが、最近は不安定な円安、株高経済になって来ました。

さらにアベノミクスの第三の矢である成長戦略は、我々中小企業においては明日の明るさが全く見えていません。中小企業のなんと約七五％は未だ赤字経営が続いているという現状がそれを証明しています。

バブル崩壊後二十五年も経過しているにもかかわらず、中小企業の経営は赤字の垂れ流し状態、毎日休廃業転業の隠れ倒産が一千件も発生していると言われています。

「明日は我が身」ともなりかねません。

いや「デモシカ経営」を続けるなら、間違いなくそうなるでしょう。

「デモシカ経営」だけではありません。何で業績が上がらないのか。その原因を追求するポイントが狂っている経営者が多いのです。

これこそ約五十年、私が中小企業の経営を見てきて得た結論は「会社は社長で決まる」ということです。もっとはっきりと言えば、会社は社長しだいで良くも悪くもなるということです。

会社の業績が上がらないのは、社長に責任があるのです。

ところが、その原因や理由がトップである社長以外の所にあるとし、社長としての責任を忘れてしまっていたり、同業者も赤字で全国の大部分が赤字なのだから、我社も赤字で当たり前だと言わんばかりの中小企業が多く存在しているのです。

私が思うに、その大部分の中小企業経営者は、「デモシカ経営」をやっており、業績の悪さを他に転嫁し、改善に向けた次なる行動をしていないのです。

そして皆んなで赤字なら恐くないヨー!!……と。

「ナラシカ経営」を推進するのは会計事務所の使命

しかしこの問題は、一人中小企業経営者の問題だけではありません。

会社の経営状態を数字で把握している会計事務所の問題でもあります。いやむしろ、赤字の垂れ流しは、会計事務所の方に大きな責任があると言っても過言ではないでしょう。

会計事務所は、コンピューターが手軽に使えるようになってから、手書きで決算書を作り税務申告する時代と違って、正しく計算し正しく納税するという本来業務ができるようになっています。

その前提は会社が黒字であるということです。故に会計事務所は、会社の「黒字化」指導が重要な役割になるわけです。

そしてそれが結果として税務調査立ち会い不要となる、『申告是認優良企業の誕生』につながっていきます。

ここにＴＫＣ会員会計事務所を活かす経営の極意があります。

「デモシカ経営」から「ナラシカ経営」への転換です。

その指導を会計事務所が行うのです。


私どもの例を申し上げましょう。

私どもの顧問先も、置かれた経営環境は約七五％の赤字企業と同じです。しかし、その顧問先の黒字化率は約八〇％です。八五％を超える黒字化率を出している地域の支社もあります。

これは「デモシカ経営」という後ろ向きの経営でなく「ナラシカ経営」を、私どもが熱い情熱と使命感をもって推進しているからであると確信します。

即ち、「我社ナラできる！　我社ナラ必ず黒字にする！」、そして「ウチの会社シカできない事をヤル！」とのプライドアンドメリットを持った経営姿勢で、顧問先も会計事務所も共に「ナラシカ経営」を実践するからです。

最近、私どもの顧問先中小企業の間では、「会社は黒字で当たり前」と、堂々と胸を張って「社長業」に取り組んでいる経営者が急増しております。

私どもの例に限らず、会計事務所の関わり方で顧問先を黒字化することができます。

会社は赤字が続き、資金繰りがつかなければ必ず倒産します。

それを会計事務所の関わり方で防止することができるのです。

職業会計人の業務には、それほど重要な使命、役割が含まれているわけです。

さて、中小企業の顧問役である職業会計人の現実はどうでしょうか。

そこまで使命、役割を自覚して日々の業務にあたっているでしょうか。

残念なことですが「デモシカ先生」と呼ばれる税理士先生がおられます。

曰く、「自分は税理士の資格があるから、会計事務所デモヤルか」との理由と姿勢で開業し、以来今もって記帳、決算、税務申告の記帳代行シカやらず、自分達の職域である中小企業の存続と発展を担うという職業会計人としての認識も自覚もない方が多く存在しています。

その数は、全国で七五%という調査報告があります。

結果、全国の中小企業の約七五%が赤字のままであり、倒産予備軍となっているのです。

中小企業を守ることは、自らの会計事務所を守ることにつながっています。「デモシカ先生」は「デモシカ経営」から「ナラシカ経営」に変えていく。自らがそうすることで顧問先に喜ばれ、事務所も安定した経営ができるようになるのです。

デモシカ先生の、大いなる頑張りを期待しているところであります。

申是優良企業誕生支援業務はＴＫＣの「ナラシカ経営」

かく言う我々ＴＫＣの会員も、ＴＫＣ創設者の恩師故飯塚毅先生（法学博士、公認会計士、税理士）から、「果たして職業会計人は指導者なのか」と檄を飛ばされた時代がありました。

ですから我々ＴＫＣの会員は、「何を言ったかではない。誰が言ったかが重要である」。「記帳代行業務に明日はない！」と喝破された恩師故飯塚毅先生の言葉を信じ、発奮し、デモシカ先生にならず、職業会計人、税理士の国家的社会的使命、即ち「職域防衛、運命打開」の心意気に目覚め、我がＴＫＣ会員会計事務所ナラできる業務、そして我々シカできない提案サービス業務に取り組んできました。

ＴＫＣに入会して四十五年、私どもの事務所ではオールＴＫＣのコンピューター会計システムと戦略経営ノウハウを積極的に活かし、日次、月次、年次の仕事に取り組んでいます。

そして恩師故飯塚毅先生には、自計化後の顧問先指導業務に於いてもＴＫＣの理念「自利利他」を実践しなさい。それは職業会計人としての聖業に叶う仕事であり、職域防衛、運命打開につながる王道を歩むことですよ！　と、導いていただきました。

その結果、今日、我々ＴＫＣ会員会計事務所は、ＴＫＣ会員の王道「ナラシカ経営」ができるようになっているのです。即ち、その王道とは、

入って良かったＴＫＣ（入会しただけでは意味がありません。本気でそう思うこと）
やって良かった巡回監査、企業防衛保険指導（職域防衛、運命打開に向けて実践します）
そして、これから勝負のＫＦＳ（キー・ファクター・オブ・サクセス）
アフターＫＦＳへと展開していく道です。

第１．継続ＭＡＳ指導で顧問先の黒字会社八〇％づくりを断行します。

第２．ＦＸ２、ＦＸ４クラウドの導入により、会計で経営を強くし明日の未来経営指導に取り組みます。

第３．我々職業会計人として税理士の本来業務である税理士法第三三条の二の書面添付つき電子申告で、申告是認率九九・九九％を達成します。


その王道を必死で四十五年歩み続け、いまでは私どもの事務所の歴史になりました。そして私どもの目標値が目の前に登場したのがＴＫＣ全国会会員の「極め」である、『申是優良企業誕生』支援業務です。

これこそＴＫＣ会員会計事務所ならではの、優れた価値ある創造業務であると断言してはばかりません。


『申是優良企業誕生』支援業務は、顧問先を黒字化し、正しい計算、正しい納税をして、税務調査立ち会い不要のレベルまでに業務内容と水準を高めることです。

それによって経営者は、税務署のわずらわしさから解放され経営に専念できます。

是非とも「中小企業の経営維新」で我々ＴＫＣ会員を、ぜひ活かし切って欲しいのです。

我々ナラできる業務品質日本一のサービスを提供できます。

そして『申是優良企業誕生』支援業務は、我々ＴＫＣ会員シカできないプライドアンドメリットのある日本一の仕事です。

明日の国家社会の担い手であると同時に国の宝と言われる中小企業の経営者である社長様に、是非とも我々と一緒に「自利利他」（自利とは利他を言う）との比叡山を拓いた伝教大師の教えを実践し、共に我が日本の未来を一緒に切り開いて参りましょう！

その王道、「ナラシカ経営」の流れを次にまとめてみました。

「ナラシカ経営」の流れ

会社経営（税務申告が義務）

↓

会計事務所（税理士）に依頼

↓

会計事務所が決算書を作り税務署に申告、納税

↓

黒字　または　赤字

↓

会計事務所のあり方で会社経営が変わっていく（経営指導ができるかどうかがポイント）

↓

「ナラシカ経営」

「デモシカ経営」の会計事務所

TKC会員（TKC理念を実践する職業会計人）

↓

恩師故飯塚毅先生の教え（TKC理念）

・自利利他（自利とは利他を言う）。
・顧問先を己自身と自覚する。
・職業会計人は、国家社会を担って財政と税制に責任を持つ。
・中小企業を元気付けるのが税理士業界、税理士の国家的社会的使命である。

＝（教えを徹底的に真似て学んで実践）

そのうえで、TKCコンピューター会計事務所としての我が社は、中小企業経営者の意思決定を支援する。

・記帳、年一決算、税務申告（記帳代行シカやらない）。
・税理士の本来業務を理解していない。
・顧問先が赤字であっても何の責任も感じない。
・これでは会計が経営に生かされない。

↓

・顧問先も、会計事務所も衰退の道を歩むことになる。
・もし会社が倒産することになれば会計事務所は関与先を失うことになる。

会計事務所の職員は、経営者に経営アドバイスができる信頼に足るパートナーになる。

→ 会社の黒字化、申是優良企業誕生を目指す

TKCには「会計で会社を強くする」優れたツールが用意されている。それを活用することがサクセスビジネスモデルの実践である。

→ 自計化（TKC自計化システムで得た情報を経営者の意思決定に活用する）

→ 自計化の意味、重要性

世界に冠たるTKCコンピューター会計システムの活用は**自計化が出発点**である。
自計化における入力は顧問先が行う。そのツールはe21まいスター、FX2、FX4クラウドと進化し、今や日々の決算はもちろん、月の決算、年次決算と、適宜経営者の意思決定に役立つ情報を得ることができる。

会計事務所のポイント

顧問先（経営者）に自計化の意味、必要性を情熱を込めて説明する。また健全な会社経営を続けるためには戦略会計の導入が絶対に必要であることを併せて熱意をもって訴える。

ＴＫＣ自計化システムが導入され戦略会計の具体的活動が始まる

←

毎月の巡回監査（徹底した経営者との面談）

- 顧問先の実態を正しく知る。
- 経営者の考え、熱き思いや願いを聞く。
- 経営者の良きパートナーになる。

←

巡回監査を行いながら企業防衛保険指導（職域防衛、運命打開）を行う

←

サクセスモデル（ＫＦＳ）の実践

ＫＦＳは、戦略会計の具体的実践項目であるが、キー・ファクター・オブ・サクセス、すなわち成功の鍵である。

←

ＫＦＳの具体的内容

←

KFS

K：企業防衛保険指導と継続MAS指導

F：FX2導入自計化指導（FX4クラウドで更に強化）

S：書面添付電子申告是認率99.99%達成推進指導

JPA総研独自のニューKFS

ダブルK：企業防衛、継続MASにリスマネ指導をプラス

ダブルS：書面添付電子申告是認推進に就業規則の見直しをプラス

継続MAS指導

（マネジメント・アドバイザリー・サービス）

中期・短期経営計画の策定、予実管理、資金繰り対策などにつき、業績検討会、戦略的決算対策検討会を通して的確なアドバイスを実施。先を見越した戦略的な経営を支援し、顧問先企業の黒字経営、永続的な発展・成長を支援する。（儲かる仕組みづくりとヤル気の土俵づくり）

・成功の秘訣は、社長の覚悟にある。

・KFSを実践することで打つべき手が見えてくる。↓会社の希望ある未来が見えてくる。

・継続MAS指導を「剣」（攻め）とすれば、企業防衛保険指導は「楯」（守り）である。

・安全、安心、そして永続的な経営をするためには、企業防衛保険指導は必須である。

・KFS実践にあたり「儲かる仕組みづくり」と「ヤル気の土俵づくり」を活用する。

ヤル気の土俵づくり（実践にあたり重要なのは社員のヤル気）

←

社員の本気を引き出す**目標管理支援を会計事務所が積極的に行う**

←

目標管理の主な項目

1. 業績・成果主義の徹底
2. 個人目標と組織目標の一致
3. 上司と部下のコミュニケーションパワーアップ等
4. 組織の活性化・ホーレンソーダーネーの徹底
5. チャレンジ精神の奨励
6. 管理者のマネジメント力の向上

←

個人で作成する目標

- 私の幸福目標
- 私のマスタープラン
- 私の目標（生産目標）

目標管理実践のポイント

1．基本的な経営理念・指針を浸透させる
2．情報を共有する
3．仕事の目的・内容を熟知させ、業務の質を高める
4．自律的に仕事を管理する体制をつくる
5．面接対話で振り返り評価を行う

←

儲かる仕組みづくり（戦略会計の導入と実践）

←

・元気会社づくりをサポートする戦略会計導入の具体的ステップ。
・見える化、数字化して現状分析 ↓ 未来予測を行い対策を打つ

←

儲かる仕組みづくりで作成する書類の例

・経営計画書
・目標変動損益計算書
・目標損益計算書
・資金繰り計算書（目標損益に基づく経常収支の確認）
・予測貸借対照表
・次期経営計画書（財務諸表）
・次期経営計画書（経営分析表）

第一ステップ…顧問先企業の現状に合わせて無理なくスタートさせる

←

第二ステップ…当期の決算（利益）が見える戦略的決算対策の提案

←

第三ステップ…次期経営計画の策定で先の読める経営を提案

←

会計事務所の職員が率先垂範で顧問先を訪問し、戦略会計を活かした元気会社づくりに全力で取り組む

←

進捗状況を確認
P（プラン）→D（ドウ）→C（チェック）→A（アクション）のサイクルでKＦＳの実践を進化させていく。

その結果

・業績向上　単月黒字は当たり前。

・リスクマネジメントによる企業防衛保険指導の実施。

・書面添付電子申告による申是優良企業の誕生。

↓

ＪＰＡ総研グループでは永続的な会社経営のために三大業務を同時進行で行っている

↓

ＴＫＣ会員会計事務所としての三大業務

第一：単月黒字会社づくりと申告是認率九九・九九％の実践による『申是優良企業誕生』支援

第二：ハッピーエンディングノート作成促進と遺族に尊敬される相続対策支援

第三：リスクマネージメント業務のプロフェッションとして生損保業務で社長の危機管理を支援、後継者育成支援

三大業務推進を支えるＪＰＡ総研グループの経営理念

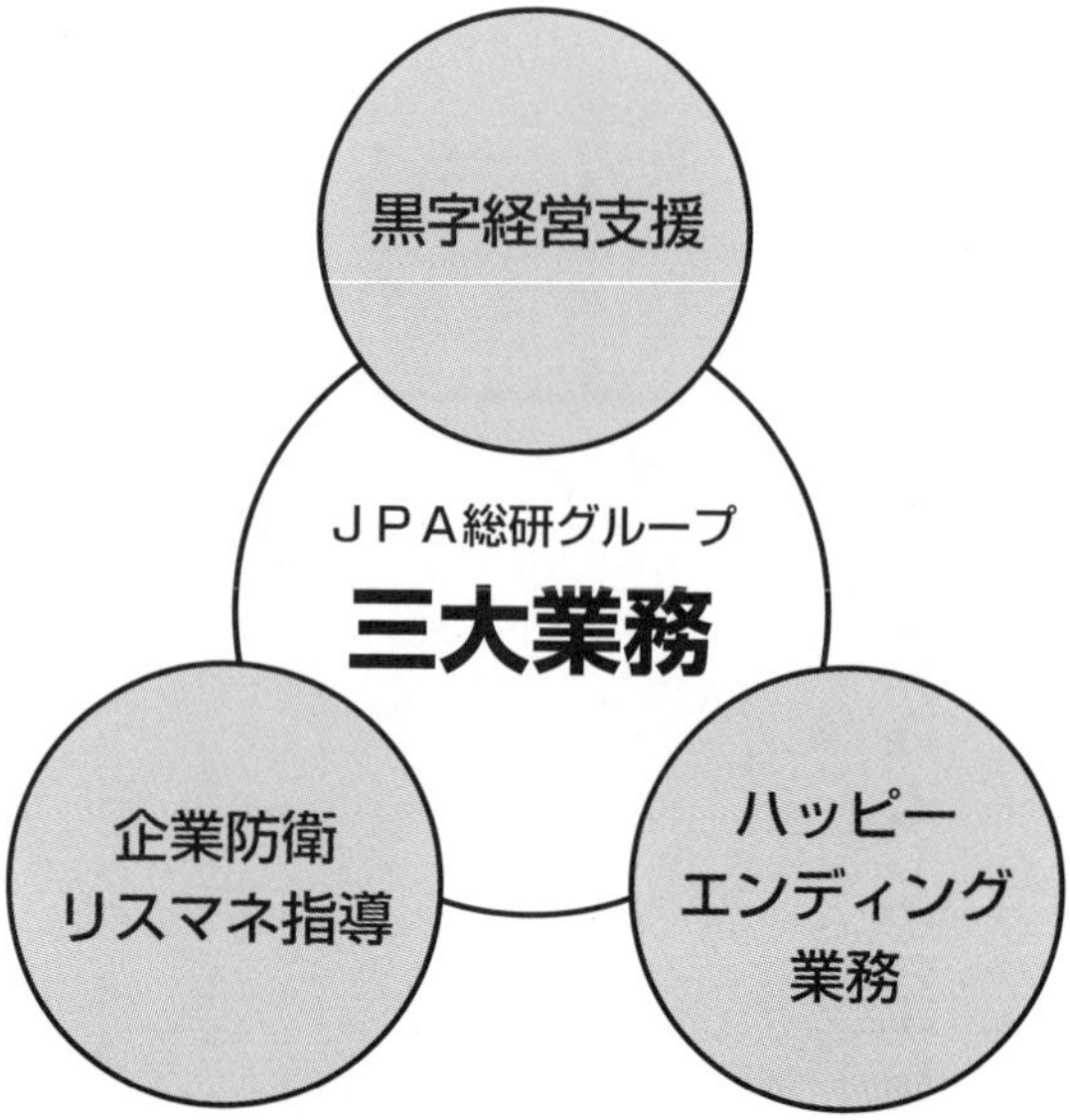

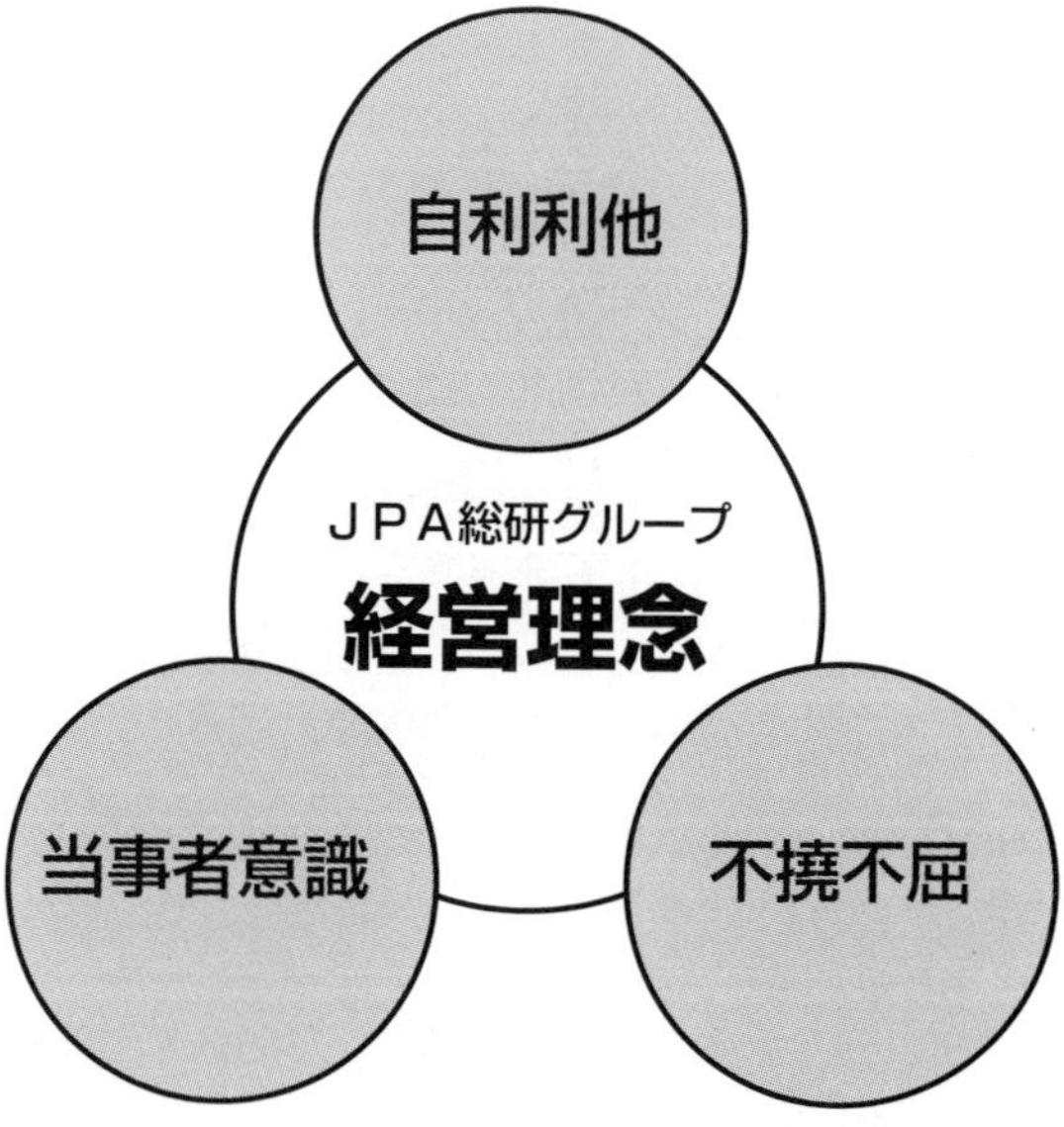

まとめ

世界に冠たるTKCコンピューター会計システムの活用で、
←
・入って良かったTKC
・任せて安心　JPA総研グループ

TKC会員会計事務所は、
・日本一を誇る職業会計人集団
・法務ドクター、ビジネスドクターたる専門家集団
・総合法律経済関係事務所としてのワンストップサービスオフィスです。
人生の恩人である故飯塚毅先生が、天界から檄を飛ばされ導いて下さっていると感じています。

（3）TKC会員会計事務所を活かし中小企業の「経営維新」改革を断行せよ!!

TKC会員会計事務所が行う「ナラシカ経営」の流れについて説明してきました。

ここで重要なことは実践です。成功者と言われている人は、間違いなく実践の人です。しかし経営者に限らず、人が何かを成すに当たって一番難しいのは実践、行動を継続させることです。

そんな時に共に歩む信頼できるパートナーがいれば、それは大きな力になります。それを一番知っているのは経営者自身でしょう。

私がTKC会員会計事務所をパートナーとして勧めるのは、経営者の良きパートナーとなって一緒に経営を考え、未来に向かって対策を練り会社成長に貢献するからです。

TKC会員会計事務所の職員は、顧問先が自分の会社でもないし役員でもありません。でも経営者と同じ気持ちになって経営を考えます。即ち「自利利他」（自利とは利他をいう）との経営理念を持って、利他の実践を徹底して行います。それがTKC会員の会計事務所なのです。

TKC会員の会計事務所は、会計人としての誇りと使命を持って業務にあたっています。

それを可能にしているのが、

一つは、儲かる仕組みがTKCコンピューター会計システムには用意されているからです。

二つは、巡回監査による途切れの無い面談を経営者と行うことができるからです。

三つは、豊富な経験の蓄積があり、あらゆる問題に対処できるからです。


その基本は、会社のお金の流れをみているからです。

お金というのは、会社の生死を握っています。

お金は人間に例えるなら血液です。

人が病気になった場合や、健康診断を行う場合、必ず血液検査をします。

なぜでしょう。

それは血液検査によって何が病気の原因なのか、健康を保つためには何をしたらいいのかがわかるからです。

会社も同じです。

お金、すなわち会社の血液であるお金の流れをチェックすることで、会社の健康状態や、病気の原因を知ることができるのです。

それをパートナーとしての我々会計事務所が経営者と一緒になって経営が存続、発展するように対策を練る。私共の今までの多くの経験からも、ＴＫＣ会員の会計事務所は、あなたの良きパートナーになると断言できます。

経営は資金繰りがうまくいくようになってこそ、いろんなことに挑戦ができるのです。

経営計画書の話をしましたが、創業当時は経営計画書など、あったものではありません。

とにかく会社をつぶさないようにがむしゃらに働く。生き残ることで、必死だったのではないでしょうか。

ＴＫＣ会員の会計事務所とて、必死の思いは同じです。多くの経営者を見ているだけに、なおそう思うのです。

生きるか死ぬか、常に経営者はその問題から逃れることはできません。倒産すれば、経営者の財産はもちろん、時には命まで失い、家族を悲しませ、社員とその家族を路頭に迷わせてしまいます。

当然、お客様、取引先にも迷惑をかけてしまいます。ですから会社では、資金繰り、キャッシュフローがどうなっているか明確に把握して早めに対策を打つことが重要なのです。

そういうことも含めて、ＴＫＣ会員の会計事務所を良きパートナーとして経営に活かしてほしいと思っているわけです。

ＴＫＣ会員会計事務所は経営者の優れたパートナー

ＴＫＣ会員会計事務所は、単なる税務申告をするだけの申告屋ではありません。

どうすれば黒字になるか。

どうすれば資金繰りがうまくいくか。

販売の体制に問題はないか。

人事の問題をどう乗り越えていくか。

新規事業の決断は正しいかどうか。

後継者問題とどう取り組んでいくか。

もしもの時に備えはあるか。

相続に万全を期しているか。

などなど経営全般に亘って相談を受け適切な支援を行なっていることを知ってください。

ＴＫＣ会員会計事務所は、間違いなく元気会社づくり、黒字化に貢献する優れたパートナーになって御社の経営に役立ちます。

その有効性を幾つか挙げてみます。

1　緊密なコミュニケーションを定期的・継続的に行い、経営上の課題、悩み等を何でも相談できる（月次巡回監査）

2　自社の経営成績・財務状態の同業間のポジションが月次で把握できる（ＴＫＣ経営指標・ＢＡＳＴ）

3　煩わしい税務調査から解放される
（書面添付申告）

4　資金繰りの悩みが軽減され、経営者の仕事に専念できる
（ＴＫＣ経営戦略者ローン他資金繰りサポート）

5　いざという時のリスクに万全の準備ができる
（企業防衛＝生保、リスクマネジメント＝損保）

6　自社の経営成績をリアルタイムで把握し、的確な経営判断のデータを入手できる
（ＦＸ2、ＦＸ4クラウド）

7　的確な情報提供、提案を受けることができる
（ＫＦＳ推進運動、ＴＫＣ会員、事務所スタッフの研修の充実）

これらは一つのシステムとして確立されており、いま経営にとって必要なことが目に見えてわかるようになっています。

ＴＫＣ会員会計事務所を活かせるかどうかが、元気会社づくりができるかどうかにかかっていると言ってもよいでしょう。

自信を持ってＴＫＣ会員会計事務所の活用をお勧めします。

ＴＫＣ会員会計事務所を活用するとの社長の決断と実行で、赤字会社から黒字会社へ、そしてその先にあるのが中是優良企業の誕生支援です。

ＴＫＣ会員会計事務所を活かし具体的に実践することが会社の繁栄と社員の幸せに繋がる

中是優良企業の誕生については第五章で詳しく述べますが、ＴＫＣ会員会計事務所を優れたパートナーとして活かすには、会計事務所と顧問先が良い関係になければうまくいきません。これは経営者と社員の関係でも同じです。そのキーワードが「自他一体感」と「運命共同体」です。

人は、決して自分一人では幸せにはなれません。

他者との関係の中で幸せを感じ実現できるものです。

若い時は、自分のことが優先し、身勝手な面が目立つかもしれませんが、歳をとってくると、他者のために役立つことが自分の喜びであることがわかってきます。

それと同じように、多くの経営者は社員が成長する姿を見て喜んでいます。

社員に喜んでもらうと、さらに喜んでもらおうと思うようになります。

逆もまた真なりです。

社長が喜んでくれる姿を見ると、もっと社員は頑張ろうという気持ちになるはずです。

それは社長のためというより、自分が嬉しいからなのです。


そうした精神構造は、日本人の心のなかにまだ残っています。

東日本大震災時において、自分のことより他人のことを優先する日本人の生き方が世界中に発信されました。

会社のなかで言うなら、社長と社員、社員と社員は、それぞれ別々に存在していますが、日本人は、そうとはとらえません。

他者と自分は別々に存在しているけれども、自分の働きが他者のためになり、他者の働きが自分のためになっているととらえるのです。

社長は社員のために働くことで、社長自身のためになっているのです。

社員は会社のために働くことで、社員自身のためになっているのです。

しかし戦後の教育で、この精神構造が壊されてしまいました。

「社員は会社のために」をうがった解釈をすれば「社員は会社のために働かされている」ということになってしまいます。

本当にそうでしょうか。

会社経営の究極の目的は、社員と家族を守ることです。

会社が繁栄することは、社員の幸せに繋がっています。

会社のためにというと、何か会社のためだけのような印象を受けますが、実際は社員自身のためにもなっているのです。

会社と社員は一つの共同体、運命を共にする運命共同体なのです。

ＴＫＣ会員会計事務所を活かせば経営力強化支援法で元気会社・黒字会社づくりを実践できる!!

平成二十五年春の金融円滑化法の廃止で三十万、次に消費増税で十万単位、デフレ不況で五十万単位でと、中小企業の数がかなりの勢いで減ってしまうという情報がありました。こうした現象は、我々職業会計人業界に影響がないわけがありません。

金融円滑化法の廃止後は借り入れに頼らないで経営をしなさいということに他ならず、そのためには計画経営をしっかりやり、継続ＭＡＳ指導をモニタリングすることで——金融機関が「よし、守ってやろう」と同意してくれないと融資が継続されませんので——金融機関から「ダメだ」と言われないように支援する。

それが一番大事なポイントで、職業会計人の指導者としてのまさに真価が問われる時が来たと言っても過言ではないでしょう。

そのためにも、経営力強化支援ができる会計事務所でなければ銀行は相手にしません。ある信用金庫の理事長から、いみじくも

「チャンスではあるけれども、会計事務所が半分くらいはなくなるんじゃないか」

「新しい顧問税理士会計事務所を求めて大移動するんじゃないですかネ?!」

と言われました。

いま税理士会計事務所がどんどん誕生しており、残った中小企業三六〇万社に対し税理士が六万人で平均六〇社。そこにクラウド会計、安売り会計事務所がたくさん出ている状況です。都内の有名な大手会計事務所などは、会計事務所業界を恐怖に落とし込むような月額五千円から一万円でやると案内を出しています。

これまで三万円でやっていた記帳代行型会計事務所はどう対応したらよいのでしょう。

顧問先から必ず言われるでしょう。

「こんな安くできるところがあるのに、先生のところはなんで三万円なの？　毎月来もしないで」

と。

そして「毎月なにもしないんだから、五千円でやってよ」と言われたらおしまいです。

こうした状況が間違いなく見えます。そして必ず来ます!!

そのための対策として最も有効なのは、ＴＫＣ会員会計事務所として、顧問先の真のベストパートナーとなって、元気会社・黒字会社づくりの実践者であることを具体的に示すことです。

ＴＫＣ全国会では、新時代の中小企業経営力強化支援作戦に取り組んでいます。

それは即ち、元気会社・黒字会社づくりをするということです。

「中小企業の経営力強化支援法」は、まさに中小企業を元気会社にする取り組みであり、さらには日本経済の再生に資するものと言っても過言ではありません。

そこで、その担い手である私たちＴＫＣ会員は、職業会計人として、さらに国家を支える国士として中小企業の元気会社づくりを実践しているのです。

新しい時代に於ける経営維新改革の為のＫＦＳの内容も大きく変わり、

「Ｋ」経営革新支援

「Ｆ」不況対策

「Ｓ」創業支援の推進

を社会的使命であると認識し、総力を挙げて取り組んでいるところです。

第四章

ＴＫＣを誰より知る全国会元事務局長と語るＴＫＣ理念対談
国を支える中小企業の黒字化と中是優良企業の誕生支援こそＴＫＣ会員会計事務所の社会的使命である

㈱ＴＫＣ元社長　ＴＫＣ全国会元事務局長
ＴＫＣ相談役・一橋大学博士（経営法）
尚美学園大学大学院教授　高田順三

ＪＰＡ総研グループ代表
尚美学園大学大学院元教授
法学修士・税理士・経営士　神野宗介

巡回監査という手法を会計事務所の業務に取り入れた

神野　今日は本当にお忙しい中、ＴＫＣ相談役で、尚美学園大学大学院教授で研究科長をされている高田順三先生にお出でいただきました。先生は、ＴＫＣの歴史、草創期からのことを創業者故飯塚毅初代会長から直に聞いておられ、ＴＫＣ全国政経研究会事務局長、ＴＫＣ全国会事務局長、そして株式会社ＴＫＣの第三代社長も歴任され、現在相談役をなさっています。

本日は日本全国で頑張っている中小企業経営者に、ＴＫＣコンピューター会計事務所をもっと有効に活かしてほしいということと、ＴＫＣ会員会計事務所自身がその役割を果たすためにどうあるべきかを対談で明らかにしていきたいと思います。それでは、よろしくお願いいたします。

高田　いま神野先生からご紹介いただきました高田です。ＴＫＣ会計事務所の在り方を語るには、ＴＫＣの創業者である故飯塚毅初代会長の思想、理念の根本がどこにあるか知らなければなりません。故飯塚毅会長は戦後復員してきて自分は何をやろうかと考えました。そこでアメリカやドイツなどいろいろな国の会計事務所のあり方、事務所経営について、あるいは会計や税務について丸善などから原書を取り寄せて勉強されたそうです。「数字は嘘をつかない」から良心の痛みが少なくてすむだろうということで、「自分は会計、税務の道、そういう方向でやろう」と心が定まったとお聞きしました。

戦前の日本には公認会計士制度も税理士制度もありませんでした。計理士、税務代理士制度はありましたが、法律上の強制監査という制度には至っていませんでした。これが戦後の段階での実情でした。そこで初代会長はアメリカ、イギリス、ドイツなど諸外国の文献を読み、昭和二十四年に巡回監査という手法を会計事務所の業務に取り入れていくべきだという考えに至りました。

巡回監査とは何かということですが、故飯塚会長は英語でフィールドオーディティングと言っていました。関与先に出向き実査を行う。現場で資産の実在性、取引事実、取引金額を証憑書と照らして検証し、それが真実であるかを確かめて事実証明を行うことです。

最初は職員もいないのでご自分の思う巡回監査ができました。ところが、関与先が増加してくる中で、職員を採用する。彼らの誰でも一定のレベルで巡回監査ができるようにならなければならない。それには、いわゆる職員の練成、職員教育が大事だということになり、その業務水準の確保のため、巡回監査の標準化の必要性が生じてきました。そこで、初代会長は巡回監査報告書というチェックリストを作りました。これでもって標準化する。職員は巡回監査において、これをもとに監査し、チェックするというものです。適正納税の実現を支援することが第一ですから、チェックリストには法令遵守と適正な会計慣行の裏付けになるものを入れ込んでいます。基本的には租税法であり、商法です。そういうものを踏まえてチェックリストを作っていったのです。

巡回監査の重要性はいまも問われています。会計事務所の業務の優劣は巡回監査の品質と言っても過言ではありません。

神野　大事なのは、税理士法四五条の相当注意義務ですね。この相当注意義務とは何か。税理士が相当の注意を怠り、故意に真正の事実に反して税務代理若しくは税務書類の作成を行ったときは懲戒対象となるということです。つまり、真正の事実に基づく適正納税の実現、これが税理士の使命であり、そこに専門家としての責任があります。それをなかなかやっていないのが記帳代行を主要業務とする会計事務所です。だから記帳代行会計事務所では、書面添付などできるわけがない。もちろん、それは会社法に定める記帳要件が遵守されているかどうかもチェックできていない。

高田　故飯塚初代会長は熊本から復員後、昭和二十一年に鹿沼で会計事務所を開業されました。その後、昭和二十六年に税理士法が公布され、懲戒の規定と税理士の責任として相当注意義務が問われることになりました。四五条の相当注意義務は、三六条の脱税相談等の禁止は当然のこととし、租税債務の算定が真正の事実に基づいて行われているかどうかを確認することです。この責任を果たすには、年一回、一年分をまとめて決算することでは果たせず、日々の記帳指導がなされ、かつ巡回監査により、法令遵守されているかなどをチェックすることが必要になってきます。相当注意義務のハードルは高く、このため、巡回監査の項目も徐々に増えてくるわけです。

いま、神野先生がおっしゃったように税理士自身はもとより、しかも、税理士法四一条の二において税理士には職員の監督義務が規定されています。そこで監査担当者は監査の結果を所長に巡回監査報告書によって報告します。所長は、その報告書を点検し、巡回監査が適切になされているかどうかみるのです。監査にもれはないか、指摘事項の内容など確認し、問題があればそれに対応します。これらを記録に残すことによって、事務所として相当注意義務を果たしたという証拠とするのです。つまり、関与先で行った会計処理等の範囲と事務所側で行ったことを明確にすることが大切です。税理士事務所は法律業務ですから、責任の所在がいずれにあるか証拠として保存しておくのです。これによって、税理士事務所の法的防衛を万全にすることが巡回監査の第一の目的でした。そして、会計事務所の法的防衛とともに、中小企業の防衛も果たさなければならない。中小企業の法的防衛とともに健全な経営となるよう指導しなければならない。ここに、初代会長の巡回監査の二本柱があります。

真の職域防衛、運命打開とは関与先の防衛にある

神野　それで、故飯塚会長は職域防衛・運命打開という崇高な理想を掲げて我々に訴えました。その職域とは何ぞや。職域とは我々の事業、事務所内の利害関係の範囲に限定したものと考えがちですが、そうではありません。我々の支援する会社である顧問先、中小企業が対象で、その職域を防衛するということです。こういう考え方は大変崇高な使命ですし、当時、私は、それまで聞いたことのない新鮮なものでした。顧問先すなわち中小企業を防衛してこそ、我々も運命打開できる。これが重要なテーマなのです。これを分かってもらえば、ＴＫＣ会計事務所としての使命を自覚し活かしきる気持ちになるはずです。そういう巡回監査をやらないで記帳代行をやっている会計事務所は、中小企業を活かすどころか自らの身も危うくしていることになるわけです。そこに気が付いてもらいたいのが、今回の対談のもう一つの狙いでもあります。

高田　いまおっしゃったように、一部には職域防衛・運命打開というのは、我々の事務所を守ればいいと捉えられている向きもあります。初代会長は講演で、職域防衛とは、関与先企業を含む中小

企業に及び、これらの健全なる育成を図っていくことが使命だという趣旨を話されていました。

さていま、安倍内閣が地方創生の担当大臣を置いて、その重要性を訴えています。ジョン・ケネス・ガルブレイスが『新しい産業国家』という本を一九六七年に出し、アルビン・トフラーが一九八〇年に『第三の波』という本を出しています。いずれも、産業革命による物の豊かさ一辺倒という時代から、人間の心の豊かさを追求する時代に来たことを示唆しています。日本の場合、少子高齢化で、人口ピラミッドが逆三角形となり、また工場労働者の都市部への集中ということで、地方の人口は減少しています。経済のにぎわいも都市部に集中し、これを集散して地域の創生を図らないとだめということです。そういう現実を考えると、会計事務所の存在意義はさらに大きくなっています。つまり、税理士事務所は都市部だけではなく地方にも遍在していますので、その地域の中小企業を元気にすることは地域の活性化につながります。地域の農商工連携を担い、新たな製品やサービス等の価値創造を支援する立場にある税理士の先生方は、まさに地域のビジネスドクターなのです。神野先生が税理士法の相当注意義務を挙げられましたので、巡回監査の役割が説得力を以て明確にされると同時に、いわば地域の中小企業の経営力を財務面から高めて、地方の創生を支援していくことがこれまで以上に重要となってきています。

ご承知の通り、わが国は昭和二十二年から申告納税制度を採用し、その後シャウプ勧告を受け、昭和二十五年に記帳を促すために青色申告制度を導入しました。そして、正しい記帳を履行し帳簿を備えていれば税務署に提出した申告書はその段階で納税額は確定するという制度をとりました。そのような環境の中で、税理士は税務申告業務さえ行えば職責を果たしているとの意識が一般化してきました。それは違うんだと、喝破されたのが故飯塚初代会長ですね。

ところで、神野先生のおっしゃっている記帳代行という業務は大きく変化しています。中小企業は顧問税理士の知らないうちに、市中の会計ソフトを購入し、かってに会計処理しているのです。このため、税理士事務所には年一回の税務申告しか依頼してこなくなった。これが現実です。インターネット技術の発達と普及で、ネット会計や、今後は廉価なクラウド方式も出回ってくるでしょうから、巡回監査離れの傾向が一段と強くなっています。巡回監査を受託したくても、その需要が少なくなってきているのです。それと、遵法主義を意識していない中小企業も多く、そのような会計処理を受託し、巡回監査を実際に行うのは困難な状況と言えるでしょう。これが問題なのです。

しかし、それを看過しておくと税理士は税務申告の代書屋的な存在になってしまいます。いま問題なのは、中小企業が簡単・便利な会計ソフトやネット会計を税理士事務所に相談せずに独自に導入する傾向が強いのです。ですから、会計業務に関しては税理士の支援はいらないという意識が強い。事務所側にしてみれば、そういったパソコン会計は遡及的な加除がいとも容易にできますから、会計の品質を精査することが困難な状態となっています。この二つの要因により、税理士事務所は年一回の申告業務だけに業務が縮小されてきているのです。

巡回監査と未来会計で中小企業の経営助言を行う

神野　「税理士の集団死滅の時来る」と故飯塚初代会長は講演でよくおっしゃっておられました。

まさにそういった環境の今日、我々は危機意識を持っています。ＴＫＣシステムで自計化できるかどうかが巡回監査の精度を高める鍵を握っていますので、推進のできていない顧問先が在る場合、その原因を追求し解決するようにしなければなりません。現場で自計化推進をうまくできている職員とそうでない者がいます。そこで、毎年開催するＪＰＡ総研の秋季大学等において自計化成功事例発表を何度も繰り返し行う中で業務の進め方を研鑽しています。

高田　税務と会計の一気通貫を守るためには、現場の第一線で働く職員さんにかかっているわけですからそれは重要なことですね。その意識をもった税理士の先生方や職員さんの指導により、顧問先の社長や経理責任者にまず日々の正確な記帳、帳簿の作成が大切なことを認識してもらう必要がありますね。そうすれば、正確な損益がわかり、会計を経営に活かすことができる。そして、正しい決算は、適正申告に繋がります。会計の役立ちと遵法精神の大切さをわかってもらっていないと駄目ですね。

　ところが近年、簡単・便利で安い会計ソフトが市中に出回っていると同時にインターネットの普及で容易に購入できるようになりました。ですから、記帳は、自社導入の会計ソフトで行う傾向が強くなっています。この現象は、ＴＫＣ会員事務所の関与先にも起こっていますから、会計業務の受託離れが生じ、年一回の申告のみと言うことになってきているのです。しかも、これからは本格的なクラウド時代の到来となりますから、様相はすっかり変わってきています。

　このような環境変化にあっても、税理士の業務は適正納税の実現を支援することですから、これを傍観することはできませんね。そこで、これまで以上に、小規模から中堅企業に至るまで、ＴＫ

C方式による自計化が重視されます。待ったなしですね。

ところで、国家の歳入を担う租税が適正に納税されない風潮は亡国の兆しだと故飯塚初代会長はよくおっしゃっていました。そこで、これまで永年に亘りTKC全国会で推進されてきた税理士法三三条の二第一項に規定される書面添付制度が重視されるのです。これは国税庁が税理士に期待する重点施策ともなっています。納税義務者が正しい決算をし、適正申告の実現を税理士が確認したことを証明する制度ですね。その実務は、申告書作成に際し、計算し、整理し、又は相談に応じた事項で、租税債務の決定に影響を及ぼす内容を書面に記載することです。この適正性を確認するためには、各種帳簿に立ち入ってそれらの内容が正しく会計処理されているかどうかを確認しなければなりません。TKC会計人は、それを月次巡回監査で行うわけですね。ですから。TKC方式による自計化でなく企業側で独自に導入したソフトで会計処理されている場合、巡回監査は困難となり、書面添付することはリスクが大きくてできないことになります。

神野　わが事務所の顧問先にはTKCのFX2で自計化を相当進めてきました。その結果として、巡回監査率と同時にその品質も高まってきました。経験として言えることは、この二十年数年来、ひたすら自計化を進めてきた結果、記帳は企業側で、それをもとに事務所側は法令遵守しているかを巡回監査するという業務分担が明確にでき、しかも巡回監査の効率も高まってきたのです。

考えてみると、自計化を推進することが先決で、自計化ができれば書面添付もしやすくなる。これによって、財務会計から税務会計まで一気通貫の業務となります。そしてこのところ、年商規模が少し大きいところにはFX4クラウドを積極的に推進しています。また、私どもは経営革新支援等認定事務所となりましたので、経営改善計画策定支援の実践を強く打ち出しています。
高田　故飯塚初代会長は税理士業務の王道として書面添付の実践を掲げられると同時に、そのためには巡回監査を断行しなければならないと、そして巡回監査時には経営助言も行うことを強調されていました。経営改善計画の策定支援はまさにこれにあたりますね。
　政府は、中小企業を日本経済の活力の源泉と位置づけ、その活性化策を打ち出しています。その一環として、平成二十四年八月に、中小企業経営力強化支援法が施行され、これにより、税務、金融及び企業財務に関する専門的知識を有する専門家等を経営革新等支援機関に認定する制度を立ち上げました。主務官庁は中小企業庁と金融庁で、会計で財務経営力を高めることをねらいとし、中小企業の経営改善計画の策定を認定支援機関の協力のもとで推進しています。
神野　この施策は重要ですね。わが国中小企業の約七十五％は赤字決算ですから。経営改善をして経営力を強化し、黒字化とし納税の義務を果たせるよう支援しなければ、わが国の財政健全化は果たせませんからね。初代会長は、税務の受託はもとより、財務会計の受託、そして未来会計の支援を唱えられていました。
高田　国税庁発表の平成二十五年度の法人黒字申告割合は約二十九％ですから、七十一％が赤字と言うことになります。これは、大部分が黒字決算の上場企業等大企業も含まれていますので、中小法人に限定すれば、赤字割合はご指摘の七十五％以上となるでしょう。厳しい状況ですね。
　神野先生がおっしゃいましたように初代会長は未来会計の重要性を昭和四十年代から提唱なされていました。まさに、先見性、慧眼ですね。税務はもとより、財務会計も業務範囲とし、さらに未来会計へと展開していく、それが適正申告につながり、しかも職域拡大にもなると強調されていました。

未来会計とは、経営改善を図るための計画作りであり、この策定を支援するのが経営助言業務と位置づけられますね。そして、策定した経営計画は、中小企業の社長が実行していくわけです。いわゆるＰＤＣＡ（プラン、ドゥ、チェック、アクション）でマネジメントする。この支援ツールが今日ではＴＫＣの継続ＭＡＳとＦＸ２です。

巡回監査で、関与先企業の会計の正確性を高める。そうすれば、経営計画をたてる際の過去データも信頼できる。継続ＭＡＳで経営計画を立て、変動損益計算書の考えをシステム化したＦＸ２で日々の損益を管理し、経営に役立てることができるようになるところまで、経営者の計数管理力を高めていくのです。この前提には、経営者が変動損益計算書の仕組みを理解している必要があります。いくら売上げを上げたら、固定費が回収できるかという考え方で、年商２億円程度まではＦＸ２、それを超える企業はＦＸ４を提供する。それには、所長自ら継続ＭＡＳやＦＸ２に習熟することが必要で、さらに職員錬成により、巡回監査時に、これらのツールの活用方法の指導ができなくてはなりません。

また、経営者にとってみれば、製品・市場戦略が重要ですから、プロダクトポートフォリオという考えで製品ごとに、横軸にマーケットシェア、縦軸に市場占有率、または粗利や売上高、伸び率など組み合わせて二面の視点で分析したりして、きちんと管理できる仕組みにしてあげる必要があります。

神野　その役割をしっかり担って、経営計画の立案から実行状況までを「見える化」する仕組みの構築を支援していかなくてはなりません。TKC会員会計事務所では、TKCのFX4クラウドシステムの提供を本格的に進めています。

リアルタイムですべてわかる会計システム、すなわち製品別、本支店別、部門別、地域別、担当者別などの管理ができ、全支店から最新業績が確認できます。

高田　経営者にとって知りたい情報がリアルタイムでいつでもわかり、担当者によるデータ入力はどこからでもできる。

神野　月次決算ではなく、日次管理できる優れものができました。

高田　神野先生が入会された四十五年前に、未来会計システムがここまで進化するとは考えられなかったでしょう。それがいま現実になっています。

神野　私がFX2、FX4クラウドを実際に利用してみて分かるのは、クラウド会計時代到来で、顧問先にFX4を提供していますが、導入された経営者からの満足度が高いということです。予実対比、現状認識、打ち手と、経営の実行にあたる社長はその良さがわかってくる。顧問先も、競争激化の中、FX4クラウドを戦略思考のできるツールとして導入してきています。会計の「見える化」で機会損失をしない経営が可能になるのです。

計数を読み取れる社長の育成が税理士先生方の使命

高田　変動損益計算書の限界利益率が一％増える、減るというのはおおごとで、大企業なら億単位の変動になります。そこを社長は見て、何が原因かを見ていないとだめなのです。変動損益計算書の売上高の部分は社長の手腕、そして、費用はそれぞれの部門管理者の責任です。そして費用は変動費と固定とに区分して管理する。売上高から変動費を差し引くと限界利益が出る。限界利益＝固定費であれば利益はゼロと言うことになります。人件費や家賃などは固定費ですね。これらは売上高がゼロでも発生します。変動費は仕入ですから、売上高の増加に伴って増加します。このような考えに基づいて変動損益計算書は作成されます。ＦＸ２を利用した場合、経営計画で立てた予算対比、前期比との比較ができますから、過去の計数との比較による現状認識ができ、異常値も発見できます。また、ＴＫＣ経営指標により同業他社比較もできますからね。

神野　そうですね。会計を経営力強化に役立てると言うことですね。経営革新認定支援機関に認定されても、経営改善計画の支援を実際に行っている会計事務所はまだまだ少ないですね。つまり、事務所の所長が未だに旧態依然として記帳代行で過去会計に終始している観がありますね。これでは、会計を経営に役立てるための支援ができていないことになります。

税務署への申告があるから決算を組み税務計算申告手続きをするという意識から脱皮できていないのです。それでは、経営者に明日の経営ナビロードが示されていない。次期の経営改善計画を策定し、この計画に沿って行動すれば、経営改善できるという意識を社長がもつようにすべきですね。このためには、記帳代行から自計化を促進し――自計化をスタートにして――自計化後のサービスとして会計の「見える化」を推し進めて経営者の意思決定が的確にできるよう支援することが大事です。これが今後の大きな仕事になります。それをやらない記帳代行中心の会計事務所がＴＫＣ会員にもし居るとすれば、それは反省すべきであるし、現状脱皮すべきです。

高田　いまおっしゃったように、会計を経営に活かすという点での支援が重視されます。経営には現状を的確に把握したうえでの迅速な意思決定が求められます。そうしなければ、商機を逸します。会計で経営力を高めるということは日々の意思決定に会計が生かされていると言うことです。

ＦＸ２の画面で今日の変動損益計算書、今日の売上高がわかり、さらに今日のキャッシュフローが分かるようにならないとだめなのでしょう。そういう時代に変わって来ているということです。いま自分の船がどの方向に進んでいるのか、羅針盤でそれがきっちり見えないとあらぬ方向に行ってしまいます。飛行機で言えば、コックピットに出てくる計数を読み取れる社長の育成が税理士先生方の役目です。さらに言えば、コックピットでの操縦の仕方、羅針盤のかじ取りの仕方がきっちりとできる経営感覚を養ってあげるのが税理士事務所の役割になっています。

企業が発展するから会計事務所も生き残れる

神野　ＴＫＣ全国会は十五年前から、成功の鍵（ＫＦＳ）作戦に取り組んでいます。Ｋは継続ＭＡＳと企業防衛でダブルＫ、ＦはＦＸ２、ＦＸ４クラウド、Ｓは書面添付、しかも電子申告で行う、これらの実践がＴＫＣの王道業務です。これは常に進化していって、会計事務所も中小企業にとってもキー・ファクター・オブ・サクセス（ＫＦＳ）と位置付けられる優れものと言われるのがＴＫ

Cコンピューター会計システムです。それを「いま、利用・活用しない手はないでしょう」と言い続けてきたのがＴＫＣ全国会なのですね。

高田　いまおっしゃった通り、企業が発展するから会計事務所も生き残れるのであり、何より考えなければならないのは企業の発展なのです。事務所が発展し規模が大きくなったのは、関与先企業の発展の結果ですからね。関与先の顧客満足度を高めないと事務所の存在価値はないわけですから。そこで、経営意思決定を支援するための会計という位置付けをすると、正確な日々の記帳、正確な月次決算が重要になってきます。そこに至るまでの指導が巡回監査担当者にできているかというこが課題になります。そこで問題になるのがそれを担当する人です。人を育てるには時間と費用がかかります。時間と費用をかけずに「なんとか、事務所が維持できればいいじゃないか」という発想では人は育てられませんね。

神野　その通りです。

高田　もう一つ、会計事務所に理念があり、これが共有されなければ職員さんは離れていきます。その理念は何かというと、ＴＫＣでは「自利トハ利他ヲイフ」で、これは、企業の繁栄を我が喜びとする、こういった理念の共有をしていないと、テクニックだけでは人は離れていきます。そして、理念は職員と共有するのみならず関与先さんとも共有して地域にもインパクトを与えていく、我が発展が地域の発展につながる。ものづくりやサービスを通じて地域社会に貢献していくという奉仕の精神に根ざした組織にしていかなければなりません。

故飯塚初代会長はこう言っていました。「日本を世界第一等国にしなければならない、ドイツを抜かないとだめだ」と。そういう社会全体高めていくという発想ができないとだめだと。その地域のリーダーが税理士の先生方ですよと、おっしゃっていました。

神野　筋の通った話ですね。税理士という枠の中で言えば、従来型の記帳、決算、税務代理、税務書類の作成、税務相談と言うことになりますが、時代の要請としては変化してきています。これらの業務は当然のこととして、中小企業の存続、発展をいかに支援していくかに重点をおいた職員錬成が求められています。事務所体制が経営助言業務にシフトしていかないと、関与先ニーズに応えていけません。

適正納税の実現を図っていくためには、顧問先が利益の出る体質に改善するよう、経営計画の策定段階から助言してあげなければならない。中小企業の約七五％が赤字という現実を直視すれば、そういう結論が出てきます。

黒字決算の支援をめざし、実務では書面添付まで実践していくのです。経営者から税金のわずらわしさを取り除くためにも、税務調査立ち合い不要の申告書を作成する。そうすれば、経営者は安心して営業に集中できる体制となりますから。そして、利益の出る仕組みが形成され、税金が払えるようになると、プライドを持ってさらに頑張るようになる。我々は、経営者に対し、黒字会社が当たり前、赤字会社でいるのは恥だというくらいの指導をしていく気概が必要です。経営者側にたってみれば、そういった面でＴＫＣ会員会計事務所をもっと活用しなければならないと思います。

適正納税の実現を担う税理士の使命は崇高

高田　そうですね。憲法三十条に定められている納税の義務をおもんばかっての神野先生の心意気がよくわかります。いまや、国家財政を見ると一千兆円の赤字国債を発行しており、プライマリーバランスの均衡もとれていない。企業で言うと赤字で多額の負債を抱えている。このような財政状態の中で、税理士の使命は重大ですね。故飯塚初代会長は、「税制は国家の背骨なり」とおっしゃっていました。

税理士先生方の使命である適正納税の実現を支援すると言うことは、適正に税務計算することを当然として、納税できるような関与先にしなければならない。歳入の中で、租税収入の占める割合は大きいですから。いま、その国家の背骨が揺らいでいます。ドイツのようにプライマリーバランスを健全にしていく、その一翼を担う崇高な使命を担っているのが税理士の先生方と考えます。

先ほど神野先生が言及された相当注意義務は税理士法ですが、法人税法の確定決算主義を踏まえれば、会社法四三一条の「一般に公正だと認められる会計慣行に従う」、そして、記帳要件を規定した、同法四三二条の「適時に正確な会計帳簿を作成しなければならない」を遵守して、法人税法二二条二項・三項の税務処理がなされていることが求められます。このために会計事務所は、会社法と税法が求める記帳義務が履行されているかどうかを巡回監査で確かめ、企業側はＴＫＣの管理会計システムを用いてリアルタイムに業績を管理できる仕組みを作っていくのです。

神野　そういう崇高な理想を掲げて税理士としての使命を果たす、その適正納税の実現のため、法令を遵守しなければならない。ところが、そこまで到達していない企業がたくさんある。

法律違反を起こさないため、適時に正確な記帳、それを処理するためには一気通貫のＴＫＣシステムを完全に利用することですよ。継続ＭＡＳで経営計画を策定し、ＦＸ２で自計化、ＴＰＳ一〇〇〇で税務計算する、この一気通貫で行うことにより、適正な申告書を作成するわけです。もちろん、申告は書面添付つきの電子申告でおこなう。業務水準が上がるばかりでなく、効率も良くなる。

申告書作成まで一気通貫で月次決算、年度決算、書面添付、我々の言葉で言えば税務指導、経営指導を一体でやるわけですが、その前提は実は自計化なのです。それがなされていないため多くの中小企業経営者に、会計で会社を強くする適切な指導がなされていない。

いま会計事務所の多くも赤字です。それは、中小企業の約七五％が赤字なのですから、当然と言えるかもしれません。でも逆に、「赤字会社が多いのは会計事務所にも責任がありますよ」と言われてもしかたがありません。これに経営者が気付けば、自計化支援をしない会計事務所には期待できないと判断するでしょう。間違いなくそうなると思います。そういう意味で中小企業の経営者は、自計化指導をしてくれて、経営指導と税務指導を同時に一気通貫で行ってくれる会計事務所として、それにふさわしい業務をＴＫＣ会計事務所に求めるべきですし、求めてほしいと思います。

経営計画策定システムを活用して顧問先を支援する

高田　それにはまず「隗より始めよ」で、会計事務所の自計化を始めることです。一昨年以来、経済産業省・中小企業庁が主務所轄となって、会計で財務経営力を高めるとのことで、その主軸として経営改善計画書を作る支援事業が推進されています。

つまり、計画なきところに実践はないのです。「綿密な計画には神が宿る」と言われるほど、真剣かつ緻密な計画作りは重要なコンセプトです。

プランドゥシーチェック（ＰＤＣＡ）のプランのところ、故飯塚初代会長は脚下照顧と言われていました。いまの自社の現状を認識することから始まります。会社がどのような状況にあるのか、成長期にあるのか、成熟期にあるのか、衰退期にあるのか。いまどの段階に来ているかということを過去五年程度のデータにもとづき分析する。そして、環境変化の動向、自社にとってチャンスと思われることは何か、そして自社の強み弱みを分析します。また、製品ポートフォリオ分析などにより、経営資源の投下の判断材料にします。

この経営改善計画を策定することを毎年行うのです。その際、会計事務所は同席して、継続ＭＡＳにより、経営計画策定を支援するのです。この計画を作って、経営者や部門長は、次期計画（予算）の達成をめざし、プランドゥシーチェックを回していくのです。

神野　いま我々は経営改善計画策定を支援しており、実際に二〇〇社程度、顧問先の一・五割くらいでやっています。結局何をするかと言うと、経営責任者である社長と夢の話をします。掲げる夢や目標は絶対逃げませんが、逃げるのはいつも社長です。そうしないようにするのが我々の役割だと考えています。

高田　いままで通りでいいだろうと、甘く考えてしまうのです。人間は一回成功するとその成功に胡坐をかいてしまいます。だから、次の革新というステップに行かなければならない。創業、成長、成熟、衰退の成長から成熟、衰退に来るところでイノベーションを起こす、革新をやらなければならないのです。そのときに必要なのは脚下照顧で、もう一度顧客満足度の実態等によりマーケティングを行うと同時に、環境変化を察知する必要があります。

神野　会社を始める時の動機は何だったのか。それがいかなるものであっても、事業をスタートする前提には必ずお客様がいます。お客様がいたから会社を始めたのです。だから、お客様をどう生み出し、どう育て、どうサービスしていくかということが、会社をスタートした時にはあったと思います。その思いがどこかにいってしまい、会社がうまくいかない理由をお客様のせいにして赤字を垂れ流している。というのが中小企業約七五％の現状です。事業スタートの原点や動機がどこかにいってしまい、志がなくなってしまっているのです。経営計画をもう一度しっかり作って、もう一度創業期の想いに戻りましょうということです。

高田　経営改善計画として利益計画を立てますが、社長が思っている売上高構成と実績は変化しています。また、社長が思っている利益率は実際に出してみると低いことが多いのです。過去五年間の実績値をもとに分析し、経営改善計画を作るのです。その際、市場を見る。そして、売上高、販売実績を見ます。それをどういう視点で見るか、地域別、顧客別、担当者別等、さまざまな切り口があります。つぎに、市場の動向等環境変化を読みながら、マーケッティングを行います。顧客の創造です。その際結局は、製品と市場ですから、なにをどこに販売するかと言うことになります。

たとえば、解散総選挙で特需がでるなどは環境変化によりますね。経営環境にはさまざまなものがあります。為替レート、原油等の市況、日々刻々変化しています。それらの現状と動向を見て、機会を逃さない。そのためには自社の強みを絶えず強固にし、弱みを縮小していけばいいわけです。しかし、特需をあてにしてはいけません。それはあくまで特需ですからね。長い取引の続くような販路拡大が定石です。

決算予測会議で社長の意識改革を促す

神野　わが事務所では、以前から決算予測会議で社長の意識改革を促すことをやっています。たとえば「このままでいたら赤字の垂れ流しになってしまい黒字化するために全力投球しないと大変なことになりますよ。赤字会社は倒産予備軍ですよ」と社長に言います。赤字の状態を続けるというのは、会社の金ではなく自分のふところの金を出すようになるから結局最後は倒産するのです。そうではなく、利益で会社を運営していく。利益は将来の費用ですから、それなくして会社が存続するはずがありません。国家財政も同じですが、国の財政を賄うのは租税です。その租税は、企業の所得、利益から生れます。社会の公器としての企業は利益を出す責任があると思います。

それほど企業の責任は重い。利益をどうやって生み出すかということを社長は絶えず考えなければならない。利益を出すのが社長の仕事ですからね。それは決算予測会議から始まります。赤字会社でいいのかということを、本当に社長に知ってもらうための会議なのです。これは、我々会計事務所と顧問先が、金融機関にも同席してもらって開催するのです。ＴＫＣのデータセンターに安全且つ安定保存されている過去からの財務データを入手し、正確な数字を見ながら、社長に提言するのです。

高田　中小企業では、社長の存在がすべてですからね。

神野　独立した公正な立場にいるから叱りつけることもできるわけです。税金についていえば一円の取り足らざるも一円の払い過ぎも認めない。どちらにも偏らない。独立公正の立場ですから、社長に「税金を払えない、そんな存在感のない会社でいいのか」と問いかけ、赤字の原因を追究するために変動損益計算書などによって問題点を明らかにします。売上高が損益分岐点までいっていないのに、社長が「しょうがないですよ」という程度の認識なら、「何を言っているのですか。売上高が上がらないのも赤字を垂れ流すのも、全部社長の責任です。あなたが現場を訪問して営業しなさい。売上高を上げる努力はあなたが先陣を切ってやらないとだめです」と言って、裏付けされた数字をもとに対策を検討します。こうして黒字の方向性が見えたら、業績を黒字にするために全員を参加させる戦略会議を行います。戦略会議をやると社員から「社長がそこまで言うなら、言います」ということで、「あの商品はもうからないですよ」「あのお客様、あの地域は全然だめです」といった本音が出てきます。そういった現場のことを一番知っているのは社員なのです。こうした社員の声に耳を傾けながら、話を引き出します。社員が実践者であり、情報提供者でもあるのです。現場の第一線に立つ彼らを巻き込んでいくのが戦略会議なのです。

高田　当社のシステムを上場企業に売り込みに行きました。その一社にアサヒビールがあります。いまは、ビール市場でトップシェアを誇っていますが、一九八五年当時、市場シェアは一〇％を割り込んでいました。八六年に樋口廣太郎さんが社長に就任し、陣頭指揮を執り、八七年にスーパードライを出してシェア奪回をめざしました。樋口さんは社長就任後、工場等現場を回り第一線に立つ社員の生の声を聞きながら、落ち込んでいた社員の士気を高めていくと同時に、新製品開発とアサヒビールのイメージ一新に執念を燃やしました。ご承知の通り、従来にないコクとキレを出したのです。また社長時代にロゴマークを一新、これに合わせてすでに納品していたビールをすべて回収させました。当時から注目していたのですが、スーパードライ投入後十年たらずの、九六年六月にトップシェアになりました。これなどは、マーケッティングとイノベーションの成功した顕著な事例ですね。

世界に目を転じると製品の市場シェアはめまぐるしく変わっています。このため、製品別、担当者別等の販売管理は重要です。中小企業は少人数ですから、営業担当者は本当はやってほしくないのですが、これをきっちりやらないとうまくいきません。

百三十人を超える規模となった、日本パートナー会計ではどうされていますか。

戦略会議では、社長が自信を持って夢を語る

神野　本社はお茶の水ですが、渋谷支社、立川支社、二本松支社など、一本部八支社体制となっています。これらの幹部が一堂に会して戦略会議を行っています。私は開業して五十年近くたち、多くの中小企業経営者と会っていますので、中小企業経営者の気持ちがよくわかります。また、この

規模になるまでには多くの人に支えられてきました。いまこそ、この経験を少しでも活かし中小企業経営者に役立てたいという思いが強いのです。

わが事務所でも経営計画を策定し、毎月経営会議を行っています。経営計画の策定にあたって開催する会議の中身が重要なのです。このことは、顧問先である中小企業も同様です。ただ大企業と比べると中小企業の場合は人材不足が否めません。そこで、その社外参謀として重要な役割を果たすのが会計事務所の職員なのです。職員ができないのであれば所長が手本を見せなければなりません。そうしていくと会社は確実に変っていきます。そこで、戦略会議をやると「俺も」「俺も」とみんなが意見を言います。言った以上は責任があります。責任を持たせるのです。この時に大事なのは、社長が夢を語るということです。一番のポイントはそこです。

高田　そのとおりですね。

神野　戦略会議では、社長が自信を持って夢を語るのです。決算予測会議は、社長と我々と金融機関とで開催しますが、戦略会議では社員を巻き込んで動機づけしていきます。社長のビジョンはどこにあるのかということを、勇敢に自信を持って語ってくださいということです。私どもの事務所が毎月発行している事務所通信『NEWS』の二〇一五年一月号で、「今月の言葉」として、「顧問先企業の『経営維新支援断行』を宣言する!!　と、TKC会計人のフロントランナーとして書きました。夢なき者に理想はない。夢を語る。強い思いは現実になります。

高田　思う存分に、計画通り仕事をやってみろということですね。

神野　そうですよ。自慢できるような仕事ができれば、間違いなくリーダーシップをとれます。そのためにはビジョン経営です。ビジョンなき者に計画なしで、顧問先の社長には「ビジョンを立てることが先だよ。計画はおのずとついてくる」と言っています。そして、計画なき者に実行はなく、実行なき者に成功なしです。故に夢なき者に成功なし。ビジョンがすべてなのです。

高田　確固としたビジョンを語り続けるのが社長です。そして、社長は方針を出す。マーケッティングとイノベーションを念頭に、戦略に従って組織を動かす。ヒト、モノ、カネ、の最適化ですね。いわば、自社の経営資源を最適に動かしているかということです。

経営を考えるうえで、バランススコアカードの考えがわかりやすいですね。経営の視点を四つの角度から見ます。まずは、財務の視点、つぎは顧客の視点、業務プロセスの視点、学習と成長の視点であり、視点ごとに目標、評価指標、ターゲット、そして具体的なプログラムを設定します。企業のビジョンを達成するため、財務の視点から順次、成功するシナリオを検討し、それぞれの目標の因果関係を示していきます。

例えば、顧客満足度を高めるための業務プロセスの視点を示すと同時に、そのために、社員はどのようなキャリア、スキルを身につけなければならないかを考えます。突き詰めると、製品力とサービス力に行きつきます。そしてそのいずれも社員の学習と成長にかかっています。そう考えますと、絶えず業務水準を高める必要があり、そのためにはなんといっても研鑽により社員のパワーを強くしていかなければなりません。それには、社員教育が重視されます。

会計事務所で、顧客の視点に立てば、巡回監査の品質が決め手となるでしょう。顧問先支援の業務の充実を図ることが第一ですからね。いま当面する課題が経営改善計画策定の支援とすると、そのシステムに習熟するには職員の錬成が不可欠です。そのためのツールと研修はＴＫＣから提供されています。これを身につけて実践にあたり、成功事例を作り、これを共有するのです。

巡回監査や経営改善支援にしても、それを行うのは職員であり、その錬成が常に求められるわけです。このための研修もＴＫＣでは豊富に開催されています。

神野　我々は、ＴＫＣ、ＴＫＣ全国会の研修を仕入にしています。そして実践する。その成果を持ちより、成功体験発表会を開催し、情報共有を図っています。

我々は、先行投資して絶えず研鑽しています。そうしないと、経営環境の変化についていけませんからね。

記帳代行で満足しているような中小企業には明日はないのです。もっと積極的に会計事務所を活用すべきですよ。

高田　市場の変化を見逃さず、先手先手と打っていくことのできる力量が経営トップに求められます。それは会計事務所の所長も同じですね。

ＴＫＣ会員会計事務所の真骨頂　顧問先を指導する

神野　そうです。本当にあなたは会計事務所の経営者ですか。事務代行の職人ではないですかと言いたくなる会計事務所が多く存在します。中小企業にとって会計事務所の選択は、会社の命運を決めるほどの大きな課題です。その点ＴＫＣの王道を歩んでいるＴＫＣコンピューター会計事務所は、信頼に足る実績と優れたツールを備えています。

王道を歩んでいない人、記帳代行でいいんだというような会計事務所では、顧問先の社長は全く蚊帳の外に置かれてしまいます。事業遂行で大事な経営の「け」の字もしゃべらない。未来の「み」の字も言えないような会計事務所に期待はできません。ＴＫＣ会計事務所であっても、そういう会計事務所は、はっきり言うと変えなければならない時代が目の前に来ています。それは何かというとクラウド会計です。クラウド会計で同業者から追い越されてしまいます。これからは一段と選別が激しくなりますから。

正確なデータ・情報であるかどうかが、経営において的確な判断ができるかどうかを左右します。クラウド時代に記帳代行では太刀打ちできません。中小企業の社長も情報装備が必要と感じてきています。その分野の業務支援をきっちりとしてくれる会計事務所に顧問を頼まないと時代に取り残されます。そうしないと、市場での優位性は確保できません。それができない中小企業は売上高が急激に下がり赤字がどんどん増え、この世から消えてなくなっています。いまや、中小企業は四百万件を切っており、法人の数も二百六十万までに減っています。

高田　三十年前ほどは、企業数五百三十万と言っていたものです。

神野　衰退する中に入らないためには、ＴＫＣコンピューター会計事務所を活かしきらなければなりません。経営トップの目が確かでないと、社員をリードできません。

高田　簡単に言うと「あなたは会計事務所を活かしきっていますか」ということですね。

神野　職業会計人、特にＴＫＣコンピューター会計事務所を活かしきっているかということです。

逆の立場に立って言えば、ＴＫＣ会員は、真にその使命を果たしているだろうかということです。

ご指摘のように、変動損益計算書の見方、活かし方を顧問先の社長に習得させたり、バランススコアカードの四つの視点（財務、顧客、業務プロセス、学習と成長）の考えなどにより経営する。そういう指導を率先して行うことは簡単ではありません。我が事務所でも繰り返し何度も研修会を行ってきました。しかし、理論を実践する中で、経験し、指導するコツを会得してきています。

教えることは、実はいかに自分自身の知らざるかを知ることだとつくづく感じています。人に教えて初めて自分のものになるのです。そして、所長自ら肌で経験してこそ、職員を叱咤激励できるようになるのです。顧問先を我がことのように指導する。これがＴＫＣ会員会計事務所の真骨頂だということを、私自身、自ら教えることでも教わりました。

自利利他　顧問先を「己自身だ」と思え

高田　故飯塚毅先生がよく講演でおっしゃっていたことに、「同業他社に共通する弱点は何か」という教えがあります。同業他社に共通する弱点を十点抽出しなさいと。近時ではベンチマークと言う表現と言える面もありますが、もっと広く、同業他社全体を見て、それに共通する弱点をみつけ、これを克服することができれば競争優位に立てるという意味と解されます。これが、経営改善の第一歩なんだよと。

これを意外にやっていません。弱点を一つずつつぶしていけば、顧客満足度が高められ、結果として、競争優位に立つ、だから業績もよくなり、生き残る方に入るんだよと。着想としてわかっていても、なかなかやっていません。

神野　なぜＴＫＣコンピューター会計事務所が発展する要素を持っているかというと、経営者に気づきを与えるからです。たとえば巡回監査を行うのは、税理士法四五条の真正の真実に基づいた会計であるかどうかを見なかったら、でたらめな会計処理だったらおかしい方向に行ってしまいます。それをきちっとやろうということです。それを経営者に分かってもらえるまで言わないと、ＴＫＣ会計事務所の良さは分からないと思います。

高田　故飯塚先生は「噛んで含んで言わないと分からないよ。時には叱るんだ」とおっしゃっていました。

神野　それで、ＴＫＣ全国会の会員である我々に顧問先を「己自身だ」と思えば、叱れるはずだと。顧問先を己自身だと思ったら社長に「何をやっているんだ」と叱れるはずです。

高田　心の底からおもんばかっての叱正ですね。

神野　自利利他ですね。

高田　そうですね。

利他業に徹した人

神野　最後になりますが、故飯塚毅先生の人柄をもう少し詳しく読者に伝えたいと思うのですが、職域防衛・運命打開の崇高な理想を実現するために、中小企業をどう守っていくか。その理念的な部分、故飯塚毅先生の宗教的信条をもう少し、単刀直入にお話しいただけたらと思います。

高田　私が耳朶に強烈に残っていますのは、「君の眼底に宇宙はあるか」と言われたことです。当時、何のことかわかりませんでした。

その後、折に触れて、故飯塚先生から、中村元先生の『ゴータマ・ブッダ』や西田幾多郎先生の『善の研究』、西洋では、ヴィンデルバントの『哲学概論』やラートブルフの『法哲学』などを読み給え、と言われて、神田の古本屋で購入しました。買ったものの、長らく書棚にならべただけで読んでいませんでした。それが、金沢センターから東京本社に転勤し、その後全国会事務局に異動、全国政経研究会の事務局長就任にあたって、叱咤激励され、思うところがあり、少しずつ読み始めました。ヴィンデルバントの『哲学概論』において、「一個の世界観が哲学に要求されている」いう文言にふれるなど、私なりに衝撃を受けました。

故飯塚毅先生のすごさというのは一言でいえば「自利利他」の実践ということになりますが、「宇宙即我」という観点で人の存在を見ておられたんじゃないかと思うのです。

神野　利他に徹したということですね。「我思う、故に我あり」と言った哲学者デカルトを批判するんですから。「我思う、故に我あり」というのはその時点でインチキがあるわけで、我が思った時しか自分がない。思っても思わなくても我はあるんだ、もう一人の我が見ているんだと。これはすごいですね。

高田　故飯塚会長は書物を読む場合も、心酔するだけではだめだ、批判的に読めと言われていました。そして、その本のエッセンスをさらに止揚していくぐらいの気概をもって読むところに読みごたえがあるんだと。さらに、その本を読んで実践して、それを越える心構えが必要だと。

神野　哲学書を読みそれを実践に移すことを越えるという表現をしたのではないですか。

高田　そうでしょうね。本を読む場合、私などは鵜呑みにして読んでいましたが、それでは駄目だと。初代会長は、講演でヘーゲルが提唱したアウフヘーベン（aufheben）という概念を唱えられていました。これは先人の提唱した考えを発展させると言うことですね。ダメなものは否定する。しかし、その中にキラッと光るものがあれば活かしていくというふうに解されます。また、本ばかりではなく、法律にも悪法があると。特に、戦前の治安維持法はその最たるものとおっしゃっていました。だから、立法や改正にあたっては、条文毎に慎重に吟味する必要があることを強調されました。

神野　故飯塚先生は宗教家であり哲人ですよ。あのような人に未だお会いしたことがありませんでした。

「自利トハ利他ヲイフ」というのは比叡山を開いた最澄・伝教大師が言われたとのことですが、それを故飯塚先生はご自分の人生をかけて本当に実践なされた。

高田　初代会長は粗衣粗食を常として、ご自分の身を飾るなどということは一切されなかったですね。ひたすら生涯をかけて職業会計人の地位向上、業界の発展に尽くされました。具体的に言えば、租税正義の実現を掲げ、税理士が独立した公正な立場であることを強調し、「正規の簿記の諸原則」に則った記帳による正しい決算に基づく適正納税の実現に向け、大運動を展開された。そして、それをコンピューター会計により実践されたのです。幾多の困難にも遭遇されましたが、それらをことごとく不撓不屈の精神で乗り越えられてきました。

神野　まさに、先見性と洞察力により、職業会計人の運命を切り拓いてこられたのですね。困難を乗り越えるには、不断の自己練磨、修業をなされていたのでしょう。

高田　わたしなどには窺い知れぬところですが、宗教的信念を持ち、精神性を常に高めるという努力が必要なのですね。物質的に恵まれ、豊かな時代になればなるほど、己を探求し磨かなければ、つい、甘んじてしまいます。「男子三日会わざれば括目して見るべし——三日くらい会わないと、君も少し成長したなぁ」と言われるように、日々自分と正面から向き合って生きろと。ですから、当初はお会いするのがこわかったですよ。

神野　「自利利他」「光明に背面なし」。それに撤することで顧問先を守り、喜ばれ、さらには自らの人格陶冶にもつながっていく。今日は会計事務所を活かすという話でしたが、そこには人が生きる上での道しるべとの深い意味もあったということもわかりました。ありがとうございます。

（平成二十六年十二月十三日）

第五章

今こそＴＫＣ会員会計事務所をベストパートナーとし
赤字会社を返上、中小企業経営維新の実践者たれ‼

第一、儲かる仕組みづくり——社長が必死で取り組むこれこそ経営維新の実践なり!!

まず社長の断固たる決断と実行で赤字経営から黒字会社に脱皮せよ!!

どんぶり勘定の「成り行き経営」(七五%の赤字経営)から、会計で経営を強くする『未来経営』を掴みとる「計画経営」にどう脱皮するのか、それができた時に必ずや黒字会社に大変身!!

元気会社づくりの国家的使命を担う我々TKC全国会会員である職業会計人・税理士・会計士は、国家を支える集団である。然るに「国」の宝である中小企業の現状と言えば、なんと約七五%が赤字経営を強いられている。それもバブル崩壊後の四半世紀、二十五年間も……私はぞっとする恐怖感に襲われている昨今です。

このまま放っていいはずがない。

倒産予備軍の赤字会社に、耳の痛いことですが、はっきり警告する!!

「赤字の会社は誰のせいでもない、一人社長の責任であり、二五%の黒字会社の経営のやり方に学ぶ時は今であり、必ず五年でいや三年で黒字会社に生まれ変わるぞ!! との信念があれば、必ず黒字会社に大変身できる」と確信します。
経営の目的は何ですか?!　と、問われたら即答ができますか?!
そうです。「社員とその家族を守り切ること」であり、今第二創業の時代とも云われており、正に創業の「志」を胸に熱き思いで勝ち組み社長に生まれ変わることであると確信、警鐘するものであります。
赤字経営から黒字会社へ、そして中是優良企業誕生への具体的な筋道は、後に述べることにしますが、まず次の三点を肝に銘じて一歩踏み出しましょう!!

その I　赤字会社の社長は、まず会社の責任者として全力投球すべく、公的役職はすべて辞任し、会社に戻り社長業に専念すべし。

その II　創業の志、即ち「士の心とは、ならぬものはならぬ」との武士道精神であり、「赤字ではならぬ!!　黒字経営を命を賭けて社員と家族を守る為、何が何でも実現するぞ!!」との熱き思いで黒字会社へ大変身しましょう!!

その III　経営維新の断行!!　そのバックボーンは「燃える情熱、正しい使命感」との教訓を生かし、徹底して人様の為にとのＴＫＣ創設者、恩師故飯塚毅先生の教え「自利利他」、自利とは利他を云う、即ち「利他の実践に自利を見る」との宗教的信条哲学の教えを活かし黒字会社づくりから、優良企業づくりに今からその第一歩を踏み出すべし!!

以上の警鐘が聞こえる社長、無視する社長、尚未だに聞こえない社長もいるかも知れませんが、少なくとも我々中小企業は、日本企業全体の九五％以上を占めており、その大集団が今後とも国家を担い、地域社会になくてはならない存在としての誇り、プライドアンドメリット精神を確立する必要があります。

ましてや大企業にないスピード対応でさらに政官財癒着の構造に組みしない、誇りを持った独立企業のトップとして自尊心を持って取り組み、成り行き経営を脱し、計画経営の実践者として会社の先頭に立ち、熱き思いで突っ走り明日の経営を掴み取りましょう。

そこでどうしても必要になってくるのが「儲かる仕組み」づくりです。難しく考える必要はありません。永年ＴＫＣコンピューター会計が研究開発して作り上げてきた優れもので、ＴＫＣ全国会会員会計事務所が、顧問先を己自身と思って親身になって支援している実践内容であります。

儲かる仕組みづくりの具体的な実践内容

重要なことは個人の目標と会社の目標のマッチング

儲かる仕組みづくりの必要性と、その重要性を説明しましたが、では実際ＴＫＣ会員会計事務所ではどのように顧問先を支援しているのか、その具体的進め方を紹介することにします。

その前に、確認も含めて幾つか重要な点をまとめておきます。

個人の幸せ目標、人生目標もしくは修身目標と言っても良いと思いますが、それを実現するためにはそれを達成するための会社の目標がなければなりません。

そこで重要なことは、個人の目標と会社の目標のマッチングです。

それはどういう意味かと言えば、会社は社員の幸せ実現のために存在するということです。

経営面で言えば、マッチングが経営維新に直結しているということです。

経営維新の実践によって、個人と会社の幸せづくりを同時に推進し、会社の存続発展を実現することなのです。

即ち、社員と社長の両者のマッチングが重要なキーワードになります。

ここが最大のポイントになります。

ビジョン経営、トップダウン経営が会社の運命を決める

中小企業の約七五％を占める赤字を垂れ流している経営者の皆さん、赤字が続けば間違いなく倒産ですから、それは国家的損失であり罪悪の極みと言えるでしょう。

今こそ国の宝である中小企業の存在を示すと共に、創始の理想を心に取り戻し、全力投球、その実力を発揮して、会社を黒字化し未来永劫に発展するように取り組みましょう!!

会社は、黒字でなければなりません。

黒字でなければ存続さえも許されません。

まして発展なんかは、おぼつきません。

会社は、存続かつ発展するという内部的要請と役割を持っているのです。

それをやるのは、社長、あなたしかいません。

ですから社長は、その使命に燃え情熱を傾け使命感に奮い立たなければなりません。

発心、決心、持続心との教訓を心に刻み、もし迷いがあるなら、そういう時こそＴＫＣ会員会計事務所が役立ちます。

社長のトップダウンによる、トップダウン経営が会社の運命を決めます。

ＴＫＣ会員会計事務所は中小企業のベストパートナーとして価値ある存在

儲かる仕組みづくりは、単に儲ければいいというのではありません。

個人の幸せ実現づくりと同時に会社の存続発展づくりなのです。

この思いがあって、儲かる仕組みづくりが展開されて初めて成果が上がります。

それに大いに役立つのがＴＫＣ会員会計事務所ですので、我々会員会計事務所を充分に活用してください。

ＴＫＣ四十五年の歴史的体験の中で、巡回監査、企業防衛保険指導を経営指導として全面に押し出し中小企業の経営指導に本格的取り組みをしているのがＴＫＣ会員会計事務所なのです。

我々も世界的に冠たるＴＫＣ自計化コンピューターシステム、ＦＸ２、ＦＸ４クラウドを最大限に活用してご提供し、そして一緒に取り組む未来経営、未来に存続かつ発展するというそういう使命感と情熱に燃える職業会計人として指導して参りました。

職域防衛、運命打開という情熱に燃える集団としての我々の存在は、中小企業のベストパートナーとして価値ある存在であると自負しています。

単月黒字こそ明日が見えるビジョン経営、発展経営につながる

儲かる仕組みづくりとは何かといえば、存続かつ発展することにあります。

それに見事に貢献するのがＴＫＣ会員会計事務所です。

ＴＫＣの優れものＫＦＳ推進、継続ＭＡＳによる計画経営、ＦＸ２、ＦＸ４クラウド導入による戦略会計、そして税務調査という煩わしさから社長が開放されて職務に専念できる書面添付つき税務申告、これによって守られる会社が発展するのです。

それが極めつけの「中是優良企業づくり」に結びついていきます。

そのためには継続ＭＡＳでしっかりと黒字を出して、月次決算で見直しをやり、四半期で予実対策をやって、黒字会社になって単月黒字は当たり前、単月黒字になったら明日が見えるビジョン経営の発展経営につながります。

会社は、黒字だけではダメです。存続発展することが重要です。

それをどう実現していくか。

そこに経営の革新、改革が必要になってくるわけです。

いま世界も日本も国際化の時代と言われて多様化しています。いま取り組んでいる商品、サービ

ス、技術、本当にこのままで三年後、五年後もやっていけるのか。そのマーケティングリサーチも経営者自らがやらなければなりません。

もしも今の仕事で五年後が見えないのであれば即改革を断行しなければなりません。自ら体制を変えて必死で取り組んで行くことです。

「本業にこだわるな、しかし本業を離れるな」なのです。

そうした見極めを含めてＴＫＣ会員会計事務所は、寄り添いザムライとして社長の決断に大いに役立ちます。

五年後の目標を設定し今何をするかをフィードバック手法で決める

会社の黒字化に向けて社長がどうしてもやらなければならないのは、実践経営計画の策定です。

そこでは五年後の目標をしっかりと設定します。

ここで重要なのは、五年後の目標を達成するために、今何をやるのか、また三年後、一年後には何をやるのか、フィードバックして今の行動計画に反映させることです。

五年後のことだから、まだ時間があると思っていると今為すべき行動計画が出てきません。

これがフィードバック手法です。経営は、正に逆算なのです。

これこそが儲かる仕組みづくりの具体的行動に結びついています。

ＴＫＣでは、儲かる仕組みづくりの具体的なステップとシミュレーションを用意していますので、最初に経営計画書作成の具体的ステップを紹介することにします。

経営計画書作成とその具体的ステップ

経営計画書の作成は社長として我が社を理解する唯一の方法であり、経営計画を立案することから始まります。立案に当たって社長はリーダーシップを発揮し、経営計画によって自らの経営に取り組む姿勢を内外に宣言することになります。

即ち、魔法の書たる意味は、利益が増大することにあります。

企業の外部に対しては、先の見通しがつき売り上げが倍増する結果、全金融機関の信用が高くなります。又、内部に対しては社員のヤル気、元気、動機づけとなり、社長は明けても暮れてもお客まわりをすることになります。

第一、会社の未来像・ビジョンを設定する

先ず、経営理念を策定します。それに基づいて会社の未来像・ビジョンを設定します。

なぜ未来像・ビジョンを設定しそれの実現を目ざすのか。それは、社員と家族の将来を守り切る為に、です。

第二、方針書を作って魂を入れる

経営計画書は作成にあたって最も重要なことは、トップである社長の熱い魂をこれにぶち込む

ことです。そこでの留意点は次の通りです。

①過去に触れない
②社長の姿勢を力強く示す
③具体的に箇条書で
④重点的に

以上、方針書はあくまでもお客様サービスが中心でなければなりません。

その上で、社長の真実の叫びとなる社長自身の言葉で仕上げます。ですから他人任せの経営計画書の作成はあり得ないということです。

第三、具体的な目標を設定する

その目標は我が社の存続と発展の為に良い影響を及ぼす主な領域全般について設定し、さらにその目標も短期的にはアンバランスであっても、長期的なバランスを重視した設定をします。

そしてその領域は、

①市場マーケットに於ける我が社が生き残る条件を実現するものであること。
②計画は、常に逆算で立案し、利益は最小限と最大限があるわけですが、その中味は三つの側面から成り立っています。

一つ　経営の健全性を保障するもの。
二つ　危機対応費、事業存続費を賄うもの。

三つ　事業発展の為の費用を加算するもの。
③そしてこれを支える生産性は量的なものと質的なものがあり、両者相まって考え成立します。
④次に人的資源とその配分を考えることと、物的資源を長期的視野に立って考え、その調達財源を外部資金、内部資金でどう賄うか。
⑤さらに経営の目的である社員の夢を実現する為の労働分配、それが社員の生活と将来の幸福目標を実現するために共有し、共に取り組むものでなければなりません。
以上、目標はトップである社長が自ら樹立すること。そして企業の運命を決める最高の方針の具体的策定は、社長自らが行い、他人任せに絶対しないことです。

第四　経営計画の作成

ここでは、トップ経営者である社長が何をしなければならないかを知ることであり、社長業の全体がよく見えて考えさせられるものなのであります。

長期計画は、五ヵ年計画で、短期計画は一年で立案するのです。

従って、中期計画はいらない!!

我が社も五ヵ年後を見据え、五ヵ年後を常に意識して現在一年間の経営計画を立案し、取り組んで五十年を迎えましたが、そこで何を計画するかが大切な局面になるのです。

第五　短期経営計画から長期計画を

短期経営計画書は一年の計画です。長期の五年計画と常に連動し〔PLAN（計画）→DO（実行）→CHECK（検証）→ACTION（対策）〕で実効性あるものにしていきます。

（1）利益計画

先ず目標利益を設定し、これから積上げます―逆算の手法で策定します。

（2）利益計画をチェックする制度システムを作ります。

（3）部門利益計画をどう組むか。

これは部内の為にあるのではありません、会社全体を考えて取り組む社長の為にあるのです。

（4）販売計画―計画の山場である―収益売上不足を社長としてどうカバーするか、

市場戦略は個々の商品、地域チャネル、得意先を対象として検討します。

これでもう一度、方針を修正し最終決定します。

（5）設備計画―何を計画するか。今何故設備投資かを問う。

資金と減価償却をチェックし、その回収見通しこそ問われる場面であり、社長の実力を発揮する先を見据えた場面になります。

（6）要員計画 ― 人的資源の配分を計画する。

人財バランスシートの活用。そこでは未来部門と販売部門を優先させ、人材から人財への分析と配置が必要になります。

（7）資金運用計画 ― 資金の種類は、現金資金と非現金資金があり、現金資金には固定資金と運転資金が必要となり、運転資金は経営活動に必要なものです。

資金の使途（運用）と源泉（調達）が相まって資金運用計画の実行が可能となります。

その結果がバランスシートと資金運用表にあらわれ、キャッシュフロー経営が可能になります。

（8）短期経営計画書

（i）この基になっているのが方針書です。それこそが会社の魂であり、これは社長が真摯に考え自ら筆を執り、絶対に他人まかせにしてはいけません。立派な上質の紙に書き印刷し、デラックスな製本とするのが王道です。

（ii）経営計画は徹底して社内に浸透させる!!

「第一」が全社で行う経営計画発表会

「第二」がプロジェクト計画書にどう結び付け、結果を出すかです。

（9）短期計画の実施の行方を管理する

定期的チェックはＴＫＣ会員会計事務所が巡回監査時に社長の目前で行います。目標どうり結果が出なくても原因追究は絶対しない!! 目標否定になるからです。

（例）（1）目標＜実績

さらに販売努力を強化…目標が低すぎたか

（2）目標≒実績

さらに販売を伸ばす策を

（3）目標＞実績

方針通り実行されたか…目標が高すぎたか

（4）売上が下降傾向ならば商品と、販売方法に一回だけ修正改革を施し、効果がなければ成行きまかせ、期を見て切り捨てよ。

「教訓」

目標と実績は、その差は大きくなればその差について検討すること!!

その差をつめる努力をするのは誤り。

（10）短期計画から長期事業構想へ

短期計画で自社を十分理解した上で、長期事業構想を作成します。これが計画の計画たる意味です。そして長期事業構想を描くことは、自社の優れた未来ビジョンを構築する為に今日只今社長は何をしなければならないかを知る為であるのです!!

それでは次に、ＴＫＣ会員会計事務所が提供しているパンフレット「ＴＫＣ継続ＭＡＳシステム」から具体的シミュレーションを紹介します。

儲かる仕組みづくりはＴＫＣ継続ＭＡＳの導入実践から!!

会社の発展のために経営改善計画の策定と業績管理の仕組み作りをつくるのが、ＴＫＣ会員会計事務所の得意技であるＴＫＣ継続ＭＡＳシステムです。

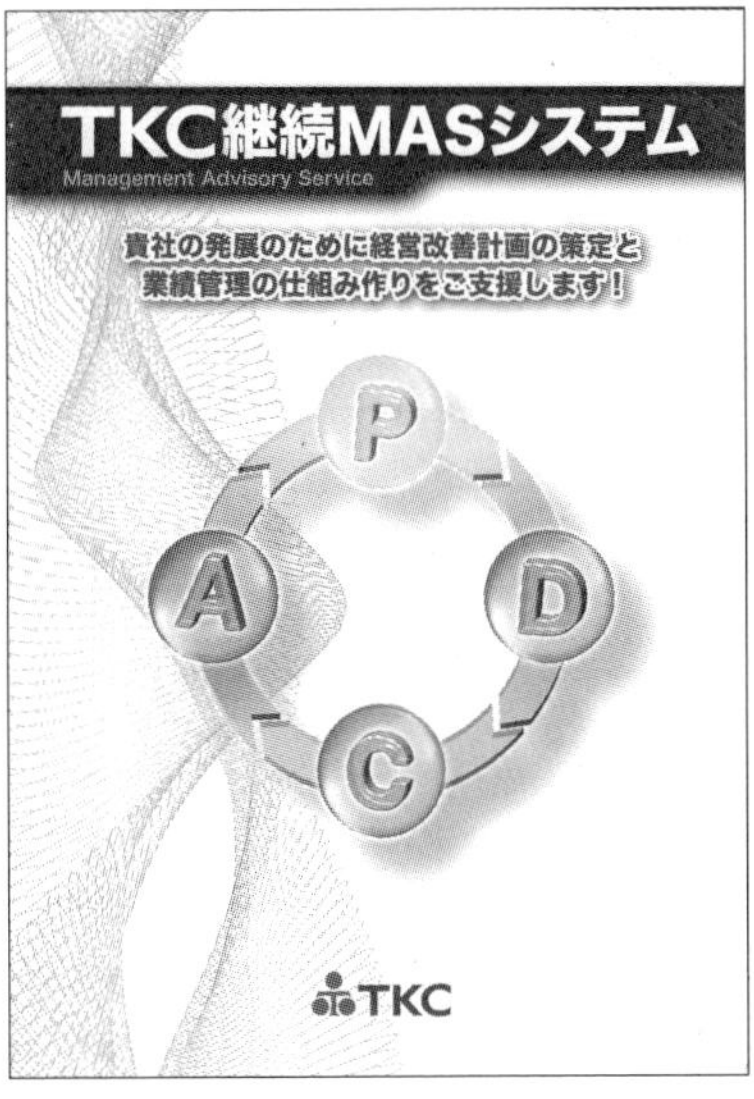

特長

「長期経営計画」の策定を支援します

■『TKC経営指標』(BAST)の同業他社比較による貴社の現状分析
■現状から見た将来五ヵ年の変動損益計算書・貸借対照表の予測
■借入金の借り換えや返済条件変更による「緊急の資金繰り対策」の支援
■業績回復・業績改善のための「経営改善計画」の策定
■新たな取り組みによる「経営革新計画」の策定

「単年度予算」「短期経営計画」の策定を支援します

■「長期経営計画」から、一年目を予算化した「単年度予算」の作成
■経営者への「五つの質問」に基づく、簡易な「短期経営計画」(損益予算)の策定

四半期ごとの「業績検討会」の開催を支援します

■目標達成(業績改善)に向けた「打ち手」の検討
■期末の納税額の予測および決算対策(節税対策等)の検討

リアルタイムな業績管理の仕組み作りを支援する

■戦略財務情報システム(FXシリーズ)への予算登録によるリアルタイムな業績管理

具体的なシミュレーションについては、以下をご覧ください。

リアルタイムな業績管理の仕組み作りをご支援します

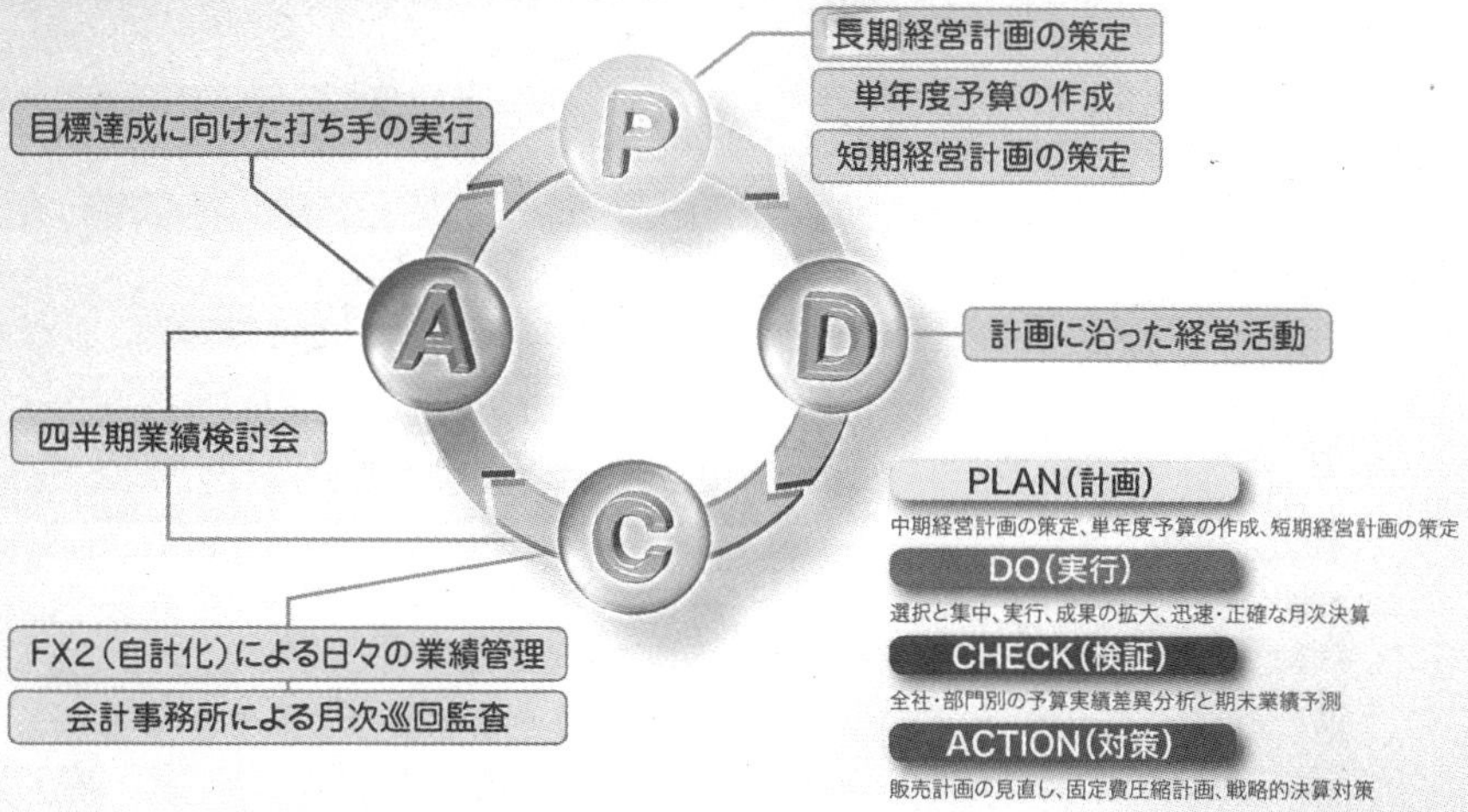

毎期、黒字決算を実現するためには、業績管理(PDCA)メカニズムを社内に組み込むことが重要です。そのために、「中期経営計画」に基づく「単年度予算」の作成および月次巡回監査に基づく計画と実績の検証をご支援します。さらに、問題点の発見・対策を検討する四半期ごとの「業績検討会」を実施し、業績管理体制の定着をご支援します。

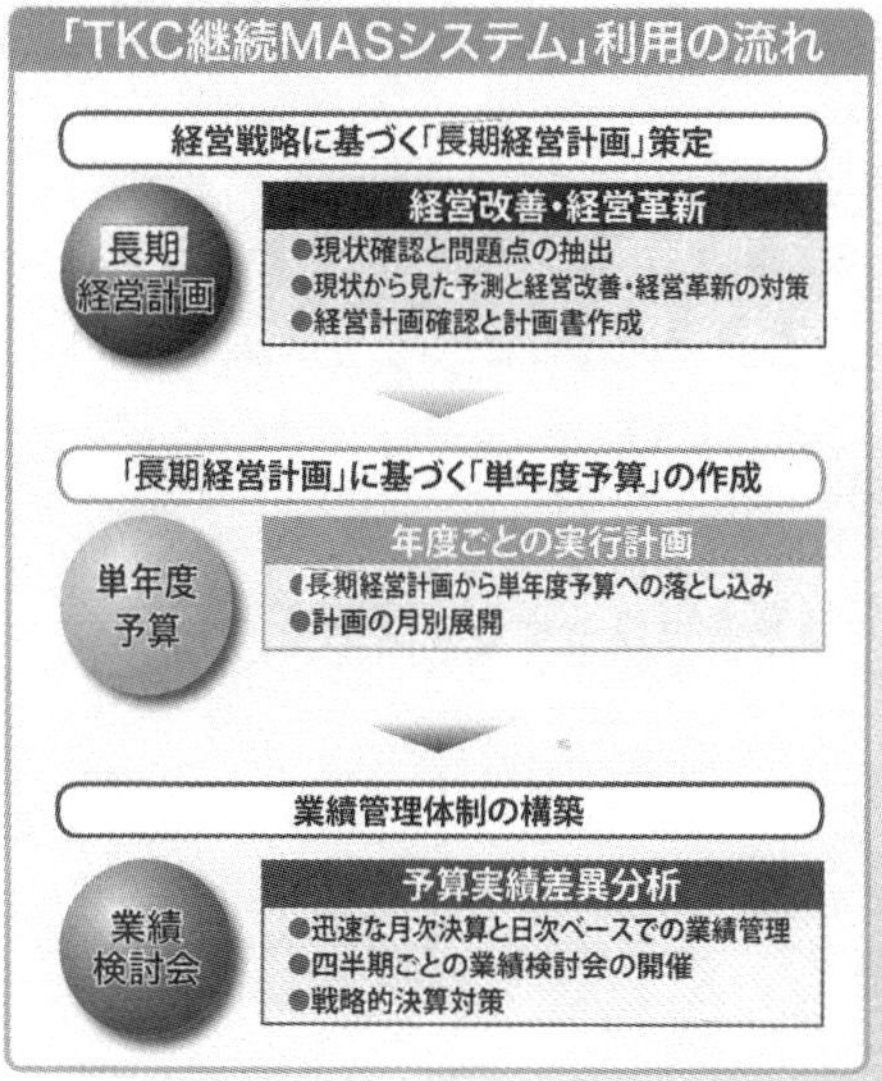

TKC会計事務所による支援体制

第1四半期	1月目	月次巡回監査	
	2月目		決算報告会
	3月目		
第2四半期	4月目		第1四半期業績検討会
	5月目		
	6月目		
第3四半期	7月目		第2四半期業績検討会(中間決算)
	8月目		中期経営計画の策定
	9月目		
第4四半期	10月目		第3四半期業績検討会(決算検討会)
	11月目		単年度予算の作成
	12月目		単年度予算の提供

「長期経営計画」の策定 ～経営改善・経営革新～

「長期経営計画」では、まずは、過去3期の趨勢（傾向）の確認と同業他社との比較・分析から、貴社の強みと弱みを明確にします。その上で、緊急の資金繰り対策等を含む今後の経営改善に向けた計画を策定していきます。

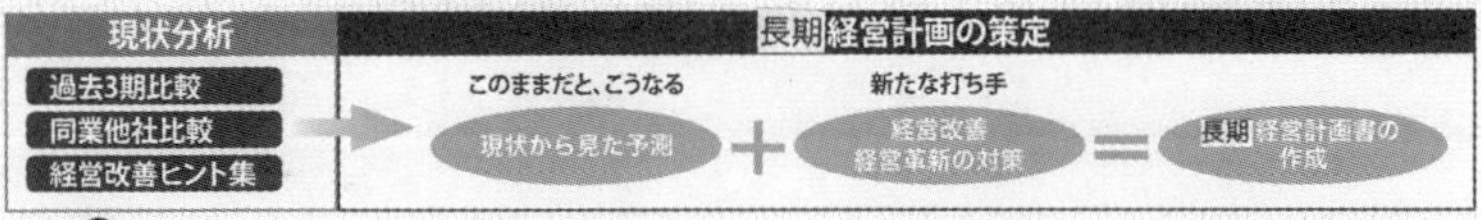

現状分析や将来5か年の経営目標の策定にあたり、過去3期の趨勢（傾向）の確認と同業他社（黒字企業・優良企業）と自社との比較分析を行います。同業の黒字企業平均と比較する場合、売上規模別の分析もできます。

過去3期比較

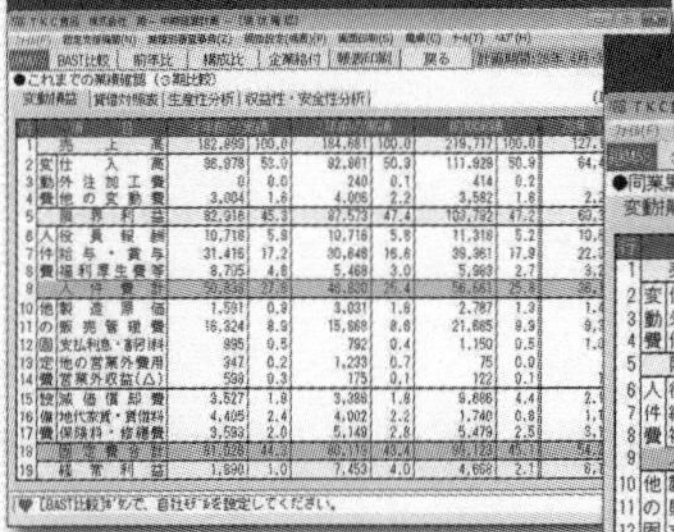

同業他社比較

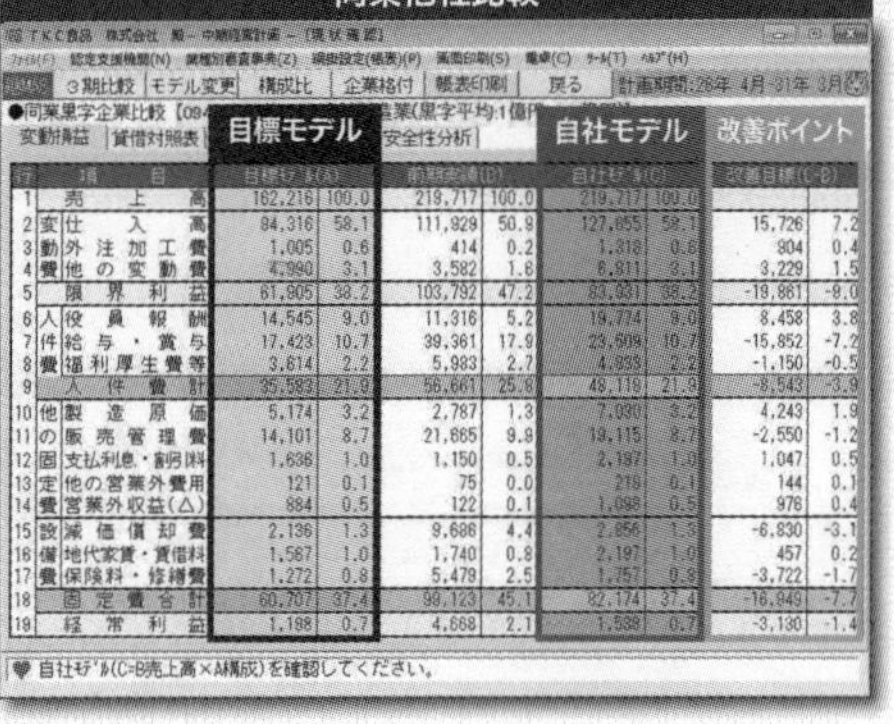

行	項目		目標ﾓﾃﾞﾙ(A)		前期実績(B)		自社ﾓﾃﾞﾙ(C)		改善目標(C-B)	
1		売上高	162,216	100.0	219,717	100.0	219,717	100.0		
2	変動費	仕入高	84,316	58.1	111,929	50.9	127,655	58.1	15,726	7.2
3		外注加工費	1,005	0.6	414	0.2	1,318	0.6	804	0.4
4		他の変動費	4,990	3.1	3,582	1.6	6,811	3.1	3,229	1.5
5		限界利益	61,905	38.2	103,792	47.2	83,931	38.2	-19,861	-9.0
6	人件費	役員報酬	14,545	9.0	11,316	5.2	19,774	9.0	8,458	3.8
7		給与・賞与	17,423	10.7	39,361	17.9	23,509	10.7	-15,852	-7.2
8		福利厚生費等	3,614	2.2	5,983	2.7	4,833	2.2	-1,150	-0.5
9		人件費計	35,583	21.9	56,661	25.8	48,118	21.9	-8,543	-3.9
10	他の固定費	製造原価	5,174	3.2	2,787	1.3	7,030	3.2	4,243	1.9
11		販売管理費	14,101	8.7	21,665	9.9	19,115	8.7	-2,550	-1.2
12		支払利息・割引料	1,636	1.0	1,150	0.5	2,197	1.0	1,047	0.5
13		他の営業外費用	121	0.1	75	0.0	219	0.1	144	0.1
14		営業外収益(△)	884	0.5	122	0.1	1,098	0.5	976	0.4
15	設備費	減価償却費	2,136	1.3	9,686	4.4	2,856	1.3	-6,830	-3.1
16		地代家賃・賃借料	1,587	1.0	1,740	0.8	2,197	1.0	457	0.2
17		保険料・修繕費	1,272	0.8	5,479	2.5	1,757	0.8	-3,722	-1.7
18		固定費合計	60,707	37.4	99,123	45.1	82,174	37.4	-16,949	-7.7
19		経常利益	1,188	0.7	4,668	2.1	1,538	0.7	-3,130	-1.4

目標モデル	目標とする企業（黒字企業・優良企業）の経営指標です。
自社モデル	「目標モデル」の損益構造および財務構造を基に算出した自社の目標（あるべき姿）です。
改善ポイント	「当期予測（または前期実績）」と「自社モデル」との差を表示します。ここから改善ポイントを抽出します。

同業の優良企業（あるいは黒字企業）を目指すべき1つのモデルとして、
自社の損益構造および財務構造を比較し、経営改善のポイントを抽出します。

STEP 2 **長期経営計画の策定**　現状から見た予測 ＋ 経営改善 経営革新の対策 ＝

具体的な長期経営計画は、まず「現状から見た将来の予測」を行い、「このままだと、こうなる」という可能性について予測を行います。そして、これを基礎として経営改善・経営革新の対策を検討します。

現状から見た予測(このままだと、こうなる)

売上高・限界利益、減価償却費、借入金返済、売上債権、たな卸等の将来見込みを予測し、5か年の経営状況を確認します。

経営改善・経営革新の対策(売上高・限界利益、借入金、設備投資、経費削減・処分等)

「現状から見た予測」を踏まえ、今後の取り組みとして「経営改善・経営革新の対策」を検討します。

目標達成に向けた具体的な経営改善・経営革新の対策を策定していきます。

策定した対策を「実施する場合、実施しない場合」「開始時期を遅らせた場合、早めた場合」など個々に選択して、経営改善計画にどのように影響するかをシミュレーションできます。

「緊急の資金繰り対策」の策定支援

既存借入金の「借り換え」および「返済条件の変更」等の「緊急の資金繰り対策」を実施した場合の計画を策定できます。

借り換え	複数の既存借入金を1件の新たな借入金に変更した場合のシミュレーションができます。
条件変更	既存借入金の返済条件を返済途中から変更した場合のシミュレーションができます。

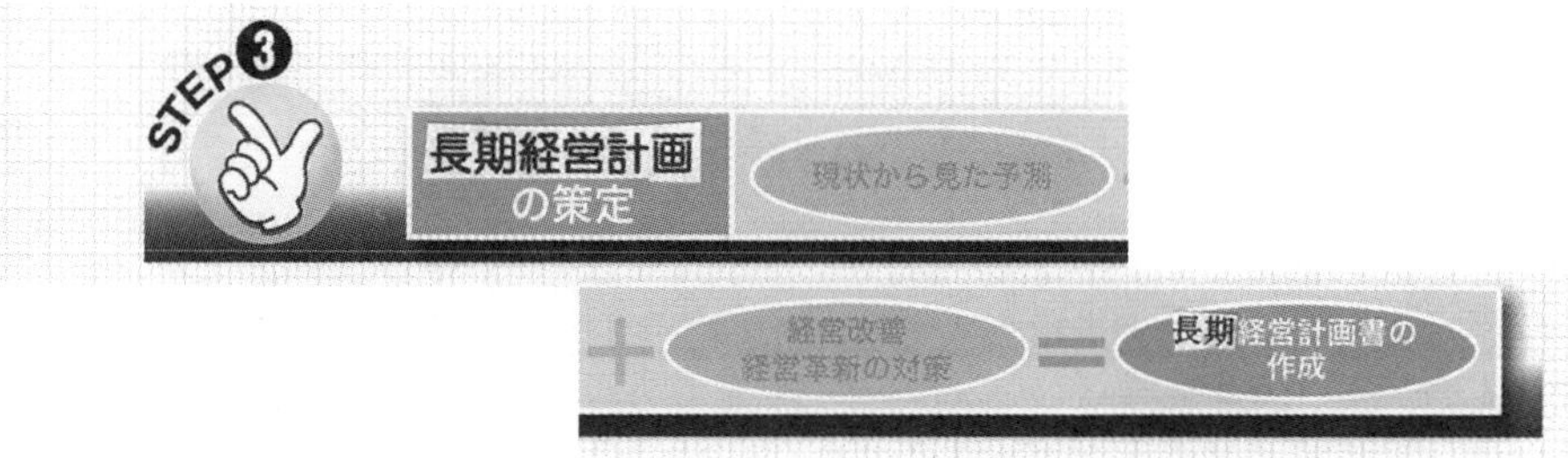

策定した計画を達成するための具体的な行動計画をまとめ、「5か年経営革新計画書」を作成します。

❶ 経営方針について
❷ 商品／市場戦略について
❸ 成功の条件について
❹ 5か年目標変動損益計算書
❺ 5か年目標貸借対照表
❻ 5か年予測キャッシュ・フロー計算書
❼ 経営目標達成のための行動計画表
❽ 借入金返済計画表
❾ 売上高計画グラフ
❿ 売上高・総費用推移グラフ
⓫ 自己資本推移グラフ
⓬ 株主資本推移グラフ
⓭ TKC経営指標（BAST）

中小企業新事業活動促進法に基づく「経営革新計画に係る承認申請書」も作成できます。

「単年度予算」の作成

「長期経営計画」に基づき、「単年度予算」を作成します。予算の作成にあたっては、「長期経営計画」で策定した目標損益を「単年度予算」に落とし込みます。

※当機能は法人用と個人用のみご利用いただけます。

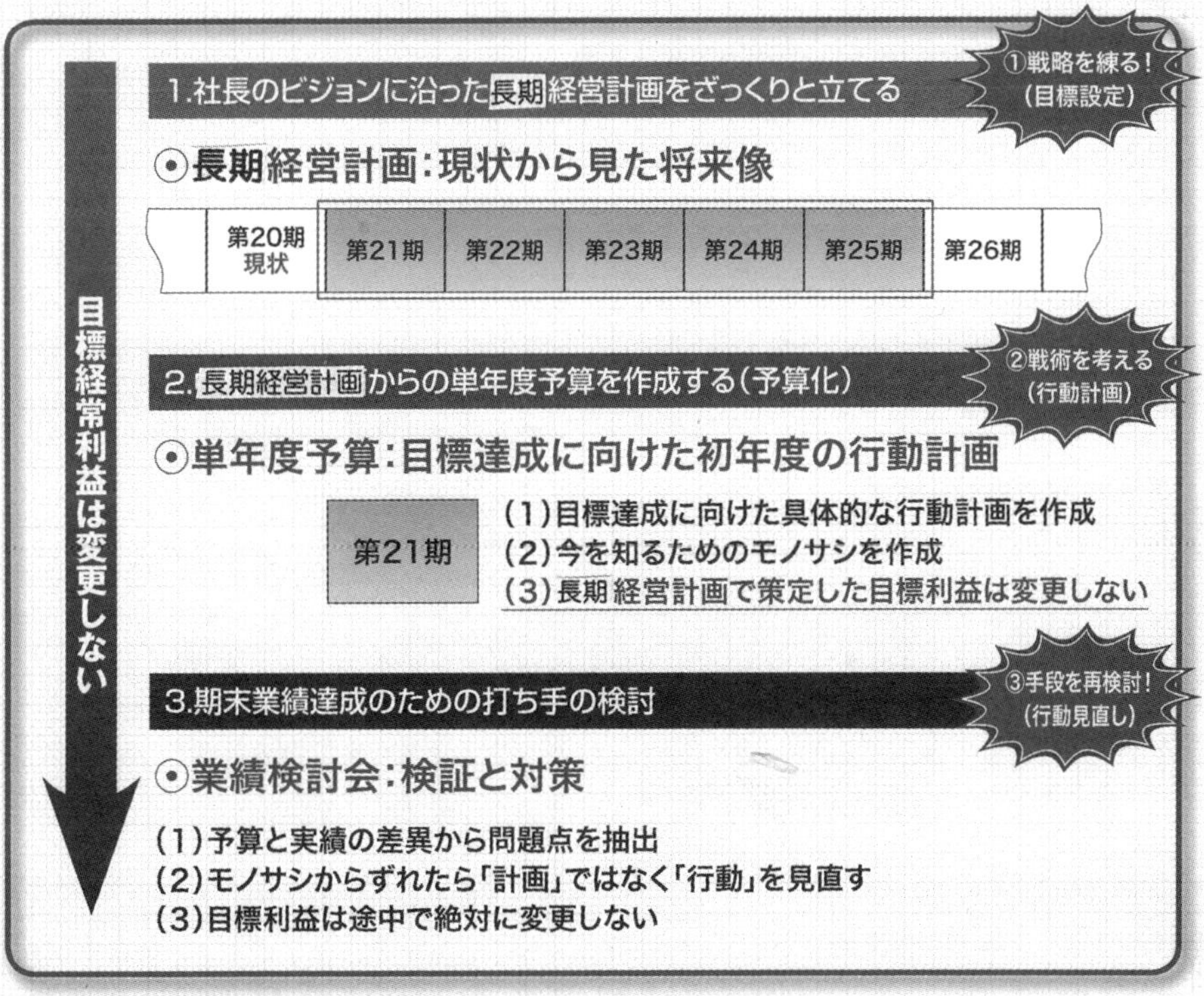
1.社長のビジョンに沿った長期経営計画をざっくりと立てる
①戦略を練る！（目標設定）
⊙長期経営計画：現状から見た将来像
第20期 現状
第21期
第22期
第23期
第24期
第25期
第26期
2.長期経営計画からの単年度予算を作成する（予算化）
②戦術を考える（行動計画）
⊙単年度予算：目標達成に向けた初年度の行動計画
第21期
（1）目標達成に向けた具体的な行動計画を作成
（2）今を知るためのモノサシを作成
（3）長期経営計画で策定した目標利益は変更しない
3.期末業績達成のための打ち手の検討
③手段を再検討！（行動見直し）
⊙業績検討会：検証と対策
（1）予算と実績の差異から問題点を抽出
（2）モノサシからずれたら「計画」ではなく「行動」を見直す
（3）目標利益は途中で絶対に変更しない
目標経常利益は変更しない

次期予算書

次期の目標を達成するための具体的な行動計画をまとめ、「次期予算書」を作成します。

1. 重点課題
2. 目標変動損益計算書（月次）
3. 目標損益計算書（月次）
4. 単年度予算総括用
5. 戦略売上高・限界利益計画表（月次）
6. 設備投資・その他計画一覧表（月次）
7. 借入金返済計画総括表（月次）
8. 科目別予算組のポイント一覧

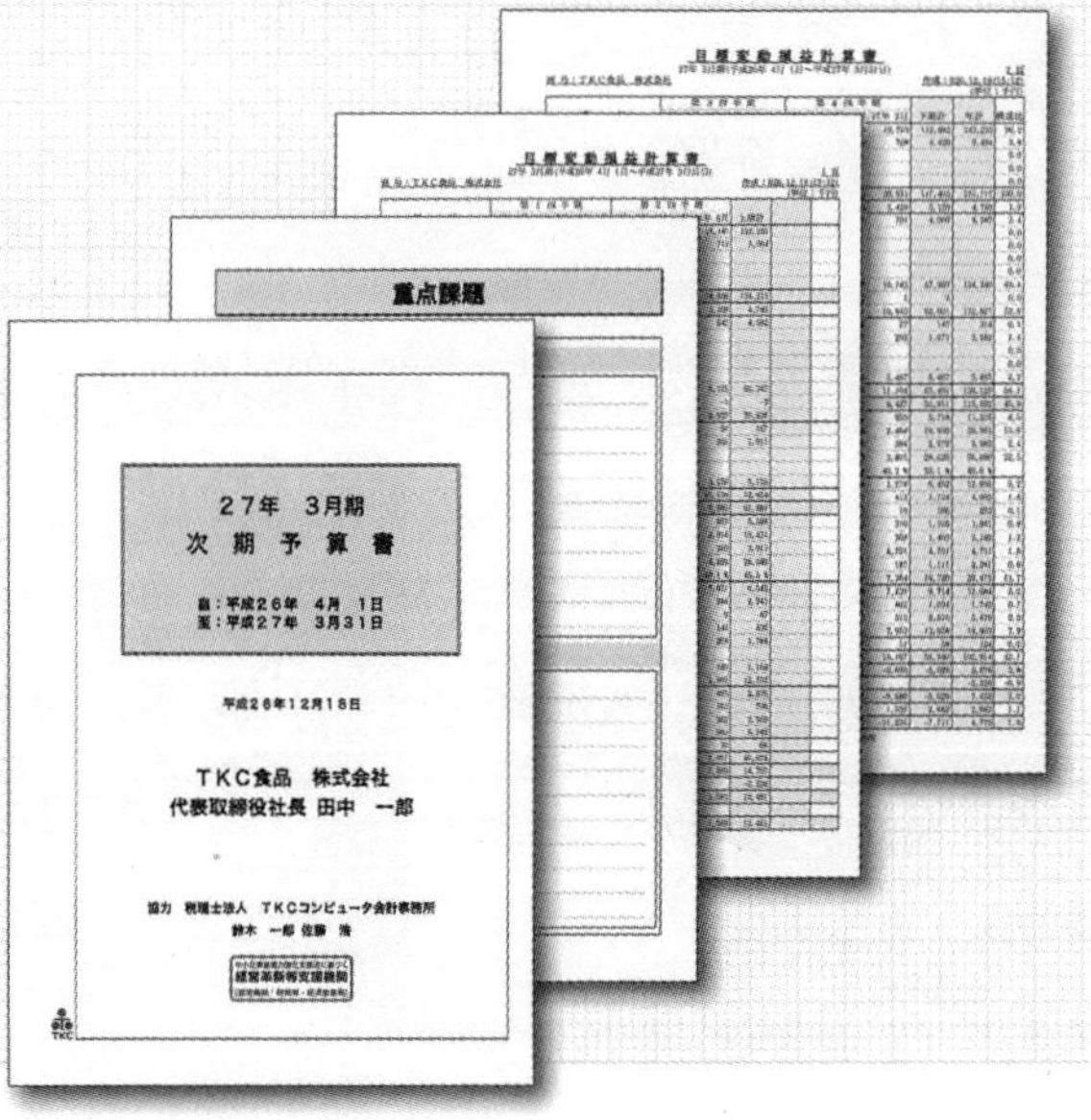

「短期経営計画」の策定

経営者への「5つの質問」だけで、短期経営計画を簡単に策定できます。

「長期経営計画」を策定せずに、「短期経営計画」を単独で策定できます。
その場合は、経営者への「5つの質問」に答えることで、次期の基本計画（目標損益と経常収支の計画）を策定できます。

経営者への「5つの質問」

- Q1.次期の目標経常利益は？
- Q2.次期の売上高の伸びは？
- Q3.次期の限界利益率（粗利益率）は？
- Q4.次期の従業員給与・賞与は？
- Q5.次期の期末の人数（役員含む）は？

「5つの質問」への回答を基に
次期の目標変動損益計算書を導き出します。

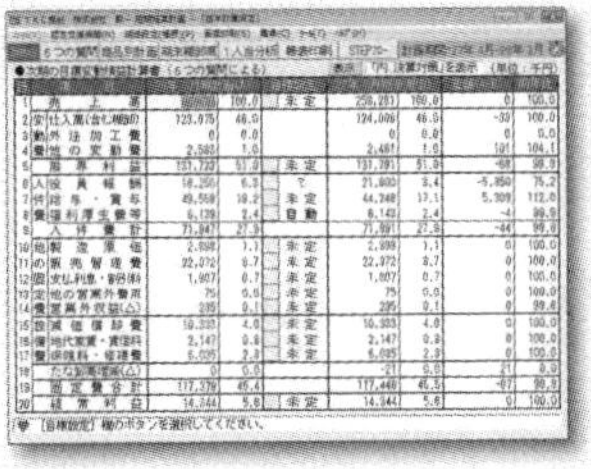

●より詳細な経営計画の策定もご支援します。

商品・得意先別の販売計画や設備投資計画などを策定できます。

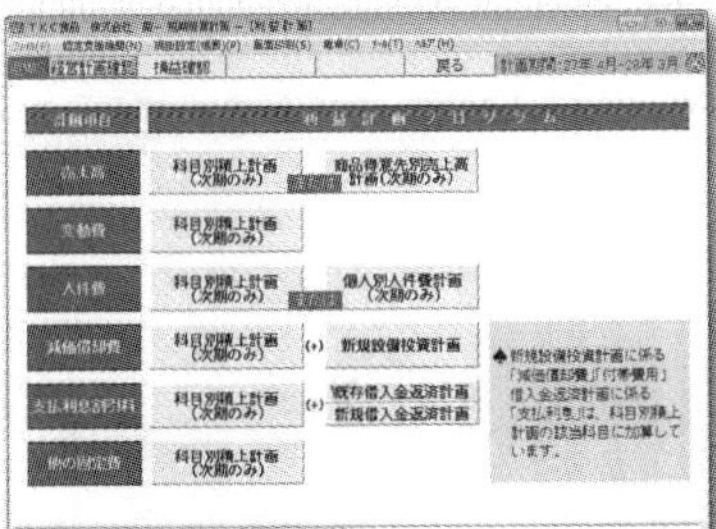

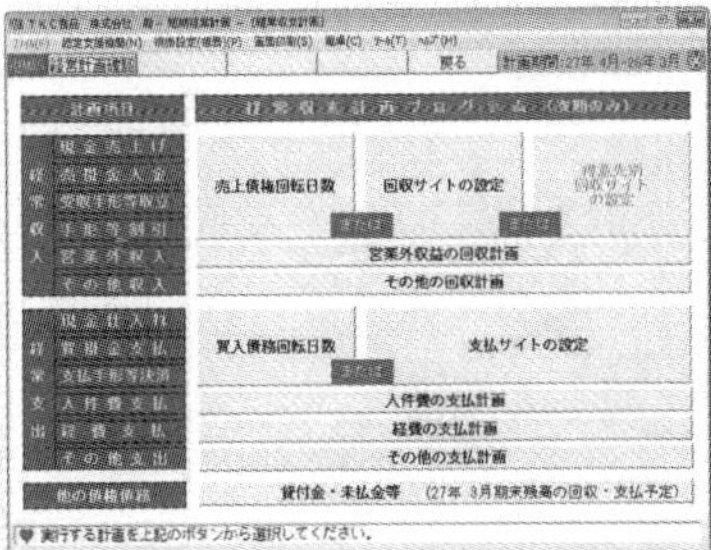

❶利益計画
- ◎勘定科目別の積み上げ計画
- ◎商品別・得意先別の売上高計画
- ◎個人別の人件費計画
- ◎部門別利益計画

❷設備投資計画
- ◎新規設備投資計画
- ◎既存借入金返済計画
- ◎新規借入金返済計画

❸資金繰り計画
- ◎経常収支計画
- ◎財務等収支計画

短期経営計画書

次期の目標を達成するための具体的な行動計画をまとめ、「短期経営計画書」を作成します。

1. 経営基本方針
2. 重点課題
3. 目標売上高と行動計画
4. 目標変動損益計算書
5. 目標損益計算書
6. 部門別利益計画表
7. 商品・得意先別売上高計画表
8. 資金繰り計画表
9. 予測貸借対照表

「業績検討会」の開催　～経営計画を「絵に描いた餅」にしないために～

作成した単年度予算について、四半期ごとに業績検討会を開催し、毎月の月次決算に基づく実績との差異を検証します。その上で、それを改善するための具体的な業績改善対策を検討します。

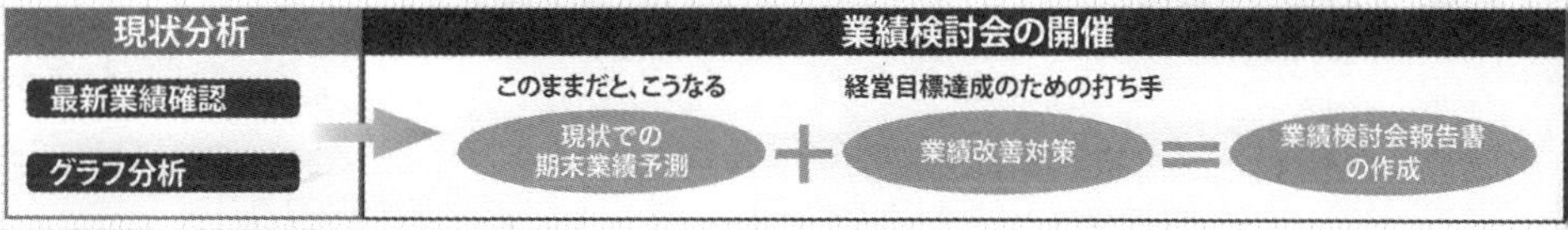

最新実績に基づく予実差異分析を行い、計画策定時の行動計画の実施状況と効果を確認します。

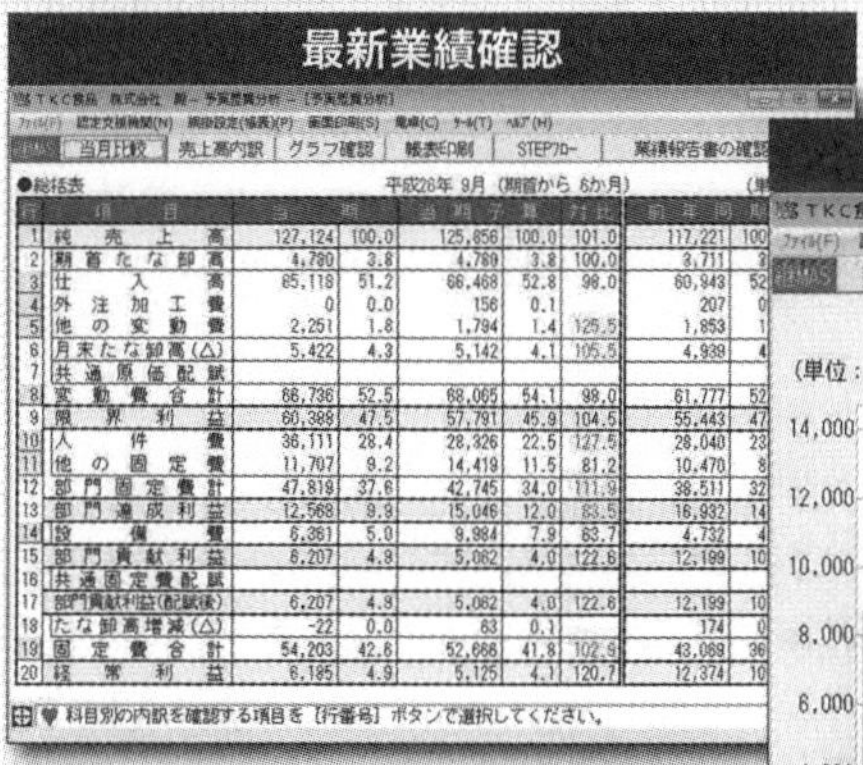

行	項目	当期		当期予算		対比	前年同期	
1	純売上高	127,124	100.0	125,856	100.0	101.0	117,221	100
2	期首たな卸高	4,780	3.8	4,780	3.8	100.0	3,711	3
3	仕入高	65,118	51.2	66,468	52.8	98.0	60,943	52
4	外注加工費	0	0.0	156	0.1		207	0
5	他の変動費	2,251	1.8	1,794	1.4	125.5	1,853	1
6	月末たな卸高(△)	5,422	4.3	5,142	4.1	105.5	4,938	4
7	共通原価配賦							
8	変動費合計	66,736	52.5	68,065	54.1	98.0	61,777	52
9	限界利益	60,388	47.5	57,791	45.9	104.5	55,443	47
10	人件費	36,111	28.4	28,326	22.5	127.5	28,040	23
11	他の固定費	11,707	9.2	14,419	11.5	81.2	10,470	8
12	部門固定費計	47,819	37.6	42,745	34.0	111.9	38,511	32
13	部門達成利益	12,568	9.9	15,046	12.0	83.5	16,932	14
14	設備費	6,361	5.0	9,984	7.9	63.7	4,732	4
15	部門貢献利益	6,207	4.9	5,062	4.0	122.6	12,199	10
16	共通固定費配賦							
17	部門貢献利益(配賦後)	6,207	4.9	5,062	4.0	122.6	12,199	10
18	たな卸高増減(△)	-22	0.0	63	0.1		174	0
19	固定費合計	54,203	42.6	52,666	41.8	102.9	43,069	36
20	経常利益	6,185	4.9	5,125	4.1	120.7	12,374	10

科目別の内訳を確認する項目を【行番号】ボタンで選択してください。

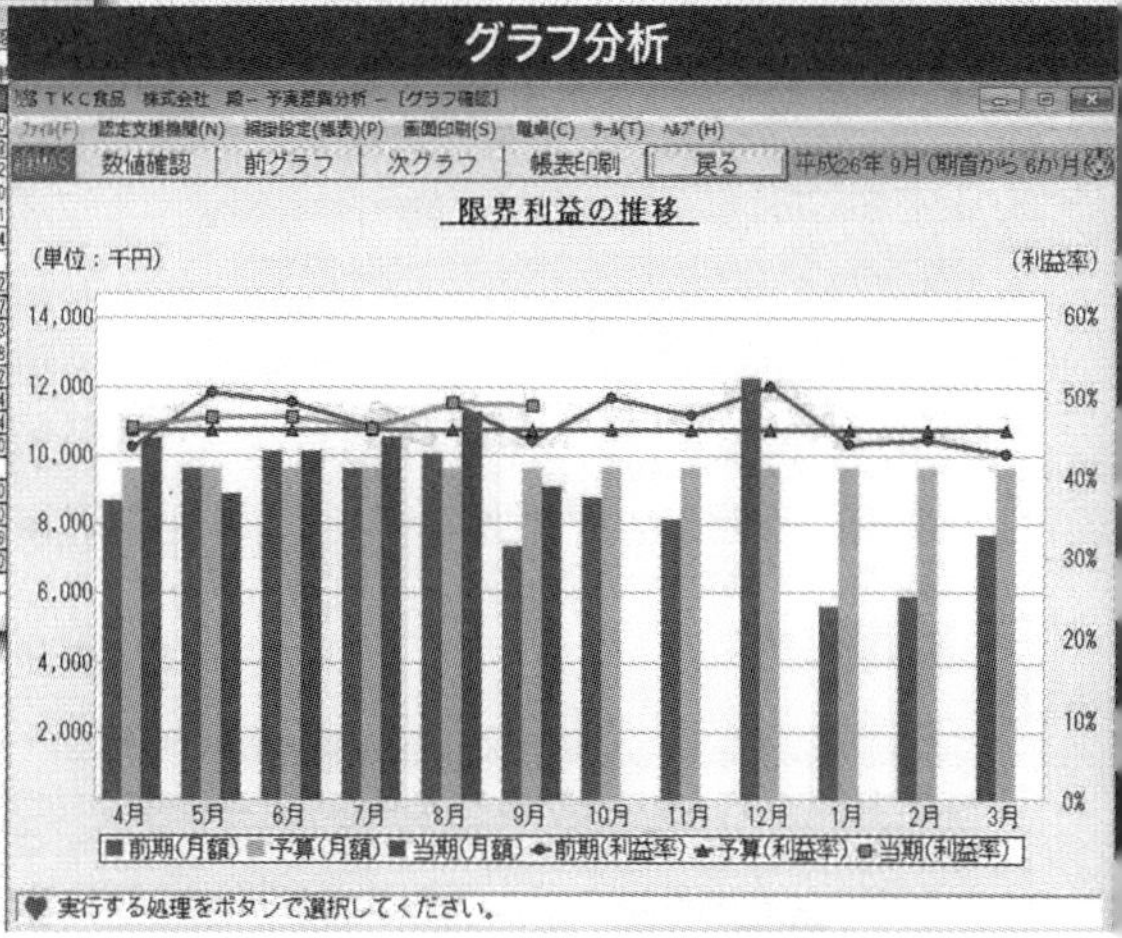

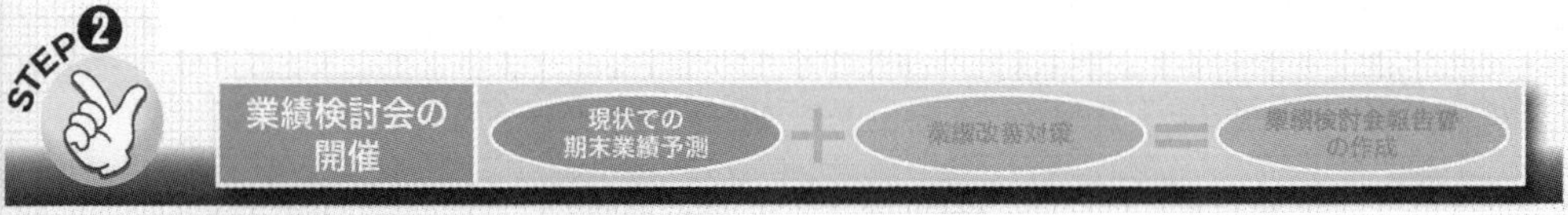

「実績＋未経過月予算」を基礎データとして業績予測シミュレーションを行います。

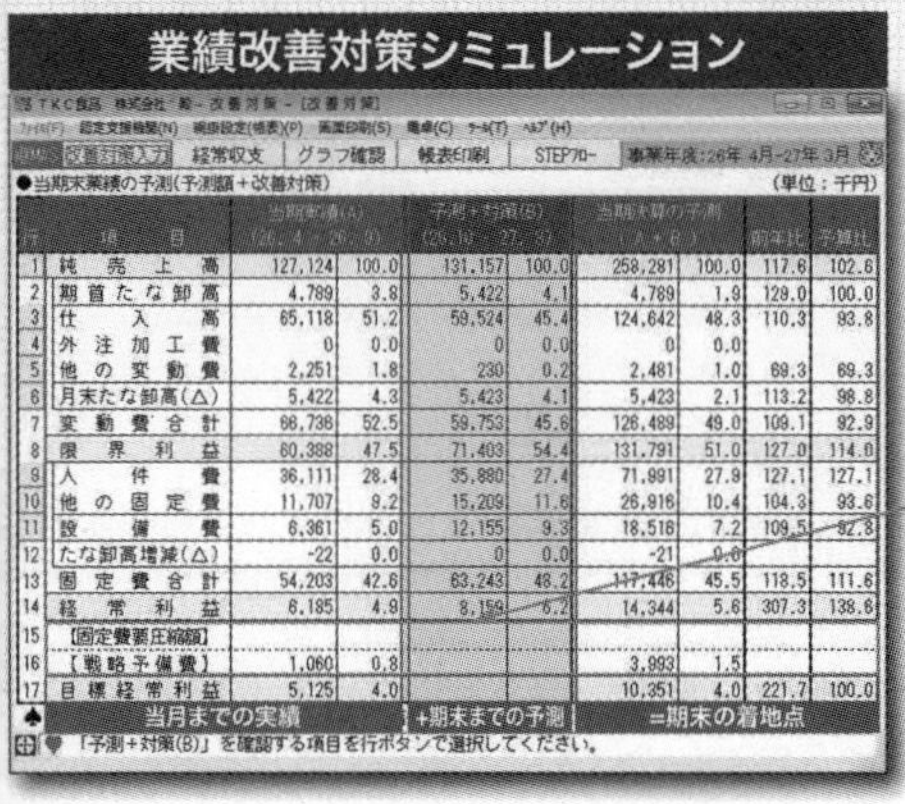

行	項目	当期実績(A) (26. 4 - 26. 9)		予測＋対策(B) (26.10 - 27. 3)		当期決算の予測 (A + B)		前年比	予算比
1	純売上高	127,124	100.0	131,157	100.0	258,281	100.0	117.6	102.6
2	期首たな卸高	4,789	3.8	5,422	4.1	4,789	1.9	129.0	100.0
3	仕入高	65,118	51.2	59,524	45.4	124,642	48.3	110.3	93.8
4	外注加工費	0	0.0	0	0.0	0	0.0		
5	他の変動費	2,251	1.8	230	0.2	2,481	1.0	69.3	69.3
6	月末たな卸高(△)	5,422	4.3	5,423	4.1	5,423	2.1	113.2	98.8
7	変動費合計	66,736	52.5	59,753	45.6	126,489	49.0	109.1	92.9
8	限界利益	60,388	47.5	71,403	54.4	131,791	51.0	127.0	114.0
9	人件費	36,111	28.4	35,880	27.4	71,991	27.9	127.1	127.1
10	他の固定費	11,707	9.2	15,209	11.6	26,916	10.4	104.3	93.6
11	設備費	6,361	5.0	12,155	9.3	18,516	7.2	109.5	92.8
12	たな卸高増減(△)	-22	0.0	0	0.0	-21	0.0		
13	固定費合計	54,203	42.6	63,243	48.2	117,446	45.5	118.5	111.6
14	経常利益	6,185	4.9	8,159	6.2	14,344	5.6	307.3	138.6
15	【固定費要圧縮額】								
16	【戦略予備費】	1,060	0.8			3,993	1.5		
17	目標経常利益	5,125	4.0			10,351	4.0	221.7	100.0
	当月までの実績			＋期末までの予測		＝期末の着地点			

「予測＋対策(B)」を確認する項目を行ボタンで選択してください。

期末の経常利益の予測額が目標を下回る場合は「固定費要圧縮額」、目標を上回る場合は「戦略予備費」の欄に金額が表示されます。

【固定費要圧縮額】
目標経常利益を確保するために、圧縮しなければならない経費の額を表示します。

【戦略予備費】
期末までに、社長の意思決定により戦略的に活用できる予備費を表示します。

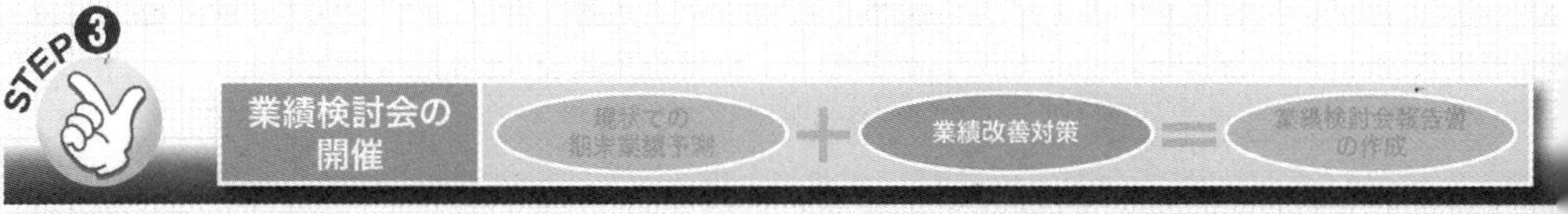

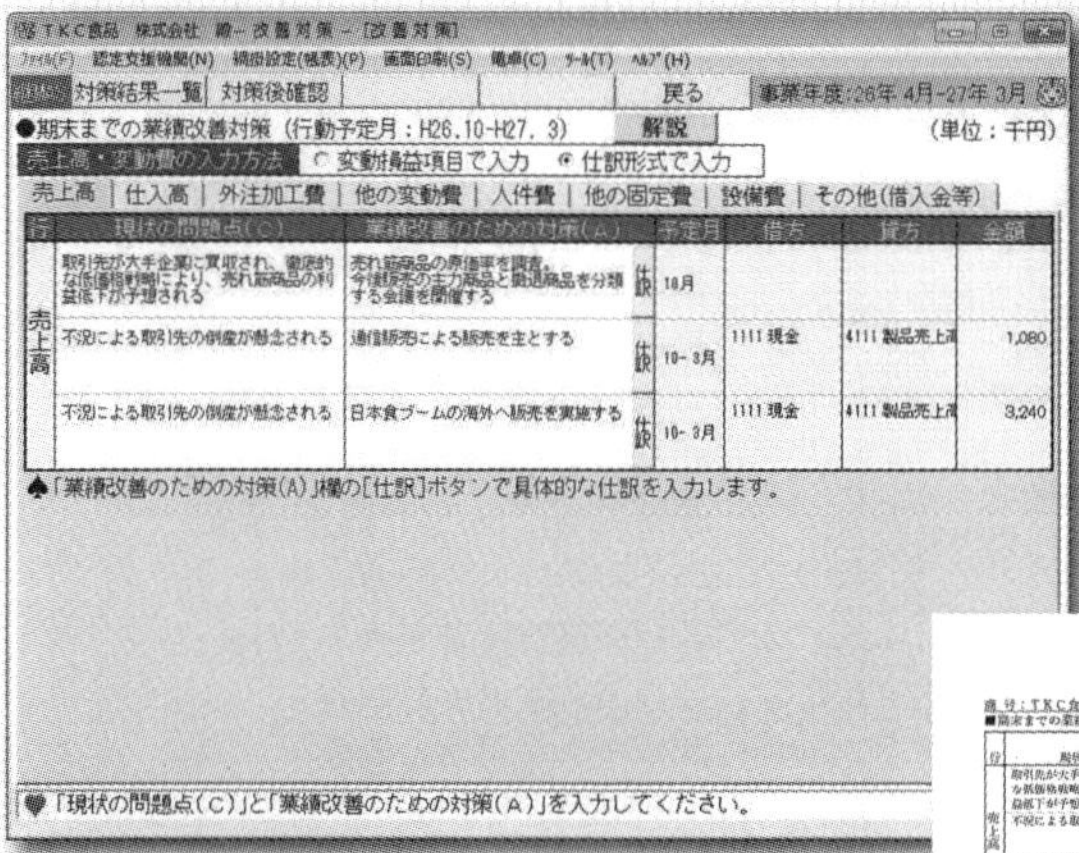

業績改善対策

業績改善の打ち手を検討

①経営目標達成のための、業績改善対策を検討します。

②損益、設備投資から借入金対策まで具体的な対策をシミュレーションできます。

③策定した対策が、変動損益、経常収支、資金繰りにどう影響するかを瞬時に把握できます。

行動計画の管理

業績改善対策の実施状況を管理

日々の業績管理の中で、行動計画の実施状況とその効果を確認し、さらなる打ち手を検討します。

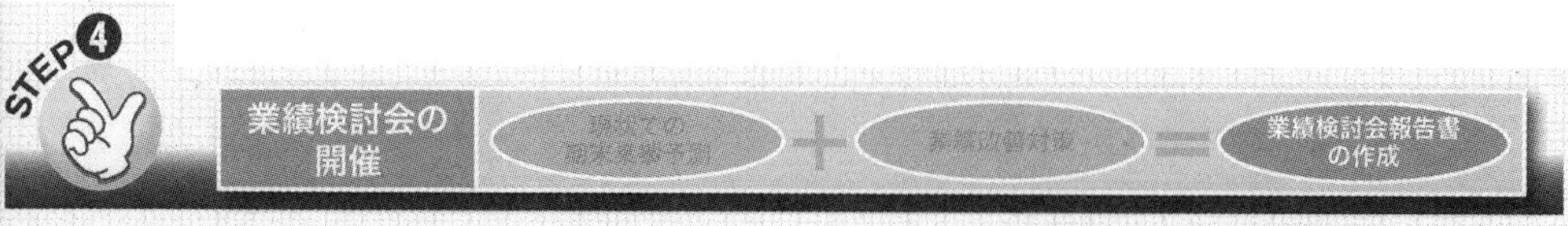

策定した業績改善対策を達成するための具体的な行動計画をまとめ、業績検討会報告書を作成します。

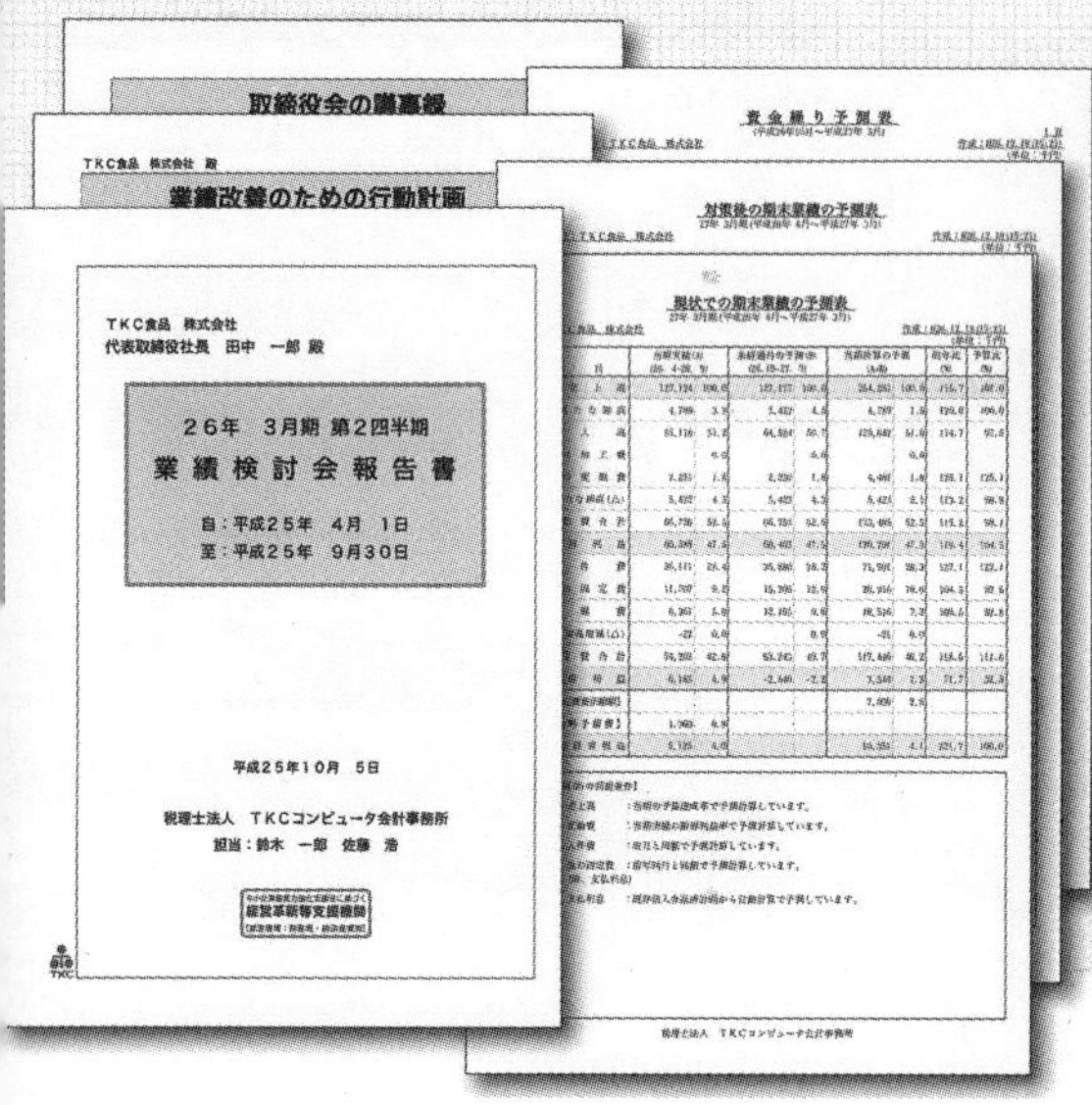

1. 業績検討会の議事内容
2. 業績改善のための行動計画
3. 取締役会議事録
4. 現状での期末業績の予測表
5. 対策後の期末業績の予測表
6. 対策前・後の期末業績予測表
7. 資金繰り予測表
8. 業績改善のための行動計画表
9. 売上科目別の変動費内訳表
10. 新規設備投資計画表
11. 既存借入金返済計画表
12. 新規借入金返済計画表

決算予測と納税額の試算に基づいて、決算までに間に合う具体的な決算対策（節税対策、利益確保対策）も検討できます。

ＴＫＣ継続ＭＡＳの具体的取り組みと儲かる仕組みづくりの実践

第一ステップ…我社の現状に合わせて取り組みを開始する

まずは、社長の本音に応える提案を行うことが重要です。財務データの提供だけでなく、決算予測対策の支援から経営計画（損益・資金）や予算管理の支援など、経営者が会計事務所に求めるニーズは数多くあります。

そこで、会計事務所としては、業績検討と予算管理を徹底的にフォローする有効な仕組みとしてのプラン・コントロール・プロフィット（計画管理・利益獲得システム）など、顧問先の現状や経営者のニーズに応じた効果的な「戦略会計」の導入を提案します。

第二ステップ…当期の決算（利益）が見える
戦略的決算対策（損益予測から資金繰り見込みまで）の提案

ここでは、最初に決算予測に着手します。決算の三ヵ月前の時点で期末の業績予測を行い、節税対策、赤字の場合は利益確保対策を親身になって提案します。続いて納税額を試算し、法人税・消費税などの資金手当てを早めに行うよう勧めます。経営者が安心して決算を迎えられるよう全力で支援するのです。

第三ステップ…次期経営計画の策定で先の読める経営を提案

経営計画の策定は、変動損益計算書を活用してさまざまな経営シミュレーションや業績管理等を行う戦略経営の核をなす部分と言えます。

ＴＫＣの「継続ＭＡＳ」を活用すれば、経営者に次の五つの質問をするだけで、経営目標が簡単に作成できます。

①次期の目標経常利益
②次期の売上高の対前年伸び率
③次期の目標限界利益（粗利益率）
④次期の従業員給料・賞与の対前年伸び率
⑤次期の期末人員（役員を含む）

この五つの質問による簡易な経営計画からスタートし、詳細な科目別利益計画、設備投資計画、資金繰り計画等へステップアップしていくことになりますが、ここで大切なのは次の四つの対策提案です。

1、売上戦略として、その増加を図るマーケティング戦略の要因チェック
2、変動費戦略として、アウトソーシングなどによるダイレクトコスト管理
3、限界利益戦略として、各社独自の付加価値の創造
4、固定費戦略として、ローコスト経営と財務体質の強化

以上、儲かる仕組みづくりのアウトラインを見てきましたが、これは顧問先を元気にするだけでなく、ＴＫＣ会員会計事務所の担当者が率先垂範で顧問先を訪問し、このような戦略会計の導入・提案、すなわち元気会社づくりに全力で取り組むことで、会計事務所の部下、職員を後姿で導く態度が会計事務所が中小企業の経営維新に全力で取り組むことでもあるのです。

そして、具体的には経営計画の策定であれば、経営者から今後の方針をじっくりと聞き、戦略会議を全社員で開催する提案をし、次いでＴＫＣの継続ＭＡＳを活用して、前述の質問とそれに基づくシミュレーションを繰り返しながら、経営者の戦略性と創造性を粘り強く引き出し、目標数値を固めるとともに、具体的な行動計画の策定を支援します。

さらに、資金繰り改善の必要性を訴え、銀行の貸し渋りへの対策を講じるなど、真に頼れるパートナー、経営者の親身の相談相手として全力投球で取り組む寄り添いザムライとしても活用することなのです。

こうした取り組みによって、顧問先との信頼の絆がより一層深まり、社長にヤル気と元気が同時に起こって会社の活性化が進みます。

まさにＴＫＣ会員会計事務所を活かすことで、中小企業の経営維新を断行することができるのです。

第二、ヤル気の土俵づくり——社長にしかできない仕事と心得よう

目標管理で人生の充実感を生み出す職場づくり ― 個人と会社の一体感の創造

いかにしてわが社を元気会社に生まれ変わらせるか。

その具体的方策の一つが「ヤル気の土俵づくり」です。「儲かる仕組みづくり」を会社向けとすれば、「ヤル気の土俵づくり」は社員向けということになります。しかしこの二つはそれぞれが独立しているのではなく、互いに連動して取り組む元気会社づくりのためには必要な実践項目になります。ＴＫＣ会員会計事務所を徹底して活かすことで、二つとも有効に機能させることが可能です。その取り組みこそが、本書の狙いである「中小企業の経営維新」と言ってもよいでしょう。

第二創業の時代と云われる今日、わが社を元気会社にするためにいま一度創業時の志に立ち返り、一念発起の心構えで取り組む必要があるのです。

「儲かる仕組みづくり」と同じように、「ヤル気の土俵づくり」もその先頭に立つのは社長です。

その大事なポイントは、社員が本気にならなければ、どんな立派な理想を描いても全ては絵に描いた餅になってしまうことです。

そうならない方法として、社長の本気さに加えて有効に機能するのが目標管理です。これに積極的に取り組むことで社員の「本気」が引き出されます。

社員が本気になりヤル気を出すということは、単に会社のためだけではありません。何より社員に生き甲斐、働き甲斐が生まれ、人生の充実感を味わうことになっていきます。

お荷物社員を一人も出さない会社づくり。

人生の充実感を生み出す職場づくり。

それがヤル気の土俵づくりということです。

ではどのようにして目標管理に取り組むのか、詳しく説明していきます。

一般的に行われている目標管理制度の狙いとしては、次のような項目が挙げられます。

①業績・成果主義の徹底
②個人目標と組織目標の一致
③上司と部下のコミュニケーションパワーアップ
④組織の活性化・ホーレンソーダーネーの徹底
⑤チャレンジ精神の奨励
⑥管理者のマネジメント力の向上

これらの内容を通して「上司と部下が緊密に連携し、組織目標の達成に挑戦する」職場環境づくりを目指します。

目標管理は「企業の利潤追求と個人の幸福目標実現」に向けて、会社、社員ともに成長するヤル気の土俵づくりであることが大事なポイントです。

しかし、必ずしもうまく機能していない会社が多いのも事実です。

なぜでしょう。

その効果が上がらない理由として、社員の「本気」を引き出す仕組みになっていないことが挙げられます。いわば、会社からの一方的な命令でやってしまっているのです。

社員が本気で仕事に取り組んだときと、命令を受けて仕事に取り組んだときでは、生産性は大きく異なります。

そうです。本気をつくり出すためには、個々の社員が心から納得して自己統制を行い、仕事に集中できる仕組みをつくる必要があるのです。

すなわち、社員が仕事の目的と期待される成果を確実に達成するための方策を真剣に考え、最大限の能力を発揮することを促す目標管理体制づくりでなければなりません。

ＴＫＣ会員会計事務所は、それを可能とする優れたツールと何より多くの実績を持って指導ができます。それが正に中小企業の経営維新を断行するということになるのです。

そこにＴＫＣ会員会計事務所を活かす意味があるわけです。

経営者と社員は共に幸せを実現する良きパートナー

中小企業の経営維新を、簡単に言ってしまえば「必死の覚悟で会社を黒字にし、安定した経営をつかみとるべきで企業を継続発展させる経営改革を断行する」ということになります。

それを実現するためのスタートが、「社長の意識改革」と「具体的な実践」ということを何度か述べてきました。

とりわけ強調しなければならないのは、「具体的な実践」です。

「このままではだめだ!!」

「やらなければならないことは、わかっている」

「しかし……具体的な一歩が踏み出せない」

という経営者を多く見てきました。

同時に、そういう経営者にＴＫＣの優れたツールをお勧めし、具体的に活用することで見事に経営を改善する経営者も多く見てきています。

そこが単に税務申告をする会計事務所とは大きく違う、ＴＫＣ会員会計事務所の基本姿勢です。

そしてその具体的実践の一つが「儲かる仕組みづくり」と「ヤル気の土俵づくり」です。

伸びている会社の社員を見てみると、自分の仕事に誇りと喜びを持っています。

働かされているのではなく、働くことの価値感と取り組む意味を知っています。

明るい、元気、前向き、挨拶がいい……自分の会社に誇りを持っている等々。

どうやって、こういう社員を育てていくか、ここが経営者の一番の悩みどころではないかと思います。

結論を言えば、それは全て経営者自身に答えがあるということです。

でも心配しないでください。

私どもＴＫＣ会員会計事務所をパートナーとして選んでいただければ、その悩みは解決します。

社員は単なる働く一つの駒ではありません。

人生の多くの時間を会社で過ごし、人生そのものを作り上げています。

「ヤル気の土俵づくり」で用意されているのが個人の「幸せ目標」です。

同時に、それを達成するために会社の目標もあります。

個人と会社の幸せ目標をどう合わせて達成していくのか、そこが重要なポインになってきます。

社長は当然として、社員にも生き甲斐とやり甲斐を持ってもらうことが大きな鍵と言えましょう。

そういうことで経営者と社員は、共に幸せ作りに取り組むベストパートナーなのです。

ヤル気の原点は、人様のために役立っているという実感です。

「ヤル気の土俵づくり」と「儲かる仕組みづくり」は、それを社員が体験できるように、社長がＴＫＣ会員会計事務所を活かして作り上げていくということなのです。

具体的実践として私どもの取り組むヤル気アップの決意書(年度始めに提出）を紹介します。

マスタープラン

平成24年研修　マスタープラン

㈱日本パートナー会計事務所
代表取締役　大須賀 弘和　殿

私は、以下の研修を今年、強い意志をもって継続実行し、自己の実務能力を向上させるとともに、目指す資格にチャレンジする決意であります。

Ⅰ. 業務研修

	TKC 時間	事務所 時間	その他 時間	合計 時間
1. 税務、職業法規				
2. 民、商法				
3. 社労士、登記				
4. MG、経営計画				
5. コンピューター				
6. 生保、損保				
7. 会計学				
合　計				

Ⅱ. 資格研修

目指す資格 ＿＿＿＿＿＿＿＿

本年受験するもの ＿＿＿＿＿＿＿＿

学校学習 ＿＿＿＿＿＿＿＿時間
（　　曜日　　午前 ・ 午後 ・ 夜 ）

自宅学習 ＿＿＿＿＿＿＿＿時間

合計 ＿＿＿＿＿＿＿＿時間

＊ 現在までに取得している資格及び科目

＿＿＿＿　＿＿＿＿　＿＿＿＿

＿＿＿＿　＿＿＿＿　＿＿＿＿

平成　　年　　月　　日

氏名＿＿＿＿＿＿＿＿印

Ⅳ　家庭サービス目標

1 家庭サービスデー　　日　　時間

2 住宅・車・家電・etc

3 その他

Ⅴ　本年度重点目標（人生6分野）

家庭面	経済面	社会面
教養面	精神面	健康面

重点目標のコメント

Ⅵ　人生に賭ける中長期目標

（簡単に身近なものでも）

以上

私の幸福目標

㈱日本パートナー会計事務所
　代表取締役　大須賀 弘和　殿

平成　　年　　月　　日
㈱日本パートナー会計事務所
支社名
部課名
氏　名

私の幸福目標

私は人生の一回性を深く思い至り、次の通り価値ある目標実現するため下記の通り宣言します。

I　給与目標　　　計　　　　円

内訳 1　1年間給料　　円
2　1年間賞与　　円
3　特別報奨金　　円
4　決算賞与　　円
5　新規開拓手当　　円
6　保険開拓手当　　円
7　その他手当　　円

II　職務目標

部　　課　　長

III　職能目標

助手職　　初級職　　中級職　　上級職　　管理職

生産目標

㈱日本パートナー会計事務所
代表取締役　大須賀 弘和　殿

第　47　期
私 の 目 標

（平成 24年 7月 1日 ～ 平成 25年　6月　30日）

Ⅰ　新規拡大目標　　社
Ⅱ　FX2導入指導目標　　社
Ⅲ　保険指導目標　（契約高　　億円）
Ⅳ　生産目標金額（年間）

1．通常業務報酬

①既存関与先（　　社）　　円（含個人）

②新規関与先＿＿＿＿円

合 計　　0 円

2．MAS業務報酬（新規関与先を含む）

①OA導入指導報酬　　円

②保険開拓報酬　　円

③経営計画作成指導報酬　　円

④その他（相続税対策等）　　円

合 計　　0 円

総 計　　0 円

上記目標を達成すべく本気で取り組み最善の努力をいたします。

平成　年　月　日　支社

主査＿＿＿＿＿＿

モチベーションを高めるには社員の努力を無にしないこと

ヤル気を引き出すモチベーションアップについて、私どもの事務所を例に説明します。

顧問先でも導入するＴＫＣ継続ＭＡＳを、自分の事務所で実施します。

ＴＫＣ継続ＭＡＳの実践に於いては、目標管理と人事評価を連動させ、毎月業績検討会を開いて次月以降の対策を練っています。

目標を与えられただけでは人は動きません。その働きに対して、正しく評価をして応えてやる必要があります。

そのポイントは、社員の努力を無にしないということです。

人は正しく評価されることでモチベーション（意欲、ヤル気、動機づけ）は間違いなく上がります。モチベーションアップにＴＫＣ継続ＭＡＳは、大きな力を発揮します。

モチベーションで大切なのは、いかにして高い意識を持続させるかということです。

人というのは、どうしても時間が経過するとモチベーションが下がります。それを何とか維持したいという思いから、ＴＫＣ継続ＭＡＳを全社的・実践的に継続して、全員参加で取り組み、その一環として年四回（四半期ごと）のイベント（儀式）を開催しています。

▼一月：新春方針発表会（個人の年間目標も発表）

▼四月：合同入社式グループの方針発表会
▼七月：五年後を見据えた本年度のＪＰＡ総研グループ経営指針の発表
及び全社経営計画発表会
▼十月：ＪＰＡ秋季大学成功体験発表大会

これらの儀式によって、会社での自分の位置付けと意味付けが確認できます。全社員が一堂に会して、方針・夢・ビジョンを語り合う場となります。会社の方向性を確認し、「自分はこの会社の一員である」という実感を得ることができます。将来に確固たる信念、希望の持てる職場であることを確認できます。組織における自分の立場、今後自分に求められている役割を発見できます。自己発見の場であり、モチベーションを高揚させ、「生の喜び」を得る場になります。

ここに辿りつくまでモチベーションを高めるのに苦労していました。それまで期首の経営計画発表会で、私をはじめとする幹部が社員に対して檄を飛ばすとみんなの目が輝くのですが、三ヵ月くらい経つとその士気が衰え始めます。ひんぱんに飲み会をやって社員に発破をかけ、激励しましたが、単なる飲み会では全員の士気を鼓舞するところまでは無理でした。

そこで、『三日坊主のすすめ』として、三ヵ月ごとに儀式を開催し、トップの考え方が肉体化するまで、とにかく繰り返し注入することにしたのです。それが絆をつかむヤル気の土俵づくりでした。

本気を引き出す効果的な「ニュー目標管理」でヤル気の土俵づくりを進めよう

再度の説明になりますが、具体的にＴＫＣ会員会計事務所が行う、より効果的な目標管理、いわば「ニュー目標管理」のやり方を説明します。そのポイントは、次の通りです。

第一のポイント　基本的な経営理念・指針を浸透させる　経営方針発表会

まず重要なことは、目標管理を効果的に機能させるための大前提として、

自社の存在理由、経営哲学、

経営者の夢を語る（ホラも夢のうち）

自社の未来ビジョンなど、

経営理念・指針を文書化して、情熱を持って全社員に訴えかけることです。

自分たちが頑張れば数年後にはこういう会社になるという、確固たる未来像を全社員にインプットすることが、元気会社づくりの第一歩なのです。

できれば四半期ごとに「儀式」を行い、社員のテンションが下がった頃に再確認するパターンが、周知徹底させるうえで効果的です。

『三日坊主のすすめ』即ちヤル気の土俵を三ヵ月ごとに提供する、正に土俵づくりです。テンションが下がった頃に次のイベントがあります。私ども事務所では年四回の「儀式」の繰り返しでモチベーションアップの効果を上げています。

第二のポイント　情報を共有する　戦略会議　二ヶ月ごと

情報を共有するとは、経営者、管理者、社員のコミュニケーション・マネジメントを意味します。つまり、会社の目標、担当業務、周辺との連絡、自律的管理体制の確立、対話を通したフェアな評価、社内コミュニケーションの場を設け、ミーティングを通じて情報を共有することで、ニュー目標管理の効果を現実的な共有財産とするのです。

第三のポイント　仕事の目的・内容等を熟知させ、業務の質を高める　秋季大学（二泊三日）

目標設定段階では、社員に仕事について充分に考えさせることが大切です。自社の目標と自分の仕事の目的、さらに売上、生産、そして利益目標のつながりなど、時間をかけ、毎回繰り返すことによって、社員は仕事をよく知ることになり、たとえば、ムリ・ムラ・ムダの排除意識も高まって、業務の質の向上につながるのです。

第四のポイント　自律的に仕事を管理する体制をつくる　ギャップ会議　毎月

目標と実績の進捗管理段階で大切なことは、社員による自律的な仕事の管理を行うことです。

ここでの急所は、「有言実行」と「相互けん制」にあると言えます。

自分の目標と実行計画を全社員の前で発表し、そして、毎月の業績検討会議では仲間の前で進捗状況を発表させるのです。

第五のポイント　面接対話で振り返り評価を行う　随時そして賞与の査定時

ここでは、目標管理と人事評価を連動させることが解決すべき課題となります。

つまり、前述の業績検討会議における毎月の振り返りから期末の目標実現へ向けてうまく進めることが重要であり、そのため面接対話と業績査定を区分します。

面接対話では評価対象となる事実とその見方に主眼を置き、業績検討会議時の評価決定は面接対話終了後とします。


以上のように、「ニュー目標管理」の効果を高めるためには、従来の枠にとどまらず、手間暇をかけて納得をつくり出すことが、社員の努力を無駄にしないニュー目標管理の実践ポイントとなります。

こうした提案・サポートは、ＴＫＣ会員会計事務所で実践しその効果を体感しておりますので、顧問会社先に対して説得力のある指導ができるのです。

会計事務所業界は「暗い」「汚い」「きつい」の3K業種の代表選手のようなものでしたが、TKC会員会計事務所では例外なくニュー3Kとして
「給料が高い」

「休暇が取れる」

「希望が持てる明るい職場」

という目標を高く掲げ、その実現に全社員が合意し、一致団結を誓い誇れるTKC会員会計事務所として指導に当たってきました。

それによって、元気会社づくりに成功し黒字会社八割を実現できているのです。


先に挙げた、年四回の儀式は効果の上がるヤル気の土俵づくり、ニュー目標管理の一環であり、さらに、年度初頭には全職員に「幸福目標」として人生の六分野、すなわち精神面・経済面・家庭面・社会面・教養面・健康面について、目線を合わせた親身のヒアリングを行います。

給与目標、家庭における目標などを具体的に書き出させた上で十分に検討を加え、その実現に向けて積極的に協力する旨の約束を「幸福目標用紙」にお互いに自署押印して、信頼の絆としてそれを持ち合います。

その上で、会社の来期の売上目標、利益目標を提示し、この目標に取り組む個人の立場から一人一人の売上目標、付加価値目標を書き出します。

商品別、サービス種類別に徹底したニュー目標管理のポイントをぶつけ合わせて決定し、プロセ

ス・シミュレーションを確認し合う。

それに基づいて、会社の経営計画をつくり上げ、経営計画発表会を開催し、その実現に向けて気持ちを一つにする。TKC会員会計事務所で実践している仕組みをほとんどそのまま、会社の社長への育成指導に活用できるのです。

それが「儲かる仕組みづくり」となって、「ヤル気の土俵づくり」に結びついていくというわけです。

第三、健全な財務体質づくり——社長のみが担う責任業務なり

健全な財務体質の構築と資金繰り改善の実践

「円滑な資金繰りの実現」は社長の重要な仕事である

「儲かる仕組みづくり」と「ヤル気の土俵づくり」によって、元気会社の土台を整備し、顧客の創造（売上の拡大）に全力で取り組み、元気を増進する。これが、社長の主要業務であることはすでに述べました。

他にもう一つ社長の大事な仕事があります。「円滑な資金繰りの実現」、言い換えれば〝健全な財務体質の構築〟です。例えば、いくら収益力が高くても、売掛金の回収や在庫の適正管理をおろそ

かにしていれば、資金ショートを招くことになります。それが続けば、黒字会社であっても倒産ということになりかねません。その意味で、財務の健全さを確保することは、顧客の創造と同じくらい大事な社長の仕事であるといっても過言ではありません。

近年、キャッシュ・フロー経営の重要さが叫ばれていますが、それは特別な経営手法でも何でもありません。ひと言でいえば、損益と同様にお金の流れもきちっと把握し、財務の健全さを確保せよ、ということであり、経営のイロハにすぎません。ところが、かつてのバブル時代などには、そのあたりまえのことが顧みられないことが少なくありませんでした。運転資金であろうが、設備投資資金であろうが、担保さえあれば金融機関がいくらでも金を貸してくれたからです。そのため、身の程をわきまえずに大規模な設備投資を行ったり、多角化を図ったあげく、バブル崩壊で多額の借金だけが残って倒産に追い込まれた企業は枚挙にいとまがありません。経営の基本に忠実であることがいかに大切かを物語っています。

まずは資金の出入りをきちっと把握せよ

社長を最も悩ませるテーマの一つである「資金繰りの改善」は、次のような流れで資金の出入り（資金収入、資金支出）をきちっと把握することから始めます。この資金収支は、ＴＫＣ会員会計事務所の関与先企業の場合は、事務所から毎月送られてくる「ＴＫＣ月例経営分析表」の「資金移動図表」を見れば、一目瞭然です。

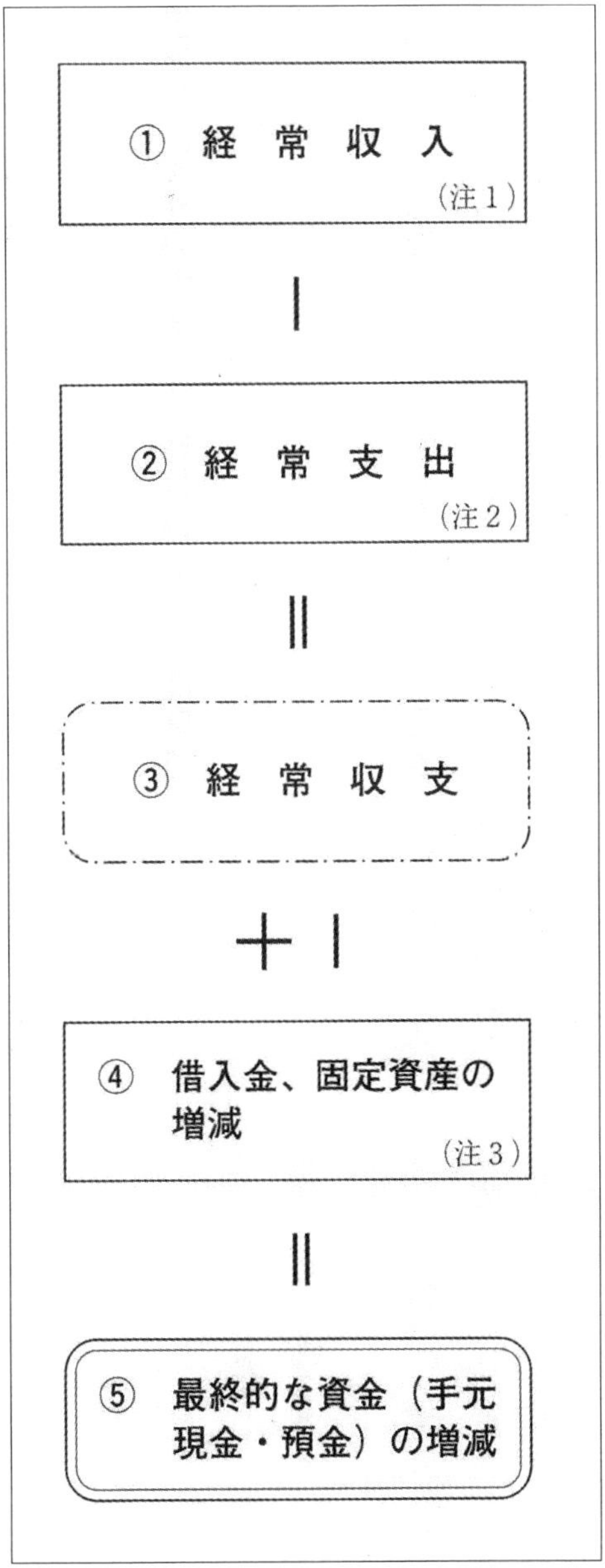

次に、この中身をよく吟味して、資金繰りに詰まる原因がどこにあるのかを追及し、その対策を検討する、というのが資金繰り改善の基本的な手順です。

（注１）「経常収入」：売上代金や受取利息等の営業外収入の入金で、借入金の入金や固定資産の売却代金等は含まない。

（注２）「経常支出」：仕入代金や製造原価、人件費等の経費の支払い等で、借入金の返済や固定資産の購

入代金等は含まない。

（注３）借入金の増加及び固定資産の売却は経常収支にプラスし、借入金の返済及び固定資産の取得は経常収支からマイナスする。

〝経常収支の増大〟と〝経常収支の範囲内での設備投資・借入金返済〟が資金繰り改善の要諦

右の資金の流れ図からわかるように、資金繰り改善の要諦は、次の二点です。

1 「③経常収支」（経常収入 - 経常支出）を黒字にし、かつ増やすこと

経常収支を増やすポイントは、以下の二点に集約されます。

i）適正な利益の確保

企業が稼ぎ出した利益が、資金の最大の源泉であることはいうまでもありません。適正な利益を確保するためには、「売上の拡大」「変動費の削減（限界利益率の向上）」「固定費の適正水準の確保（ムダ・ムリ・ムラの排除）」の三つの視点から対策を講じる必要があります。

ii）運転資本の圧縮

特に、掛売りが主で、かつ、常に一定の在庫を持たなければなら

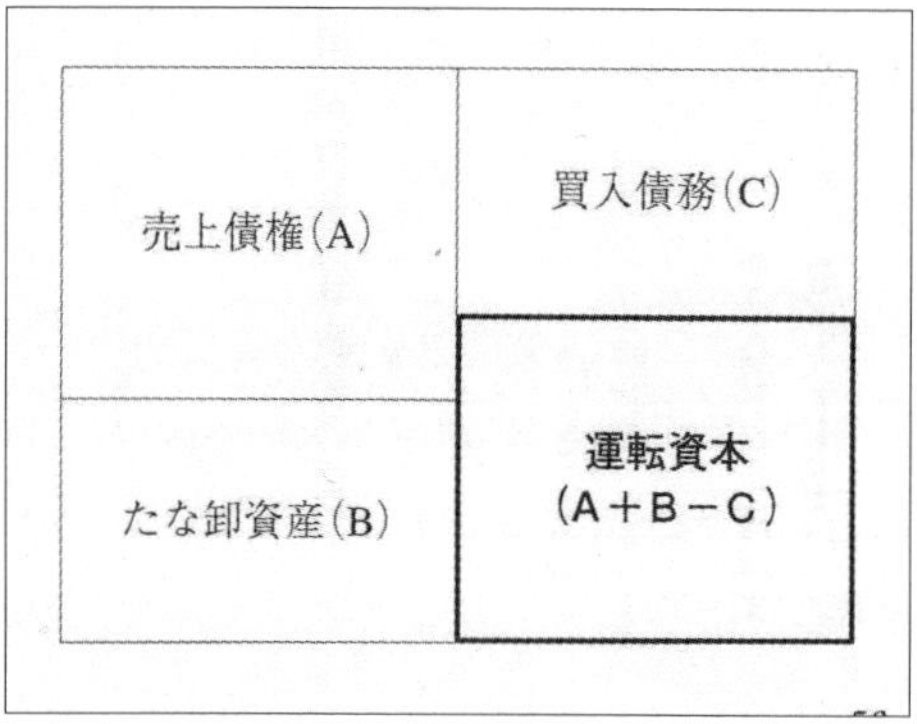

ない企業の場合、一般的には、売掛金が回収（現金化）、あるいは在庫商品が販売・代金回収されるまでの間の資金が必要になります。そのような調達しなければならない「運転資本」を最小限に抑えることが、資金繰りの悪化を防ぐ大事なポイントの一つです。

運転資本は、貸借対照表から把握することができます。すなわち、{売上債権（売掛金、受取手形等）＋たな卸資産（商品、製品、原材料等）}から買入債務（買掛金、支払手形等）を差し引いたものです。

運転資本を減らすためには、売掛金管理（取引条件の見直しや不良債権のチェック等）や在庫管理等を徹底し、売上債権とたな卸資産の圧縮、買入債務の適正水準の維持を講じる必要があります。

2　④の設備投資（固定資産の取得等）、借入金の返済を「③経常収支」の範囲内に抑えること

設備投資、借入金の返済は、経常収支の範囲内に納めることが大切です。もちろん、ビジネスチャンスを逃さないために、設備投資の一部を借入金でまかなう局面もあるでしょう。その場合は、次期以降の借入金の返済額が、予想される経常収支の範囲内に納まっていることが重要です。

企業を守る最後の防波堤である「自己資本」を充実させよ！

財務構造の健全さ（安定性）の確保という点では、「自己資本」を充実させること、すなわち「自己資本比率（自己資本÷総資本）」を高めることも忘れてはなりません。

これまで日本の中小企業は、資金調達の多くを金融機関からの借入金に頼り、自己資本の充実を

怠る傾向にありました。

しかし、自己資本は、いわば倒産という大波から企業を守る最後の防波堤であり、できるだけ強固にしておく必要があります。例えば自己資本比率が一〇%台といった脆弱な状況では、はなはだ心もとないといえます。

もちろん、業績が順調であれば、利益の蓄積によって自ずと自己資本は増えていきますが、経営には不測のリスク（取引先の倒産など）がつきものです。それに備えて、また、「企業格付け」アップの観点からも、増資を行う、遊休資産を処分して借入金を返済し、総資産（総負債）を圧縮する、社長からの借入金を資本に振り替えるなどの方法によって、自己資本を極力充実させておくことが大切です。

なお、自己資本比率はどの程度あればよいのかは一概には言えませんが、少なくとも三〇%以上はほしいところです。

第四、申是優良企業づくり——TKC会員会計事務所の王道を活かし切ることなり

（1）優良企業づくりは国家を担う社長業の極めなり!!

私ども会計事務所が第一に目指すのは顧問先の黒字化です。それを果たすためには、どうしても「ヤル気の土俵づくり」と「儲かる仕組みづくり」の構築が必要だということです。

そしてその先にあるのが申是優良企業づくりです。

TKC会員会計事務所として、私どもは真剣に申是優良企業誕生支援に取り組んでいます。申是優良企業の誕生は、TKC会計事務所を活かした業績の極めつけの証になるからです。

そこに至るには次の五段階のステップがあります。

1、自計化推進→FX2をこえFX4クラウドで!!

2、経営革新指導→税務と会計の一気通貫による!!

3、TKCの継続MASの徹底導入活用で黒字化を図る。

4、税理士法三三条の二の書面添付の完全実施で税務申告是認率九九・九九%実現により税務調査立ち会い不要の税務申告（書面添付つき電子申告）体制づくりを行う。

5、会社と個人の危機管理業務（東京海上）としてＴＫＣの企業防衛保険指導（大同生命）で人的財産の防衛、さらに物的財産のリスク等、損害保険指導であらゆる中小企業を危機から完全防衛する!!

この五段階のステップを本当に実のあるものにしている顧問先がふえ、その五段階のステップを使命感と情熱で全社が一丸となって取り組んでいる昨今です。

（2）ＴＫＣ会員会計事務所の王道価値創造業務の極み申是優良企業づくりを明日の経営に活かそう!!

「申是優良企業誕生」を商標登録

ＪＰＡ総研グループでは、平成二十六年十月二十九日、第二回目となる申是優良企業の表彰状授与式を本社にて行いました。

申是優良企業とは、税理士が作成した書面を添付して税務申告した際、何かあって意見聴取がある場合は税理士がそれに応じ、それで疑義が解消されれば税務調査が省略されるという制度に基づいて、実際に税務調査省略申告是認になった優秀な企業を意味します。

税理士法では、税務調査の免除について税理士の責任を明確に定めているわけですが、税務執行の一層の円滑化・簡素化を図るために従来の制度を拡充して、税理士に与えられた権利でもあります。

企業にとって税務調査は煩わしく頭の痛いところです。

税理士が顧問先の税務申告に関わることで、そうした煩わしさから解放されます。

そこで私ども日本パートナー税理士法人は、それを税理士の本来業務として、顧問先企業の中から、優良企業を沢山誕生させたいとの思いをもって、「中是優良企業誕生」を商標登録として特許庁に申請し、平成二十六年八月一日に手続きが完了しました。そして、平成二十六年十二月十九日に登録されました。

なぜ商標登録をしてまで、「中是優良企業誕生」にこだわっているのか。

それは、恩師故飯塚毅先生の教えを受けたＴＫＣ会員としての使命感に燃えるプライドがあるからです。

ＴＫＣは会員になっても実践しなければ、何の意味もありません。

先生は「ＴＫＣの王道を歩みなさい」と言われました。

王道とは何か？　皆が幸せになる堂々たる道のことです。

恩師の教えである、「自利利他」の実践です。

顧問先も安心、会計事務所も誇りが持てる、国家からも期待される三方良しの実践がＴＫＣの王道と理解しています。

その実践に当たって私は、恩師故飯塚毅先生の教えを、そっくりそのまま学んで真似ました。

そして実践してきた成果の究極は、顧問先の会社を黒字化し、申告是認率九九・九九％が当たり前という中是優良企業誕生にあることがわかりました。そのスタートラインに、私どももようやく達したというところまできています。


ですから中是優良企業の表彰状は、私どもＴＫＣ会員から皆様に授与しますが、これは恩師故飯塚毅先生が言われた「ＴＫＣの王道を歩みなさい」との教えを、私どもが忘れずに歩むという誓いでもあるのです。

「我々職業会計人は、国家社会を担って財政と税制に責任を持つ」

私が事務所を開業したのが昭和四十一年、平成二十六年で四十八年が経ちます。

そして昭和四十四年の十月、恩師故飯塚毅先生と出会い、ＴＫＣコンピューター会計を知りました。それはまさに私にとって歴史的転換の日でした。

故飯塚毅先生のお話は、その当時の私には、とても考え及ばないことばかりでした。


我々職業会計人は、国家社会を担って財政と税制に責任を持つ。

税制を担うのが士業界では唯一職業会計人である税理士業界、税理士の使命である。

そして中小企業を元気付けるのが職業会計人・税理士の国家的社会的使命である。

もうビックリ仰天、凄いことを言う人だと思いました。

それまでは、我々の業界のほとんどが、帳面屋、決算屋を主とした申告屋でした。帳簿付けが仕事の六割、決算するのが三割、そして税金の申告をするが一割くらいだったと思います。

そう思っている我々に、「国家を支える集団なんだ」と言われるわけです。

そして「中小企業を元気にするのは、会計事務所しかないんだ」と言われるわけです。

先生の檄に、目から鱗、そして本当にビックリしました。

さらに驚いたのは、「申告是認率九九・九九％を達成して当たり前なんだ‼　と。

税務調査立ち会い不要の決算書、申告書をつくりなさい。

ＴＫＣに入会してそれを実践しましょう。」

と言われるわけです。

是認率九九・九九％、と言われても、とても信じられる数字ではありません。

「それならば税務署はいらない。嘘だ」と疑って、一緒に話を聞いていた人は途中で席を立って去っていきました。

私も、にわかに信じられるものではありませんでした。

しかし恩師故飯塚毅先生の熱く語られる情熱に心を動かされて、ＴＫＣの会員になりました。

今になって、ＴＫＣの会員になって本当に良かったと思っています。

ＴＫＣ会員は今後全国的に中是優良企業表彰状授与式を実施

中是優良企業の表彰にあたりＪＰＡ総研グループでは選考基準を定めています。大きく分けて五つ項目があります。

一．ＴＫＣ重点活動テーマ五原則に適合しているか。

1．月次の巡回監査をしっかりと受け入れていること。

2．自計化を完全に実践していること。

3．継続ＭＡＳによる経営指導をちゃんと実践断行していること。

4．税理士法三三条の二による書面添付で電子申告をしていること。

5．会計要領に準拠していること。

この五つを皆さんはクリアして、中是優良企業として選ばれるのであります。

二．二期連続黒字決算であること。

まだ我々の関与先で二割の赤字会社があります。中是優良企業を目指して指導していきますので、二年後には一〇〇％黒字会社になるように取り組んでいきます。

会社というのは、良い会社ばかりなのですが、その会社を担う悪い社長が赤字会社を作っています。赤字会社は赤字会社の理由があります。間違いなく社長次第です。社長の考え方と取り組み方、そして情熱の無さが赤字を垂れ流しているのです。

全国では中小企業の約七五％が赤字になっています。誠に残念です。職業会計人として、非常に責任を感じています。

赤字会社を黒字会社にして、単月黒字は当たり前にしていきたい。そして正しい納税申告、これを実践していくのが、中是優良企業づくりと確信しています。

三. 債務超過ではないこと。

四. 社会保険・労働保険に加入していること。

五. 就業規則があること。

以上が中是優良企業になるための選考基準です。

全国にTKC会員は一万三千人いますが、私どもは四十六年間その先頭を切って中是優良企業誕生の推進をしてきました。昨年は一回目の中是優良企業表彰状授与式を、全社で初めて実施しました。

昨年は、関与先のほぼ二〇%が中是優良企業として誕生しました。

今回は二回目になりますが、二五%が選ばれました。

今期中に、なんとか五〇%の実現を見たいと思っております。

これをやらないことには、TKC会員として国家を支える集団になり得ないということです。

「国家を支える集団なんだ」という故飯塚毅先生の熱い思いを我が思いとしてきたからこそ、ここまで来られたと思います。

徹底的に自計化を進め申是優良企業推進に結びつけてきた

ここまで来るには、ステップがありました。

なんと言っても、その第一は「入って良かったＴＫＣ」との熱い思いです。

そして第二は「やって良かった巡回監査と企業防衛生保指導、リスクマネジメント損保指導」です。「保険指導は、経営指導なんですよ」と故飯塚毅先生から言われて、それを今日まで実践してきているわけですが、その時は生れて初めて聞く言葉でした。

第三は「ＴＫＣ究極の王道、即ちＫＦＳの推進、アフターＫＦＳの実践、さらにはその先の王道は顧問先を税務会計の一気通貫で守る「申是優良企業誕生」の全面支援の実践断行である。

恩師故飯塚毅先生は、こうも言われました。

成功するためには、理念がなければいけない。

理念経営だ。

理念の理は理想の理である。

理念の念は、熱き思いだ。

理想を求め、かつ熱き思いでチャレンジする。その情熱こそが先生方の成功の秘訣ですよ、と。

その具体的実践が、キー・ファクター・オブ・サクセス、ＫＦＳです。

成功のための鍵ということです。それがＫＦＳであり、そのアフターＫＦＳを超えたところに申是優良企業の誕生がありました。

その意味をいち早く感じ取り、中是優良企業の選考基準にある自計化を徹底的に推進しました。そしてどこよりも早く巡回監査を実施して継続MASと書面添付に足がかりを求めて中是優良企業推進につなげていきました。

我々職業会計人の実践は税務会計です。税務会計の一気通貫が無くなったら我々職業会計人は、業務の推進ができなくなります。

なぜかと言うと、税務会計の基本中の基本は、「確定決算主義」です。確定決算があるからこそ、月次決算を年次決算につないで税務申告をする。これが税務会計の一気通貫です。

それを顧問先を己自身であるとの思いで取り組み、断固としてここまでやってきた成果なのです。その結果、中是優良企業誕生ということになったのです。

税理士法第一条・使命条項「独立した公正な立場」の意味

三十年前に故飯塚毅先生は、「職業会計人は果たして指導者足り得るか?!」と激を飛ばされました。一税理士が、指導者足り得るかと言われて、そういうことを考えたこともない私は、恩師故飯塚毅先生の期待に応えるには、どうしたらいいのだろうかと真剣に考えました。

そうだ、恩師故飯塚毅先生の事務所でやっていることを全部学ぼうと考え、学んで真似て実践しました。そして「真正A級会員」となって、業務の質を高めてきました。

税理士の国家国民的使命、役割を果たす大前提は、顧問先企業の黒字化です。黒字化ができてこそ、税理士の役割を果たすことができるのです。

ＴＫＣの会員として、黒字会社づくりから優良企業づくりは八〇％超を達成、さらに電子申告による税務申告是認率九九・九九％の実現が可能になってきました。

それを裏付ける法律は、税理士法の第一条の使命条項にあります。

第一条「税理士は、税務に関する専門家として、独立した公正な立場において、申告納税制度の理念にそって、納税義務者の信頼にこたえ……納税義務の適正な実現を図ることを使命とする。」

となっています。

税理士業務は社会的、公共的な性格をもつため、有償、無償に拘わらず税理士のみが営める独占業務とされています。だからこそ、独立した公正な立場で、納税義務の適正な実現を図ることが定められているわけです。

実は、その背景にあるのが飯塚事件です。

飯塚事件をきっかけに、国家社会を担う職業会計人の集団として、「独立公正の立場」という文言が使命条項・税理士法第一条に入ったのです。

飯塚事件とは、昭和三十八年十一月十九日、飯塚毅会計事務所とその関与先六十九社が、関信国税局から一斉に税務調査を受けます。国会でも取り上げられ、職員四名が逮捕・起訴されます。その結論は、約六年の裁判を経て昭和四十五年十一月全員無罪の判決が下りました。

飯塚会計事務所も職員も無罪、なんのおとがめもありませんでした。

なぜ無罪になったのか。そこが重要なポイントです。

昭和二十二年、故飯塚毅先生は軍隊から帰ってきた次の日から事務所を構えて、申告是認が当たり前の税務会計を事務所経営としてやっていたからです。

そういう歴史的事実を踏まえて、我々は申是優良企業づくりをやっているわけです。

飯塚事件については十年前『不撓不屈』のタイトルで私は映画を創りました。恩師故飯塚毅先生の信念に基づいた不撓不屈の戦いが描かれています。御恩返しと偉大な職業会計人、法学博士、公認会計士、税理士として歴史に残る人物になっていただくためでありました。命を燃やし全力で取り組みました!!　悔いはありません。

申是優良企業の表彰状を良く見えるところに堂々と掲げて欲しい

こうした「申是優良企業誕生」は、税理士の重要な使命、役割、そして立派な仕事なのですが、異を唱える税理士さんもいるから不思議です。

「そんなのどこの税理士もやっていない」

「責任を取らされることはやってられない」

「税務署の提灯もちだ」……

なんとも寂しい限りです。

私達の社会で責任をとらない仕事があるのでしょうか。

どんな仕事だって責任はあります。

書面添付申告は、責任を取らされる義務規定ではないのです。

責任を取るための権利規定なのです。

我々職業会計人の身分を守り、顧問先を完全防衛し、会計事務所として立派になっていくための決まりが、税理士法三三条の二による書面添付なのです。

国家社会を守る。

租税正義を実現する。

それが税理士に与えられた仕事なのです。そうでなければ中小企業の顧問先を守れない。

税理士には、独立性、何事にも左右されない独立公正な立場で業務を行うことが認められているのです。

言うならば、我々の仕事は「士業即ちサムライ業」です。

ならぬものはならん。国が横暴な税をかけてきたら「それはならん」と受け入れない。

「税務調査？　申是優良企業に税務調査はないだろう」と言えるのです。

私が開業したころ会計事務所の存在は、経営者にとってその頭には税務調査しかありませんでした。税務署が調査に来たらどうしよう。調査が来たら困る……と考え、調査が来ないことを願っていました。当時の会社経営の危機とか悩みは、税務署対策でした。会計事務所としても同じでした。

「税務署があるから、君達会計事務所が必要なんだ」と言わんばかりの社長が多くいました。

しかし今は違います。

税務署と一緒になって国家を支える仕事をしているのです。だから申告是認体制を作り、優良企業を誕生させなければならないという使命感に基づくものなのです。

今後とも私達が目標とするところは、経営者の経営能力をどんどん上げていくことです。そして中小企業の皆さんと共に、優良企業づくりに邁進していきます。

後継者の育成、これも一緒に考えていきたいと思っております。

それから、社員の教育にも力を入れていきます。


会社の目的、社長の役割はなんでしょうか。

よく言われることですが、売上を上げることですか。間違いではありませんが違います。

利益を上げることですか。それも違いますね。では、何でしょうか。

私は、社員とその家族を守ること。そのために理念を持った経営を実践する。そこに私は行きつくのではないかと思っております。売上は会社を支え、利益は将来の費用です。中是優良企業誕生授与式で次のように申し上げました。

「今日お渡しする中是優良企業の表彰状を、社員の皆さんからよく見えるところに堂々と掲げて欲しいと思います。そして社員の皆さんに、誇りを持って頂きたい。

私達も一緒になって後継者の養成から社員教育まで取り組んで参ります。

それがＴＫＣ、顧問先及び取引先への最大の御恩返しであると確信しております。

本日、中是優良企業表彰状授与式のご参加を、心からお祝い申し上げ、今後とも私どもＴＫＣ会員会計事務所が強い味方・ベストパートナーとして支援させていただきます!!」と……。

申是優良企業

表彰状

企業名

代表者名

記

今般御社は我がJPA総研グループ日本パートナー税理士法人株式会社日本パートナー会計事務所が取り組んでいるTKC全国会が推進した継続MASによる黒字会社としてさらに税理士法33条の2の書面添付電子申告「申是推進優良企業」の対象法人としてその審査基準を見事に突破されましたのでここに心から推奨し表彰致します今後とも健全で元気な黒字経営の実践さらには税務調査立会不要の立派な申是優良企業として地域社会の模範となることを祈ります

平成26年6月25日

J　P　A　総　研

日本パートナー税理士法人

(株)日本パートナー会計事務所

代表社員税理士　神野宗介　　代表社員税理士　田制幸雄

代表社員税理士　大須賀弘和　　代表社員税理士　安徳陽一

代表社員税理士　鈴木忠夫　　代表社員税理士　松井幸和

代表社員税理士　清水幹雄　　代表社員税理士　宗形清治

代表社員税理士　神野宗人　　代表社員税理士　佐藤重幸

代表社員税理士　奈良信城　　代表社員税理士　佐藤泰男

第六章

特別維新対談
ＴＫＣ会員を活かし中小企業の経営維新改革を絶対絶命の状態から不撓不屈で勝ち抜いた社長の雄たけび!!

対談

死の渕に追いやられた会社を立ち直らせた社長の決断と実践
ＴＫＣ会員会計事務所は我社を救ってくれたまさに良きパートナー

フクシマ薬品株式会社　代表取締役　穂積彦三氏

進学も駄目、野球も駄目、それで入ったのが薬局だった

神野　御社の発展ぶりは、凄いものがありますね。我々の事務所も注目しておりますが、今に至る途中で、死を覚悟する窮地に追い込まれたことがあると聞いています。それをどのようにして乗り切ってきたのか。そしてそれで得た教訓などを教えていただければと思います。その前に何で薬品業界に入られたのか、その動機からお聞かせ願えますか。

穂積　何か特別な考えがあって薬品会社に入ったわけではありません。本当は、大学に行って野球をしたかったのです。それが家庭の事情で駄目になり、就職したのがたまたま薬局だったということです。

神野　高校では野球のキャプテンをやっており、キャッチャーでしたね。

穂積　神野代表は私の姉と同級生で、姉からいろいろ聞いています。普段勉強をしないのに、試験になるとなぜか良い成績を取ると……。柔道部ではキャプテンでしたね。

神野　その話は別な時にするとして、なんで社長は大学に行けなかったんですか。

穂積　私は二本松で七人兄弟の末っ子で生まれ、可愛がられて育ちました。一番上と私が男であと五人は女です。私が高校一年の春にお袋が亡くなり、卒業する時には市会議員だった親父が議員を辞めており、はっきり言って経済的に恵まれていない状況だったんです。親父に大学に行って野球を続けたいと話しました。野球では結構実力があったので推薦入学が可能だったのです。

ところが親父は、野球だけで大学へ行くのは――私の将来の姿が見えていたんでしょうね――駄目と反対されて大学へは行けませんでした。でも私は野球を諦めることはできませんでした。

神野　野球好きな少年なら、将来プロにもなりたいという夢もあったでしょうからね。

穂積　そんな私の気持ちを察してくれた高校の監督が、ノンプロ野球（仙台の今のＪＲです）があると紹介してくれたんです。幸い私は、福島県から選抜された二人の中に入りました。ところが、これもまた親父が大反対。野球人生はそう長くない。「諦めろ」と言うわけです。

それに男の私に本家がある地元に残って欲しという願いもあったと思います。親父が野球部の監督に直談判して、監督から「諦めろ」と言われ、ノンプロでの野球も諦めざるをえませんでした。

神野　それで大学に行けなかった。希望した野球選手の夢も消えてしまった。

穂積　それが二月です。もう就職すると言っても、ほとんどの会社の入社試験は終わっている。あったのはたった二つでした。一つは女子の募集でした。地元では「そこで辛抱できた人を嫁にもらえ」というくらい厳しい会社でした。もう一つが藤井薬局で、そこしかなかったということが正しい表現と思いますが、そこに就職したわけです。試験もありましたが、野球をやっている元気な奴だと社長に気に入ってもらって入社した感じですね。挨拶、礼儀を徹底して教えられましたね。そこで教わったことが、今も我社の基本になっています。

神野　進学することも野球の道も進めなかった。残っていたのが薬局だった。それにしても薬局となれば専門知識が必要だと思うけど……。

穂積　それは勉強するしかないですね。頑張りましたよ。その頑張りは野球で身につけたと思っています。大きなきっかけになったのは、入社した翌年の十月に会社が合併したことですね。地域に一つの販社では将来性がないということで、二本松、会津、福島、郡山などにあった五つの販社がまとまって、福島薬品という会社ができました。

本社は郡山に置かれ、私は藤井薬局から福島薬品の社員になりました。その一年後、私は郡山本社に転勤になったんですが、そこから私の本格的な修業が始まったと思っています。

神野　就職してからは、野球は諦めたんですか。

穂積　いやいや、野球から離れることはできず、母校に行って指導していました。それは郡山への転勤が決まっても続けました。朝四時半に起きて毎日学校に行っていました。後輩を指導するために二本松に通っていましたよ。

神野　そこが社長の凄いところだね。なかなか真似できませんよ。

ここで負けたら後がない　二十年の修業後三十八歳で独立

穂積　それは、やっぱり野球が好きだということですね。ある意味救いの面もありました。会社の方では郡山に転勤になって、合併による弊害も味わいましたからね。出身会社同士で意見がぶつかり合うのです。それぞれのやり方、考え方から抜け出ることができないわけです。私はこの時、進学も駄目、野球も駄目、そしてＪＲに行って野球するのも駄目と、三重の駄目がありましたから、ここで負けたら後はないと思って頑張りました。その経験が今になって生きています。それができたのは、野球をやっていて負けん気もあったからだと思いますが、なにより根性が備わっていて、「こいつらには負けられないぞ」という気持ちがありました。祖父は町長、親父は市会議員でしたので、恥ずかしい人生は歩めないという思いもありましたね。

神野　いま思ったけど、社長は野球部でのキャッチャーが今の経営に生きていますね。キャッチャーは全体を見ている。経営者に通じている。野球部で経営者の養成訓練をしていたんだ。野球人生の道はなくなったかもしれないが、キャッチャーの人生が今も生きている。経営者になる人だったんですね。

穂積　そうかもしれませんね。

神野　ところで、何も知らない薬局の世界に入ってサラリーマンだったわけですが、何がきっかけで独立されて経営者になられたのですか。

穂積　ちょっと業界のことを説明します。私が最初に入った会社は医薬品業界の広域卸でした。広域卸とは新薬を作っている大手の薬品会社の薬を扱っている会社です。私は藤井薬局から福島薬品に変わりましたが、広域卸の仕事を十年やっていました。

卸にはもう一つ、後発卸というのがあります。いわゆるジェネリック薬品を販売する会社です。販社と言います。私は早く結婚したので子供も早く授かった。今勤めている会社では生活が苦しかった。それで郡山にあるジェネリックの会社に移りました。そこでも十年いましたので、薬業界で二十年修業したことになります。そして三十八歳で独立しました。

神野　それを決断させた理由は何でしたか。

穂積　ジェネリック医薬品とは、新薬の特許が切れたあと、新薬と同様な規則を遵守して開発・製造・販売されている医薬品です。何よりも新薬と同じ処方内容で医療の質を落とすことなく、患者さんの負担軽減が可能になることです。さらに国の医療費削減にも大きく寄与します。これは将来性がある。一生の仕事にしても悔いがない。そう思って独立を決意しました。

神野　それは何年頃ですか。

穂積　昭和五十八年の十二月ですね。辰巳医薬株式会社としてスタートしました。取引のある辰巳化学さんの名前を頂いて辰巳と名付けました。予想通り会社の成績は伸び続け、平成七年には、本社社屋を完成させました。「まだ早いんじゃないの。止めた方がいい」と女房の忠告もあったのですが建てました。行け行けでしたからね。

そんな私の姿を見て、隣に住む祖父が、私にいつも言っていた言葉があります。「人生で登り切った人間はいないぞ」です。有頂天になるな。登り切れば必ず落ちるということです。
私の態度を見ていて、そう見えたんでしょうね。「トラは死んで皮を残す」ように「死んで名を残せ」と。その時の私は、「聞く耳持たず」でしたね。

神野　おじいちゃんの言葉、いいですね。また「良薬口に苦し」ではありませんが「良妻の言うことを聞け……」ですね。私も経験しています。何度も……。

突然社員が独立、売上げ七割減「三ヵ月すれば辰巳医薬は潰れる」と悪宣伝される

穂積　やはりいいことばかりは続きませんでした。

神野　どんなことがあったんですか。

穂積　平成十三年、大事件が起こりました。一緒に仕事をしてきた十人近い仲間が独立して会社を去っていったんです。私の性格を充分に知ってのことでしょう。会社を辞めると言っても社長は絶対に止めないと……。
そして「三ヵ月すれば辰巳医薬は潰れるからうちと取引をしてください」と言ってまわったというわけですから、とんでもない裏切りです。

神野　それは酷い話ですね。

穂積　今まで蓄積してきたことがゼロに……いやマイナスになり、社員の一部も取引先も水を引くように去っていきました。その結果売上げは七割もっていかれました。あまりにも大きい落ち込みだったので、もう終わりだと思いましたね。

神野　社長として「もう終わりだ」と思うのは、相当に切羽詰まった状態になったということですね。

穂積　どう考えても、現実、七割も落ちればやっていけるわけがない。高速道路を走っている時、これで衝突すれば、なんとかなるような考えまで出てきました。事故死を装い、今なら死んで生命保険で保障できると……。

神野　それは苦しいですね。私はそういう会社を幾つも見ていますが、フクシマ薬品もそういうことがあったとは、今日初めて聞きました。知らなかった。やはり会社では、こういうことが起きるんですね。もしそれで終わっていれば、今日のフクシマ薬品はなかったわけですね。

穂積　何で自分がこんな裏切りに遭わなければならないんだ!!　と何度叫んだことか、本当に悔しさが募りました。その気持ちが強いために、全く先が見えてこない。奮起しようにもできませんでした。

倒産しても誰も殺すことはない……一円ずつでも返せばいいのよ

神野　そんな中、奮起するきっかけは何かあったのですか。

穂積　妻のひと言……「会社がダメになって倒産するようになっても、誰もあなたを殺すことはないんだから……一円ずつでも返せばいいのよ……」という言葉があったんです。
本社社屋を新築する時には妻の反対を押し切ったのですが、この時はどういう訳かこの言葉に励まされ……「ようし何とか、もう一度やってみるか!!」と心で叫びました。奮起を腹に閉じ込め、それを推進力にしたのです。

神野　奥さんの言葉で今、思い出した話があります。印刷業を営む社長が、もうやっていけないと思って、奥さんと子供二人を車に乗せて長野の諏訪湖に向いました。車ともども飛び込もうというわけです。そしてこれで最後という時に奥さんが「私達は明日があるから生きていけるんじゃない。私は明日がある、を信じる」と言ったというのです。何度かこの社長は奥さんの「明日がある」の言葉に励まされてきたのですが、「そうか自分達には明日がある。明日にかけてみよう」と家族一家心中を止めて、立ち直ったというのです。奥さんの言葉は大きいですね。明日があるというのは、子供さんの成長もあるわけですからね。

穂積　子供と言えば、私の息子も事件が発生するちょっと前に教師を辞めて途中入社してくれていましたので、彼の前途も考えたら、なおのこと「負けてたまるか!!」「もう死んだつもりでやり返してやる!!」と正に雄叫びをあげました。この時は、まだまだ裏切られたという思いが強く、それに対する怒りがありました。

神野　それでも「教師を辞めさせなければ良かった」と思うのが普通でしょうが、息子さんの入社を奮起に結びつけることができたのは素晴らしいですね。とは言え、実際、資金がなければ経営はやっていけないわけですから、その点はどうしましたか。

穂積　売上げ七割減ですから銀行の信用も失ってしまいました。頼れるのは身内しかありません。と言っても必ず良くなるという保証はどこにもない。しかし私は、男として人間として、そして中小企業の社長として、正に神野代表が言う経営維新改革を断行する決意で臨みました。

そのお陰もあって、まず助けてくれたのは兄や姉妹です。資金的にも随分と世話になりました。「本家が無くなったら帰ってくるところがなくなる」という言葉も——決して実家を無くしてはいけないという思いになって——私を奮い立たせました。

神野　お金が絡むと兄弟姉妹の結束は難しいものですが、救われましたね。

穂積　売上げ減だけでなく、本社社屋の借金が残っていましたから、この支払いにも苦労しました。女房の言った通りでしたが、でも女房も助けてくれました。

それに加えてありがたかったのは、薬品会社に勤めていた高校の先輩に取引で助けられたり、私を応援してくれていた病院の院長も助けてくれたことです。税理士さんの紹介で入社していてくれた社員も頑張ってくれました。本当にありがたいことです。私は、お客様のところに「こういうことになって申し訳ございません」と土下座をして回りました。その反省もあって、今でも私は朝四時に会社に出て仕事をしています。

した。

融資を決定する判断材料となる書類が「御社にはない」

神野　私どもの事務所と縁ができたのも、この頃でしたかね。

穂積　そうですね。祖父が言っていた「人生で登り切った人間はいないぞ」という意味を死ぬ思いで体験し、会社の責任者として、社員とその家族を命がけで守り通すぞという気持ちになっていました。

そのためにも、二年間の悪戦苦闘の中で思い知ったのは、資金繰りでした。とにかく苦しんでいました。なんとかしなければならないと思っても、頼るべき銀行からは取り合ってもらえないのです。理由を聞くと、銀行が融資を決定する判断材料となる書類が「御社にはない」ということでした。

神野　銀行も貸し出すためには、それなりの種類が必要ですからね。そういう点では、ＴＫＣコンピューター会計は抜群の力を発揮します。

穂積　それまで個人の会計事務所にお願いしていましたので、そういう書類はありませんでした。でも何とか銀行に話を聞いてもらわないと、前に進みません。幸い信金の理事長が二つの会計事務所を紹介してくれたんです。その一つのパンフレットを見たら、なんと神野代表の写真が載っているではありませんか。姉と同級生ですし、お互い運動部でしたから良く知っています。でも知っている人に今の自分の会社の状況を知られたら恥ずかしい。やばいと思いました。でも恥を忍んで、その時は藁をも掴む心境でしたから、融資に必要な書類を作成できる会計事務所にしなさいという銀行さんの勧めもあって、日本パートナー会計事務所さんにお願いして、ＴＫＣコンピューター会計を導入しました。

神野　そうでしたね。

穂積　パートナーさんにお願いして、まず驚いたというか、何でそんなことをするのかと思ったのは五年計画の作成でした。正直、明日倒産するかもしれないのに、五年後どういう会社にしたいのかと言われても無理です。そんな思考になりません。なんで五年後の計画を立てるのか、本当にわかりませんでしたから。

とにかく、明日どうするかの日暮状態ですからね。まずいま金が欲しいんです。それでも五年計画を作らなければ、銀行と話ができない。なんとかアドバイスを受けながら五年計画を作りました。作ったと言っても、私にはまるで雲をつかむような話でした。

神野　なぜ五年計画が必要か。銀行だって融資するにはその判断材料が欲しいわけです。融資とは将来の可能性をみて行われるわけですから、五年後どういう計画を持っているのかというのは、銀行のみならず会社自身の問題としてとても重要なわけです。そして社長がそれに向って本気で実現しようとしているのか。それを五年計画から感じ取ることができれば、銀行も融資しようという判断ができるわけです。

ＴＫＣ会員会計事務所に変えて銀行からの融資が決定
その瞬間は今も忘れない　そして現在がある!!

穂積　お陰様で、日本パートナー会計事務所さんとお付き合いを始めて、銀行に必要な書類を出すことができるようになりました。信用度が高まり融資を受けられるようになりました。信金さんに書類を出して、「共同融資しましょう」と言われたときは、本当に嬉しかった。「これで助かる」。心の底から感謝の気持ちが湧いてきました。今もその時の思いを忘れずに、お付き合いをさせてもらっています。

ですから、日本パートナー会計事務所さんとお付き合いを始めて、首の皮がつながったのは事実です。それまで私は、会計事務所は単なる会計処理をするだけだろうと思っていました。それが大きな間違いでした。

神野　銀行には一緒に行きましたね。社長の本気さもあったからですよ。やっぱり危機の時は社長がしょぼんしていては駄目です。それが周りの人に影響しますからね。

穂積　最後に教えられたのは「貸す人も人間、借りる人も人間」ということでした。「穂積、社長として自分はこうしたいとはっきり言いなさい」と言われました。やはり社長の「やるぞ」という決断と実行が大事だということですね。

神野　それを社長がその意味を理解して「意識改革」「実践」をしてくれた結果です。一つの融資の決定で他の金融機関を説得、数字的にも経営支援的にも安心をしてもらい、大手の県を代表する銀行の融資で先行管理の経営、キャッシュフローの見通しがつき、万全な体制を確立されました。それによってメーカーの信頼を回復し、計画経営をTKCの儲かる仕組み、戦略会計で先が見える経営を実践していますね。

穂積　日本パートナー会計事務所さんのお陰です。私は社員の独立でいろんなことを思い知らされました。でも今は、皆さんに感謝、メーカーに感謝、戻ってきた社員に感謝、ついてきてくれた社員に感謝、感謝、感謝の毎日です。

神野　それは素晴らしい心境ですね。辞めて行った人が、その後戻ってきたということですか。

穂積　はい、頭を下げて戻ってきています。

神野　受け入れたんですか。

穂積　別会社としてやってもらっています。人に馬鹿と言われました。でも私はこう思っているんです。裏切られたのは神様の思し召しではなかったかと。自由にはいかないぞ。一回挫折しろよ。ということを神様から身をもって教えてもらったのではないかと。それで彼等が戻ってきてから、心機一転を誓い、平成十五年に辰巳医薬株式会社の名前を現在のフクシマ薬品株式会社に変えました。会社を始めて、合わせて三十二期になります。

何より大切なことは「社員とその家族を守る」という覚悟を持って、どんな逆境でも逃げないということでしょうか。そうすると、周りが応援してくれるようになると思います。

神野　話を聞いていて飯塚事件を思い出しました。飯塚事件は、結局濡れ衣だったんですが、職員と顧問先が離れていった。でもその人たちを決して恨みませんでした。裁判で無罪になったとき、税理士協会からは､国を訴えようという話がでました。しかし故飯塚先生はそれを拒否しました。｢憎悪の子は憎悪を生む」そのようなことはしない。愛を以って応えると。私は素晴らしいと思いました。故飯塚先生は、濡れ衣ではあったのですが相当に叩かれました。それに対し不撓不屈の精神で戦いました。それと同じように穂積社長も不撓不屈の精神でやったということですね。

ＦＸ４クラウドは瞬時の社長の決定に大きく役立つ

穂積　とても故飯塚先生には及びませんが、神野さんを縁として、ＴＫＣコンピューター会計を導入したことが我社の立ち直りと奮起につながっています。

神野　そういう点で本当に役立つのは会計事務所です。なぜなら会社のこれからを知っているのは社長の次に会計事務所だからです。それで指導できない会計事務所は、本来の役割を果たしていないということです。これからの時代は、そういう会計事務所は淘汰される運命にあります。社長が見えないのが、月次決算であり、年次決算です。それを適時に社長に見せることができるのが、我々ＴＫＣ会員の会計事務所です。

我々が現在勧めているＦＸ４クラウドは、御社なら本社の二本松でなくても郡山でも新潟でも日時決算を見ることができます。本当にＦＸ４クラウドはお薦めです。社長が迷うのは、銀行もそうですが、融資するにも五年後どうなるかの見通しです。日時決算、毎月の黒字化、そして年の決算、そうした積み上げの基で五年計画が作り上げられていく。五年計画の数字をあげて、社長がやる気であれば、五年返済は可能だろうという判断材料になる。ならば協力しようという気持ちにもなる。数字を見て的確な判断を下す。そのお手伝いをするのが経営指導のできる会計事務所です。もっと言えばそれがＴＫＣ会員の会計事務所です。

穂積　五年計画を作りながら、会社の状態を正直に言わないと駄目ということがわかりました。どうしても悪いところは見せたくない。でも見せなかったら実現性のある手を打つことができない。そこから私は変わったと思います。だから乗り越えることができたと思います。

神野　発心、決心、持続心でやってきたことが社長の凄さです。

穂積　兄弟はじめ、みんなに助けられましたからね。これは野球で教わったことですが、サイレンが鳴るまで絶対に諦めないということです。一生懸命にやって負けたら俺は涙はこぼさない。あの時やっておけば良かったというのが、ほとんどです。それでは遅いということです。経営は、あの時こうしておけば良かったなどという言い訳は通じませんからね。

行動の五原則を実践し徹底的に勉強して足で稼ぐ

神野　現在の成長の鍵は、やはり社員の頑張りにあると思うのですが、経営理念の徹底や社員教育はどのようにやっていますか。

穂積　昭和二十年生まれ。間もなく七十歳になります。会社を始めて三十二年経ちます。社員と社員の家族を守らなければという気持ちが強くなっていますね。社員は現在七十四名。家族も入れたら二四〇～二五〇人の生活を預かっていることになります。その責任は非常に重いと思っています。以前と比べると現場には出なくなっていますが、社長は最初に身を切って頑張って、社員を守り会社を残すことが私の役割だと自分に言い聞かせています。社長が「俺は逃げるから後は頼むぞ」では、経営理念もあったもんじゃないし、誰もついてきません。会社も長続きしません。私は社長としての覚悟を持ちながら、幹部、社員に「社長一人では何もできないぞ」といつも言っています。一人一人が役割分担をしっかりやる。経営者は、便所掃除と資金繰り、会社の進むべき方向を示すこと。それによって戦略、戦術が出てくる。例えば広域卸（先発医薬品）が、軽トラック一台分を売ったとすれば、我々ジェネリック（後発医薬品）の卸問屋は普通トラック満載にしなければ同じ売り上げにならない。安いからです。だから足で稼ぐしかないと言っています。デレ助（怠け者）では駄目だよということです。

神野　便所掃除とは、どういう意味ですか。

穂積　玄関とトイレを見たらその家庭、その会社の状況がわかると言います。人が見ている、見ていないに関係なく身の周りを整理整頓ということです。これで大事なのは習慣化しなければ意味がないということです。習慣化されてはじめて生活態度が変わるからです。その延長に製品の整理があるのです。便所掃除とは私の昔からの言いようで、自分にはピッタリな言葉なのです。

神野　大事なことですね。他にどのようなことをやっていますか。

穂積　社員には難しい話はしません。私が言っているのは単純なことです。「礼儀、挨拶、返事、感謝、ありがとうを言おう」という五つです。この五つを徹底して実践しようと言っています。五つの言葉は特別なことではありません。人間として当たり前のことです。しかしいざ実践となると意外と難しい。だからこれも習慣化する必要があります。また扱う商品が健康に関係していますから、服装は清潔にするように言っています。

神野　社員のあり方はだいたいわかりましたが、扱う商品は他の販社も同じだと思うのですが、その点は何で差をつけていますか。

穂積　何よりも勉強ですね。商品知識、提案業務。ロールプレイングを社員同士でやってレベルを上げる努力をしています。野球で言えば、勝つための練習を毎日しているということです。他社に勝つためには勉強、勉強以外にありません。朝先輩の前でロールプレイングをする。管理能力のない人間は売り上げも伸びません。もちろん上の立場の人もやります。やはり力をつけるのは、勉強の積み重ねだと思います。俺は知っているでは伸びないですね。野球をしている社員が多いので、よく野球に譬えて話をします。いま七回、四対二で負けている。当たってでもいいから（デッドボール）、ノウアウトから塁に出ろ。青たん（アザ）は勲章だ。そして四対三になったら必ずひっくり返せると。後は気合い。そう言って励まします。みんな奮い立ってくれます。

神野　やっぱり野球が仕事でも生きていますね。

穂積　あとは教育の一環として、年齢構成を含めて働きやすい職場づくりをやってきました。社員の構成が前はベテラン揃いでしたが、ようやく年齢構成が寸胴になってきました。その中で、ベテランはベテランの味を出して仕事をやる。中堅は培った力とスピードと汗で仕事をやる。若手は超ハイスピードでやろうと言っています。

二〇一八年までに後発医薬品のシェアを六〇%以上にする

神野　夫々の立場で頑張っているということですね。ところで薬業界の問題点というかどんな状況にありますか。現状をお聞かせください。

穂積　御存じのように日本の医療費は毎年上がっています。最近の報道では、四十兆円突破と出ていました。社会保障は、それを受ける人と、それを支える人がいて成り立っているわけですが、二〇二五年になると受ける側の六十五歳以上の人口割合が全体の三〇%、社会保障給付費を支える側とされる二十歳~六十四歳の人口割合が全体の五六%になるという数字が出ています。二人で一人を支える時代になるということです。なんとかこれに歯止めをかけようと国は、少子化対策で予算を組んでいますが、一向に少子化の傾向は止まりません。それに加えて高齢化が進んでいます。すなわち、支える側の人口が減り、支えられる側の人が増えていくということです。そのため現在の社会保障制度を維持しようとすれば、とても財政的に間に合わないということになります。

神野　医療費が四十兆円と言ったら、国家の税収とほぼ同じになりつつあるということですね。それが全部医療費に消えてしまうというのは異常です。さらに日本は、国家の借金が一〇〇〇兆円もある。こんな状況で本当に日本は大丈夫なのか。財政的にこれから日本がどうなっていくか。何か手を打つ方法はないものか、私も本気で心配しています。

穂積　我々薬業界は、まさにその中に組み込まれています。薬は厚生労働省の管轄で、お医者さんが使う薬の値段（薬価）は厚生労働省で決められています。医療費の二〇％が薬の使用と言われていますので、当然薬にかかる費用を減らすことが求められています。すなわち、それがジェネリック医薬品の使用になっているわけです。ですからジェネリックの卸である私どもの仕事は、これからも要求が高まっていくのは間違いありません。

神野　社長が独立した際の理由が、ジェネリック医薬品は将来性があるということでしたが、まさにそれが当たっているわけですね。医療費削減という大命題のもと、ジェネリックの使用を高めるというのは、まさに時代の要求ということですね。

穂積　現に厚生労働省は、平成二十五年四月に「後発医薬品（ジェネリック）のさらなる使用促進のためのロードマップ」を策定し、その中で「平成三十（二〇一八）年三月末までに、後発医薬品の数量シェアを六〇％以上にする」という目標を掲げ、後発医薬品の使用促進のための施策に積極的に取り組んでいると表明しています。しかし、それでも間に合わないという識者の意見もあります。ジェネリックを八〇％使わなければ日本の医療制度は守られないと……。それを消費税で賄うとすれば、最低一五％を全部医療税として徴収しなければ、今の医療制度は守れないと言われています。

神野　そういう話を聞くと、ジェネリックの使用は、益々重要になりますね。

穂積　お袋が亡くなった話をしましたが、当時は薬が高価で飲ませることができなかった。血圧が高かったんです。経済力がないと薬は飲めなかった時代です。今の体制が十年早くできていたら薬を飲ませることができて、母ちゃんを死なせることはなかったのではないかと思っています。その意味でも私はジェネリックの使用に使命を感じています。

薬業界は販社分散から合併の時代に変わった

神野　そういう中でフクシマ薬品は発展しておられるわけですが、その営業の基本方針は何ですか。

穂積　需要と供給でしょうね。需要に対して適切に供給できる販売体制を作り上げるということです。というのは、ジェネリックの販社というのは、みんな小規模だということです。いままでは私もそうですが、販社が分散するというのが時代の流れでした。独立ですね。ですから、販社がまとまるということは、その当時はあり得ませんでした。それが今では、統合、まとまる流れになっています。というのは、独立した人達の年齢も高くなって販社の力が弱くなっているからです。社員の数も少ない。人を採用しない。先細りが目に見えているのです。今の時代、自分が強くないと力ある販社に飲み込まれてしまいます。メーカーからも相手にされなくなってしまいます。

神野　まとまるというのは、小さい販社が力ある販社に吸収されるということですね。

穂積　そうです。私どもは販社としてまあまあの規模です。もっと大きいところもありますが、販社から面倒をみてもらえないかという話もきます。合併の弊害を体験していますから、慎重に進めるようにしています。

神野　M&A（合併&買収）は、その会社の歴史を承継する。そして新しい時代にそった経営をするという覚悟、そしてそこで働く社員にその思いを正しく伝えることが重要と私は考えています。

穂積　全く私もその気持ちで、新潟も、会津も原町も受け入れてきました。ただ社員にわかってもらうというのは、やはり時間がかかりますね。相手の会社に行くと、社員は、お前、何しに来たというところから始まりますからね。

神野　でも、それで諦めたら合併はうまくいかない。

穂積　もちろん社長は何とかしてほしいと言って私の所にきているわけですから、それを楯に社員にきつく言ってもいいわけですが、それでは後々問題が残ります。ここが引き受ける側の社長の悩みどころですね。ですから、何でこんなに恨まれるのかなーと帰りの車の中で何度も悩み苦しんでいます。しかしその都度、それには直接会って話をするしかない。そのために通うしかないと思って自分を叱咤してきました。

神野　やはり歴史の違う会社が一つになるというのは、外から見ている以上に苦労がありますね。その一つに、相手の社員は、社長に売られたと思う恨み節がどうしてもありますからね。

穂積　私も最初に入った会社がすぐに合併したことで、合併の嫌な部分を体験してきました。対等合併であっても社員の気持ちは穏やかではありません。それもわかってやらないといけませんね。結局は、自分の人間性を見てもらうしかないと思っています。

神野　会計事務所でも合併はあります。社員としては、社長は会社を売った。我々社員は売られた身と思ってしまう。ユーザーも、今後は誰が自分達にサービスをしてくれるのかと不安が生れます。売られたからには悲劇は残るわけですね。非常にうまくいっているのは三割だそうです。

穂積　それで私が注意しているのは、進み過ぎてもいけないし、遅すぎてもいけないということです。県内であっても県外であっても同じです。合併の話がある場合、どうしても自分達の立場を優先させてしまい、相手の立場を軽く見てしまう傾向にあります。相手がいかなる状態にあるのか。それを見極め適時に合併ができるタイミングを考える。早すぎても遅すぎても、合併はうまくいかないからです。合併の話があると、いつのタイミングで判断するのが良いか、それを考えない日は一日もありません。合併の打診があれば、それに応えなければなりませんからね。現在は、北海道と長野の会社が合併してみたりと、県外同士の合併が流れになっています。ある程度の規模でないとメーカーさんが相手にしなくなる時代に入っているからです。それに対応するには、販社を合併して、所属する組織を大きくするしかありません。

神野　どこの業界でも組織の再編が進められています。合理的な無駄のない営業展開をしようとしているわけです。これも時代の流れですね。

穂積　一月七日に厚生労働省の課長が、業界誌に書いていました。再編は妨げない。製薬会社も同じである。卸もそうだ。記事を読んだ時に「いよいよくるな」と思いました。

神野　組織をまとめようということで福島をまとめ、新潟、仙台、岩手をまとめている。組織力を営業の力にして展開していることがよくわかりました。

薬品の安全・安定提供のためにもTKC会員会計事務所を活かし中是優良企業で更なる発展を

神野　TKC会計事務所は、本当にお客様から感謝される利他の心で、寄り添いサムライとして、これからも取り組んでいきます。我々に何か希望はありますか。

穂積　会計処理は、会計ソフトが進化していますから現代はやる気さえあれば誰でもできます。書類を作ることもできます。これだけの会計事務所なら、仕事の半分しかその役割を果していないと思います。五年計画とか、経営計画作成の指導をして頂いて、「こうやればもっといいですね」というアドバイスをすることが、書類を作る以上に大切な役割と思います。企業を伸ばすためのノウハウ、経営指導というものを経営者は一番欲しがります。パートナーさんにお世話になって、我社は本当に助かっているわけですが、会社のためになることなら私どもが嫌なことでもどんどんアドバイスして欲しいと思います。

神野　私どもの事務所では、中是優良企業誕生を目指しています。御社も表彰させていただきました。これからも全力でやります。実はその先に我々の出番があります。我々会計事務所は、会社のトップを一〇〇〇人見ています。岡目八目という言葉があります。社長のところは何がポイントで何が売りなのか。何が欠点で何が良いところなのか。第三者の目だからこそ、問題点を含めて良い点悪い点、みんなわかります。だから、どこをどう伸ばして行けばよいかがわかります。五年後の数字とその進捗状況を見ているから、社長に寄り添って仕事ができるわけです。中是優良企業の表彰は、私達会計事務所の出番ですよという確約書なんです。

穂積　中是優良企業の表彰には、そういう意味があったんですね。少子高齢化時代にあって、社会保障の維持継続という点で捉えると、ジェネリック薬品の登場と使用は大きな社会的使命を持っています。また人間、生きていくうえで、必ず薬は必要であり使います。世の中、いつ何が起こるかわかりません。でも人間が生きている限り薬品は絶対になくなりません。その意味で人間が生きている限り薬屋は潰れないということになります。もちろんその中での競争は激しくなっていくことは事実です。だからこそ力ある会社、競争力のある会社をちゃんと作っていかなければならないと思っています。

神野　そうした社長の方針を社員にどう浸透させるかが経営の重要ポイントだと思います。営業の戦略、五年計画を立てながら、社長が突っ走って社員を引っ張っていく。誰よりも社長は知識を、誰よりも業界の先行きを見通し、社長が自信を持って確信を持ってみんなにフクシマ薬品の存在意義を徹底させないことには会社は伸びないのではないでしょうか。

穂積　過去のお客様を守っているだけではやっていけません。広域卸をやってきた人を入れて成長を狙っています。戦略、戦術も立てて、みんなでやっていこうと決意しています。

神野　意思決定として五年後どうするかの計画を立てる。社長の一番の仕事は意思決定であり、毎日が意思決定の連続です。社長は強気でいく。トップダウンこそ持続する会社の経営です。世間で言われている民主経営は会社を潰します。合議制でやると会社は潰れる。そういう会社を見てきました。意思決定は社長がする。管理は幹部以下に合議制でやらせる。このことを社長には絶対守っていただきたいですね。今後とも私どもも最良のパートナーとして役割を果たしていきます。ＴＫＣ会員会計事務所お引き廻しの上、ご活用下さい。

穂積　わかりました。こちらこそご指導宜しくお願い致します。

神野　いかなる場合でも、社長の決断、実行、そしてＴＫＣコンピューター会計が、いかに経営に役立つかを改めて知ることができました。今日はありがとうございました。

（平成二十六年十一月二十日）

第七章

ＴＫＣ会員会計事務所を活かし中小企業の経営維新を断行した社長との維新対談

維新対談

（1）人間力革命でリフォーム業界を革命する
FX4クラウドの活用は経営力、社長力をアップする

株式会社　プロタイムズ総合研究所
株式会社　アルティメット総研
代表取締役社長　大友健右

業界のレベルを超えるサービスを提供する

神野　お忙しい中、ありがとうございます。本日は、御社の概要や将来の展望、経営方針、そして、我社をどのように活用し、今後どのような期待をされているか、ご要望などもお聞きしたいと思います。まずは、社長ご自身と会社の概要をお教えいただけますか。

大友　いま私は、不動産業界でのサラリーマン時代の経験を活かしながら二つの会社の経営にあたっています。二つともＪＰＡさんに見ていただいておりますが、一つは、屋根、外壁を中心とした外装のリフォーム会社で、前々オーナー、前オーナーから受け継ぎ、私が経営して実質四期目にな

ります。

ＪＰＡさんに出合った翌年、リフォーム業界成長日本一と業界紙でありがたいタイトルをいただきました。売上高は初年度の三億円から十一億円、二十億円弱へと拡大し、今期は三十億円を目指しています。もう一社は創立からまだ二年ですが、賃貸物件のオーナーに対する情報提供を行い、リフォーム会社とのシナジー効果（相乗効果）を追求する方向で取り組んでいます。

神野　すごい成長ぶりですね。

大友　私は『不動産屋は笑顔のウラで何を考えているのか？』という本を出していますが、不動産業界の閉鎖的な体質のせいで一番困っているのは、物件を所有している賃貸オーナーさんです。間に入る不動産業者がちゃんと流通してくれず、お客さんが付かない場合に不動産会社はサービスを向上するのではなく、もう一ヵ月分マージンを増やしてくださいという要求しかしません。

一般の消費者は、家の売買は人生の中で一、二回しか経験しませんが、賃貸オーナーさんは不動産会社とずっと付き合います。そこで、賃貸市場向けに革新的な情報発信サービスを展開し、リフォーム事業の集客につなげていく方針で㈱アルティメット総研を創立したのです。

神野　不動産業界も宅地建物取引主任者から宅地建物取引士に変わりますが、寄り添いサムライ業（お役立ち業）の役割が大きいと思います。われわれの業界でも賃貸オーナーはいかに相続対策を行うかという相談相手を求める状況になっています。リフォーム業界にあって三億円から二十億円、三十億円と高成長を続けてこられた背景には、どのような秘訣があったのでしょうか。

大友　もちろん、要因は一つではありません。まずサービス面では、外装業はよく水商売と言われます。利益をつくるために塗装を薄めてしまったりするわけです。セキュリティのまったくない業界で、リフォーム業界はサービスが遅れているのです。

先日九州に出かけ、日本で最も一日売り上げ単価が高い、福岡の有名なトマトタクシーで運転手さんにいろいろ聞いてみました。その会社は、タクシー経験者を採用せず、ゼロから育てる方針を採っています。業界の中にいる人はみんな「タクシーってこんなもんでいいだろう」、お客さんもまたタクシーの運転手さんにあまり期待しないという現実があるそうです。それによって業界全体のレベルが低くなっている。これと同様なことがリフォーム業界にもある。

現場の職人や営業マンに対しても、一般の消費者はサービスを期待していません。そういう業界だからこそ、ビジネスチャンスは非常に大きいと考えています。

神野　なるほど。タクシー業界にはお客の目を見ない、行く先を伝えても返事をしないような運転手さんもいますからね。

大友　社員をちゃんと教育して、業界のレベルを超えるサービスを提供できれば、なにもホテルマンのようなサービスをやらなくても評価していただけます。同業他社のレベルが低すぎるからです。

ピープルビジネスというビジネスモデルを構築する

神野　我々の業界とも似ていますよ。はっきり言って成功のポイントはそこにあると思います。サービスを向上させ、時代を先取りして他がやっていないサービスを提供することですね。

大友　本当にそう思いますね。以前、神野代表はコミュニケーションビジネスとおっしゃっていましたが、その発想でやっている税理士さんは少ないと思います。うちも全く同じで、その分、チャンスが大きいと思います。リフォーム業界は不動産業界以上にサービスレベルが低く、本来はヒューマンコミュニケーションビジネス、ピープルビジネスだと思います。

飲食業、建設業は人が集まらず、どんなに優れたビジネスモデルで事業を拡大しようとしても、失業率がゼロではないのに求人を出しても定員割れする業界です。それでも建設業には人が入りますが、高齢者が大半で若い人材が入ってきません。数字以外の目に見えないダイナミズム、社内の空気などを考えると、若い人材を採用できるかが我社の未来につながると考えています。

神野　いま、全体で社員の方は何人くらいですか。

大友　未経験者だけを採用して、現在は一〇〇人を超えています。人材を獲得できる会社は、しっかりしたビジネスモデルさえあれば勝てると確信していますが、同時に建設業で人を集めるのは簡単でないことも実感しました。我社ではリフォーム業界ではありえないような、神野代表がやっておられるように全員が合宿で集まって顔を見ながらイベントをやるなど、普通の会社だったら針を振り切ったようなこともあえてやっています。なぜかといと、そういう要素がないと若い人材が入ってこないからです。

神野　要するに儀式ですね。我々は年四回行っていますが、儀式は生の喜びを与える機会になります。自分がいま生きている、生かされているという実感、会社に所属しているという認識を自覚し

「よしやろう」という社内競争原理が喚起されます。みんなの前で成功体験を話す儀式は、聞いている側の方が受ける刺激がより大きいのです。「俺もそのくらいできる」「俺もそのくらいやっている」「ようし、来年は俺が発表するぞ」という自己革新のチャンスになるのです。「今度は俺が最優秀賞をもらうぞ」という向上心、ヤル気を育むのが儀式であり、我々は新春方針発表会、合同入社式、経営計画発表会、秋季大学と年に四回行っています。しつこいようだけどやるのです。これは三日坊主のすすめなのです。

人間というのはいくら感動しても、だいたい三日、三ヵ月、三年で何も刺激がなければ消えてなくなります。昨日で秋季大学から三日経ったのですが、郡山、福島、二本松の事務所でやるなら「今だぞ」とガンガン発破をかけてきました。熱いうちに気合を入れないと忘れてしまうからです。三ヵ月も経つと「そんなことがあったかな」ということになってしまうからです。新入社員も三ヵ月ごとの儀式で自分自身が変わっている姿が理解できます。その姿を社員のみんなが見ることで「後輩がこれだけ頑張っているのだから、先輩はその上を行かなければ」という暗黙のメッセージを伝えることにもなります。

大友　日本のいろいろな場所にあるお祭りも、儀式、生の喜びを与えるという側面があると聞きます。社員のヤル気を喚起する仕組みづくりが重要なのですね。

神野　教えるとは学ぶことであり、学ぶとはいかに知らざるかを知ることとなり……と。そして知って初めて行動に移すことです。学んで真似て行動に移すという場面が儀式なのです。組織全体のモチベーションアップを狙った取り組みですが、先ほどおっしゃったピープルビジネスという考えはすごいと思います。やはり大事なのは人間だということでしょうが、具体的にはどのように実践されているのでしょうか。

人間力革命──革命的な人間の成長とサービスの提供

大友　サービスの内容では、「たかが塗装でここまでやるの」と言われるくらい、細かく見積もりを出します。CAD図面で立体的に細かく起こした図面でプレゼンを行います。これまでリフォーム業界、建設業界ではパソコンもそれほど活用してきませんでしたので、営業もできて塗装、リフォームの知識を持ち、パソコンも徹底的に使いこなすという人材がこの業界では本当に少ないのです。それをできる人が集まっていること自体が、いろいろなサービスを実現できる強みに直結しています。

神野　やはり教育ですね。ピープルビジネスがポイントだということがよくわかりました。それらが不動産の関連業務につながっているということですね。

大友　現時点ではシナジー効果がそれほど色濃くは出ていませんが、情報発信のプラットフォームを完成すれば、派生するビジネスがいろいろ出てきます。不動産のサイトに賃貸物件のオーナーさんが大勢登録しており、特別にアピールしなくてもリフォーム、塗装の案件が徐々に増えてきています。現時点ではネットでの見積り案件など一般のお客さんのサービスが大半を占めていますが、今後この構造が変化してくると予測しています。

神野　売り上げ的にはリフォーム、外装がメインとなっているわけですね。実質四年で驚異的な伸びを示しておられますが、御社の経営理念はどのようなものですか。

大友　少々変わっていますが、「人間力革命」という五文字そのままです。これを基に、徹底した理念型経営を行っています。

神野　理念がなければ実態が見えてきませんが、「人間力革命」から何か本質を感じます。具体的にはどういう意味ですか。

大友　最近の新興会社の中では超理念型経営だと思います。人間力革命には二つの意味があります。一つはピープルビジネスを展開するために社員の人間力、能力を革命的に引き出し、一言で言うと人間を革命的に成長させるという意味です。もう一つは人間力の集団で革命的なサービスを社会に提供するという意味があります。この理念をもって、既成概念に挑戦しながら本質的なサービスを社会に提供していきたいと考えています。

神野　御社の業界で革命と言われる意味は、まさにモノから心、心から理念へということでしょうか。リフォーム、外装の分野で社員の動機づけを高めるための社長の旗振りのポイントは何でしょうか。やはり、ピープルビジネスであるということを強調されるのでしょうか。

大友　我社は、サービス内容自体が業界の中では革命的なものを提供しています。先ほどのタクシー業界と同じように、お客さんの目も見ないで「ありがとうございました」と言うような業界です。職人たちは話すことが苦手な人が多いのですが、我社の職人たちはその殻を破って近隣の工事現場の方を呼んでパワーポイントを使いながら勉強会を実施しています。このようなこと自体が業界内では革命的なのですが、たとえビジネスモデルがあったとしても個人が革命的に成長しないと実現できないことです。

理念のブランド化―血肉に変えることが社長の役割

神野　自利利他、「自利とは利他を言う」というTKC理念があります。伝教大師という比叡山を開いた最澄の教えですが、その具体的教えに非常に似ていると思いました。お客さん、相手を己自身と思うことができるか、自分が付き合っている人々を自分だと思うことができるか。これが、「自利利他」「利他即自利」で、他と自を区別しないという考えです。

リフォーム、塗装工事の営業ではなかなか難しいことかもしれませんが、我々の場合は経営ですので、社長が間違ったことをすれば「何やっているんだ。そんなことをやってはだめだ」と叱る態度が、利他の心です。「もっと経営を大事にしなさい」という相手を思う心がヒューマンコミュニケーションビジネスになっているのかと思います。相手の立場に立っているかどうかがポイントになると思いますが、その点は同じですね。

大友　同じだと思います。コミュニケーションという点ではおそらく、ネット社会になってきて深いコミュニケーションがどんどんなくなっています。どんどん浅く、広くなっています。

神野　それだけ人間性、心がなくなり、頭で考えるようになっています。そこに目をつけられたのはすごいですね。

大友　私は社員を見るときには、どちらかというと頭より心で見ます。頭で計算してしまうと相手の伸びしろが見えません。

神野　何を基準にするか、こちらに人生観や社会観などが分からないと相手の心が見えません。私は教育勅語の十二の徳目がコミュニケーションの原点にあると感じていますが、御社では理念を伝えるために何か工夫をしておられますか。

大友　一般的なセオリーから外れているかもしれませんが、全員が集まるときは会社の理念をTシャツにして着ることにしています。面白おかしくみんなでやっています。

神野　全員が同じTシャツを着るわけですか。

大友　いろいろな種類があって、年に二回行う儀式で表彰されるメンバーには賞金と私からの手紙を渡します。手紙が表彰状なのですが、一人一人を見ていないと手紙は書けません。そして、副賞としていろいろなデザインで作ったTシャツを渡すことにしています。いわば、理念をブランド化しているわけです。

会社で一番大事なのは理念であり、理念の代弁者が社長だと考えています。その理念を刷り込む工夫を経営者はしなければならず、その工夫をすることが社長の仕事だと考えています。伝達だけで伝わるものであれば文章化して渡せばいいのですが、理念を血肉に変えていくための刷り込むための作業は簡単ではありません。そこで私が考えたのは、理念自体をルイヴィトンやシャネルのようにブランドにしてしまおうということです。ブランド観さえあれば、強制しなくてもみんながTシャツを着てくれます。私のスマートフォンのケースは人間力革命という特注品を使っていますが、私が使っているとみんなが欲しがります。このように、いまふうな工夫をして取り組んでいます。

神野 ブランド化してみんながTシャツを着て儀式に臨む。それはすごいですね。こうした取り組み、人間力革命をもって何を実現するのか。経営の指針、経営計画は毎年やっておられると思いますが、御社の未来像はどのように描いておられますか。

住宅業界の時計の針を十五年進める

大友 我社の社会における存在意義を考えた場合、革命的なことをやらないのであれば存在する意義がないと考えています。そういう意味で、住宅業界の中で一番革命的なことをやろうと考えています。私の言葉で言うと、住宅業界の時計の針を十五年進めることを目標としています。業界の実態がそれくらい遅れており、我社がやらなくても十五年経てば進むと思いますが、それをやることが我社の社会における存在意義であり、消費者に本質的なサービスを提供することにつながっていきます。そういう意味では、既成概念にとらわれない経営方針だと思います。

神野 昨日、社員たちに「デモシカ経営」と「ナラシカ経営」という話をしました。「でもしかたがない」と考えるのではなく「俺ならできる」「俺しかできない」ということを心に銘記するのが大事だということです。まさに存在意義、社会的存在意義ですね。夢もロマンも希望もないような存在など、そんな企業は存在する意味がありませんね。

大友　神野代表の言われた利他と同じだと思うのですが、経営者のエゴで存在している会社は社会における居場所がなくなると思います。そういう意味で、我社が社会にとってどのような存在意義を持つのかと考えると、サービスにおいても人材育成においても革命的なことをやっていくということが、社会における居場所だと考えています。

神野　ビジョン経営は五年先、十年先、十五年先にどうあるべきかを考え、十五年先にやるべきことを今からやる。今しかできないんだ、十五年後は単なるやった結果だということです。だから、存在意義のある革命的な仕事を今やらなかったら五年先、十年先がないということなんですね。そこで、具体的に御社にＴＫＣコンピューター会計事務所を活用いただいているわけですが、従来はどのような形だったのですか。

大友　会計は記帳代行会社に依頼し、申告は税理士さんにお願いする形でした。

神野　税務会計は一気通貫が基本です。税務の申告と会計の処理は一つの土俵でしか勝負できません。会計だけを会計として勝負するのは違法なのです。なぜかというと、税法の規定は会計処理の規定に制限しているからです。アメリカの場合はワークシートという精算表で、勝手に会計を処理しています。税務申告をするときには税務申告用の決算書が作成されます。しかし、日本では確定決算主義が基本です。分からないから会計と税務を分けて頼むのでしょうが、これは受ける方に問題があります。税務と会計は一体で受けないと危なくてしかたがない。過ちの素が会計と税務を別にするという考え方ですが、ＴＫＣコンピューター会計事務所に依頼されて良かった点としてどのようなことが挙げられますか。

ＴＫＣのシステムによってスピード経営が実現

大友　前が前だったもので比較しようもありませんが、お願いする前と後でその差は歴然としています。四期目で一番成長した要因として、ビジョン、理念などの原動力をエンジンとすれば、御社と出合ったことで地図、ナビゲーションを手に入れたようなものです。ＴＫＣのシステムによってリアルタイムで現在地を把握することができ、結果としてスピード経営が実現しました。

神野　現状を知ることが可能となったわけですが、御社はＦＸ４クラウドをとっくに導入されています。アメリカの最近の資料によると、アメリカではすでに九〇％以上がクラウド会計を導入しており、リアルタイムで経営の実態が分かります。日次決算が当たり前であり、どこでも経営データをチェックすることができ、即時に社員に指示を出すことができます。今日の経営成績がどうかという会計事務所の指導、「日次決算が当たり前ですよ」という指導が必要になってきます。社長は毎日が勝負で、意思決定が社長の仕事であるとすれば、毎日意思決定を求められます。

こうした社長の意思決定をサポートするために、我々ＪＰＡが存在します。ＪＰＡを作った意味として、ジャパン、パートナーに続くＡの意味はアカウンティング＆アドミニストレーションで、アドミニストレーションは経営意思決定を意味します。経営意思決定に役立つ会計を目指しており、それがＦＸ４クラウドで実現しました。それを活かしていただいているのが御社ということですね。

大友　意思決定ですごく大事なのは、スピードだと思います。組織が進んでいくにあたって社長の意思決定のスピードが遅いと意味がなく、問題把握までのスピードが速く意思決定が速いということがいま重要だと考えています。

神野　御社のように別会社、部門があると、部門別会計、本店支店別会計などのタイムリーな情報が毎日入ってくれば、社長の毎日の意思決定に貢献できます。それが、私の理想とする意思決定会計です。これを実現するのがＴＫＣの意思決定会計の最高峰ＦＸ４クラウド会計なのです。はっきり言ってこれを活用しないようでは、コンピューター社会にあって会計で経営を強くするなどということはできません。会計事務所が記帳代行をやっているようでは不可能なのです。

大友　多店舗化を進めているので、ＦＸ４クラウドがなかったらおそらくついていけなかったと思います。

神野　それが、実は我々がぶつかっていた壁なのです。かつては、月一回しか決算ができず、それよりも前には年一回しか決算ができませんでした。

大友　その差は大きいと思います。

神野　本当に大きいです。年一回決算書を見る会社と月一回決算をやる会社、そして毎日決算をやる会社。これらの間にはとんでもない差がつきます。日次決算が実現すると、トップの仕事としてヒト、モノ、カネが即時に動かせるのですから。

大友　FX4クラウドの可能性を考えれば、いま代表がおっしゃったように把握をして意思決定する上でのスピードが利点として一つありますが、経営者が成長しなければ意味がありません。予測をする力をつけることが大事だと思います。なぜなら、端的に言うと数字は結果であって未来ではありません。私は御社と打ち合わせをする際、予測通りの結果になっています。支店に行くと声のトーンなども含めて空気を感じます。社長が空気の違いを感じられず、数字を見て問題に気が付くようでは遅いと思います。

神野　その通りです。だから、日次決算になれば現場を歩く回数が多くなると思います。

FX4クラウドは経営力アップの強力な武器

大友　自分の予測が数字とぴたりとあっているかどうか。そうした答え合わせが毎日できるわけなので、予測が大きく外れないうちは原因究明が容易です。ところが、「こちらが落ちてこちらが伸びる」と予測した数字が逆だったりすると、自分の問題予測力が落ちたことになります。経営者は未来を見ないといけないわけなので、自分の予測力の答え合わせをリアルタイムでできるということは、非常に大きいメリットだと思います。

神野　経営者の一番大事な能力として、恩師であるTKCの故飯塚毅先生は「経営の予測能力が鍵だ」と言っていました。先を見て経営をする事業予測能力、未来予測能力が最初の能力であり、すべてだと言っていいくらい大事だということです。この予測にインパクト、可能性を与えてスピード力を与えるのがＦＸ４クラウドであり、これによって恩師が言っておられたことが、ＴＫＣコンピューター会計に反映されたと考えています。いま社長の話を聞いて私も確信しました。

大友　ＦＸ４クラウドは経営者が予測力を常に鍛えていくうえで、会社経営において大いに力を発揮する武器だと思います。各部門を見てタイムラグなく自分の予測と結果を検証できます。

神野　現場を回って空気を見ないと実情は分かりません。社長はどのくらい現場を回っておられますか。

大友　現在、五支店と新会社を含めて六ヵ所、さらに職人の現場があり、下請けの会議にも参加しているため、どうしても年々現場にいる時間が少なくなっています。しかし絶対に欠かしてはいけないと思っています。

神野　会計事務所は、五年先、十年先が見える会計を提供しなければなりません。ＦＸ４クラウドは、いわばＴＫＣコンピューター会計の集大成です。危機管理が社長の仕事ですが、いま手を打たないと大変なことになるということが見えるようになります。これまでは中是優良企業づくり、強力な存続発展が可能な黒字会社づくり、単月黒字ということで自慢していましたが、ＦＸ４クラウドが誕生したことでこれからは日次黒字経営、毎次黒字経営を目指そうということになりますね。今後、経営者としてシステムのサービスと同時にＴＫＣ職業会計人に対してどのようなことを期待されますか。

大友　いま満足度は非常に高いのですが、未来を見ると考えた場合には、予測力が非常に重要だと考えています。過去の数字を見て語ることは誰にでもできることですが、予測だけは数字などの本質を見ていないと絶対にできないと思います。その点、ＪＰＡさんには我社の強みなどを十分に理解していただいており、額面の数字だけでない数字の本質、中身をご理解いただいています。数字の一つ一つに先行投資になっているもの、なっていないものなど、今後の予測につながる点を教えてもらえればありがたいと考えています。

数値化できないものをどう判断するかが経営者の仕事

神野　故飯塚毅先生からもさんざん言われたのは、「職業会計人は果たして指導者なのか」ということです。指導者とは将来を指し示しかつ導く存在であり、そこには予測が絶対条件になってくる。先の見えない指導はできないんだよ、と。その指導力、予測力を身につけるためにはどうすればいいか。故飯塚毅先生がやっていた方法は瞑想することでした。つまり、考えない訓練をいかにするかということですが、人間は考えてばかりいることで失敗します。

ところが、頭で考えるのではなく、心で考えると相手の幸せにどう取り組んでいるか、お客さん、ユーザーのためにどこまで全知全霊、情熱と使命感を持っているかが伝わってきます。情熱と使命感の表れが予測に向かっていきます。「数字は出ているけども、このままでは大変な落とし穴があるよ。それは、ここと、ここだ」と五項目以上指摘できるか。故飯塚毅先生はこのように、我々に叱咤激励していました。TKCコンピューター会計を駆使すれば間違いなくできるノウハウがある。しかし、それを支える使命感と情熱をどのように養うか。それは考えない訓練をすること、客観的に判断する能力だということです。どうしても主観的に判断して指導すると間違った方向に向かってしまいます。それは雑念、妄想があるためで、信念が欠落しているためです。

考えなければ客観的に判断することができる。友人や社員、会社の取引先に会って、その人の額の後ろに何があるか分かるか。それを見定めるのは心だと。先ほど空気という言葉が出ましたが、空気、雰囲気を見て判断することは最高の判断力、予測力なのです。

大友　まさしくそうですね。

神野　私は言うだけでしたが、最近分かってきました。何も考えないことが一番いい結果を生むということが。考えすぎてばかりで雑念、妄想とお付き合いしているのでは、頭の中がゴミだらけで、物事は判断できずいい結果を生み出せません。

大友　私もそう思います。空気は数値化できません。数値化できるものはFX4クラウドで数値化してもらい、数値化できないものをどう判断するかが経営者のやる仕事だと思います。人間はどうしても臆病で数値化できないものを数値化したくなってしまいます。このこと自体が、おそらく故飯塚先生がおっしゃる考えることだと思います。そこで勇気を持って感じることをしていかないといけないと思います。

私は尊敬する経営者は多くいますが、中でも自動車のヘンリー・フォードを尊敬しています。彼は初めて自動車を出した当時、マーケティングで「消費者に聞くな」と言いました。その当時、消費者に何が欲しいかと聞いたら「もっと速く走れる馬が欲しい」ということになります。「だから、俺はT型フォードを作った」というのがフォードの発想でした。人間はどうしても安心したいので、分かりやすいものに逃げてしまいます。そこで消費者に聞き、考える方に行ってしまいます。消費者がもっと速く走る馬が欲しいとなると、それを作りたくなってしまうのです。

結果と目標の差の中に経営の問題点、課題がある

神野　かつて、ある会合でTKC会員が顧問先の目標数値と実績が一致したことを大喜びで報告し、数値化で目標数値を管理して経営を進める指導、目標は必達しなければならないと言いました。それを聞いた故飯塚毅先生は「間違い！」と断言しました。「目標を必達するほど愚かなことはない」と。目標を必達するためにどうすればいいかとなると、結果を目標にすればいい。ならば、それは目標、計画ではないのではないか。計画に乗らない、予測できないことがあるから目標と結果がかい離する。離れれば離れるほどいいんだと。

大友　ビジョンを描いているんだということですね。

神野　ビジョンの中でも言えますし、計画の本質から言って目標と結果が一致して喜んで終わるほど、目標と結果の重要性はない。差が出るからこそ、そこに経営の指針、問題点、課題、危機を与え示しています。「計画と実績が離れれば離れるほど、数字の素晴らしさがあるんだ」と故飯塚先

生は言っていました。一緒に聞いていたTKC会員たちはみんなきょとんとしていましたが、私は分かりました。数字はものを言いませんが、その数字に口を開かせるのが経営者であると。だから一致してはだめなのです。予測と計画、実績に関して離れれば離れるほど、「よかったね。社長。ここに我社の問題があるんだよ」と言えるのです。

大友　禅問答になってしまいますが、会社は共通したものの考え方が非常に大事だと思います。私が社内で使う言語のようなものがあり、店長会議などで第三の選択という言い方をします。私は物事を二極論では考えないようにしています。二極論で考えるとすごく薄っぺらなものになってしまいます。目標に到達した方がいいか悪いかと考えると的を外し、本質からはずれてしまうと思います。故飯塚先生がおっしゃるように、目標を達成したことがいいか悪いかと考えると、答えは達成した方がいいに決まっています。しかし、達成しない方が問題意識や危機感が生まれます。どちらにもいい点、悪い点があるわけですね。

神野　その通りです。故飯塚先生は目標と実績が一致してはいけないと言っているだけで、達成すればこれからの経営の方向性が見え、大幅な目標未達だった場合はもうやめるべきだと判断する指針を与えます。また、大幅に目標を上回った場合には怠慢を示します。こうして数値化したものから、第三の選択として今後の方向性が見えてくるのです。故飯塚先生は、実は今日社長がおっしゃったようなことも教えていたのです。

　顧問先にどうサービスするかということは、目標管理、計画経営を断行しながら数字の本質を見抜くことを知ることであり、目標が計画から離れれば離れるほど我々の出番があると。そして、そのサービスこそ、本当の意味の社長の寄り添いザムライ業であると私は思っています。目標や計画を立てられないような会計事務所ではだめで、立てた目標や計画、実績を読み取れない社長でもだめです。これは共同作業であり、実績が出た時に的確な判断ができる知恵とノウハウを共有することが、大事な取り組みだと考えています。

大友　目標と実績が一致してしまうと、明らかに目指すところが低かったと言えます。各支店に置き換えて考えてみると、毎月の目標を支店長がコミットします。目標七〇〇〇万円と言った支店が三〇〇〇万円だったら困りますが、目標を四五〇〇万円と低めに設定し毎月ぴったり達成するケース、目標七〇〇〇万円に対して六五〇〇万円となる支店もあります。こうした場合に、低めの目標に対して低めの目標を必達する支店をどのように評価すべきか。二極論では目標を達成した方がいいわけですが、三極論であれば小幅な未達で終わる支店が評価できるとも考えることができます。

神野　両方が、経営者にとって意味のある目標の存在です。達成しなかった場合も意味があり、達成した場合も意味があります。

大友　ぴったりの目標でコミットをしてくる支店長は、最初から目標が低いので伸びません。一方、毎月背伸びした目標を立てる支店長が伸びていく傾向はあります。故飯塚先生が一致してはいけないといわれた意味はそこにあるのかと思います。二極論で考えると大きい目標を立てておけばいいという発想になってしまいますが、三つ目の選択肢で判断することが私の仕事だと考えています。

革新的なサービスを提供し上場の鐘を鳴らしたい

神野　現実に目標管理をやっていく上では、社長が目標、実績を徹底管理し過ぎるのではなく、結果を見ながら判断する姿勢が必要です。目標を掲げても是が非でも必達するという取り組みではなく、「差があって当たり前だ」という考えで、結果が出た時に真剣にフィードバックする、次の計画立案の材料にすることが大事だと思います。ＦＸ４クラウドで数値上の判断は間違いなくできますが、経営の予測ということで会計事務所に大きな期待を持っていただく。社長からお聞きし、我々も襟を正すことになります。最後に、御社の十五年後の姿をどのように描いておられますか。

大友　人間力革命という理念の下、私を含めた人間の成長を目指して挑戦を続けていく方針です。できないことに挑戦しなければ成長できませんので、挑戦ができるフィールド、失敗を受け入れる度量を整備したいと考えています。その具体的取り組みとして、社会に革新的なサービスを提供し、神野先生と一緒に上場の鐘を鳴らすことを目標としています。

神野　人間力革命という理念で上場を目指すというお考えは、大いに期待できます。そのためにも、ＴＫＣコンピューター会計事務所として可能性に挑戦する社長の本当の親身のある相談相手としてお手伝いできれば、これにまさる喜びはありません。今後とも、発展に次ぐ発展を期待して今日の対談を終わらせていただきます。本当にありがとうございました。

（平成二十六年十月十日）

維新対談

（2）会社の立ち上げからTKC会員会計事務所・日本パートナー会計事務所にお世話になった　TKCFX2自計化システム導入・指導を得てお客さん対応に専念できた

株式会社　皆葉自動車　取締役会長　皆葉次郎
代表取締役社長　皆葉真次

「お客様は神様」、月月火水木金金で応えてきた

神野　今日は御社の過去から現在、そして未来ということでインタビューさせていただきますので、よろしくお願いいたします。我々の事務所がお手伝いするようになってからもう四十年になりますね。

皆葉会長　そうですね。会社を設立した時からお付き合いさせていただいていますから、本当にお世話になっています。

神野　私は筑波に縁があったわけではないのですが、ご縁のある方からの紹介でおつき合いが始まりました。会社の設立から私がかかわり、その後は大須賀税理士が社長になるまで担当していまし

た。そして現在に至っているわけですが、御社は歴史的に一番古い顧問先の一社です。我々の事務所がお手伝いさせていただいて、よかった点、悪かった点などをお聞かせください。

皆葉会長　悪かった点と言われても思いつきませんね。最初は自動車の修理と販売を個人商店としてやっていましたが、そこから会社組織に移行したいと考えるようになっていました。業務については長い経験があったので自信がありましたが、株式会社として登記をして、どのように運営していけばいいのか、皆目分からない状況でした。特に会社の経理の問題は分かりませんでしたので、神野さんをご紹介いただいて本当に感謝しています。

神野　今になるとやはりその決断は大きかったと思いますが、あの時、会社組織にしてよかったですね。会社にしないと取引も販売も限界があり、社員も集まらないということで踏み切ったわけですから。

皆葉会長　その当時は、車社会が急ピッチで進展した頃でした。

神野　右肩上がりでしたからね。確かに、そういう時代背景もありました。しかしいま考えると会長は本当に良く勉強されていましたね。私の事務所で勉強会などをやると、会長にはいつもお出でいただいていた印象があります。だからこそ、会社がここまで来たのかと思います。会長はここまで会社を成長させてきたキーポイントは何だと考えておられますか。

皆葉会長　「お客様は神様である」という考えで、どんな要望にも受けて立つことを基本にしてきました。それこそ、月月火水木金金ということで頑張ってきました。

神野　ガッツですね。それが、ここまで来られたポイントなんですね。

皆葉会長　お客さんにリードされてお客さんの要望に応えるために、設備投資を行い、工場もどんどん増築して、資金繰りは会計事務所の指導を受けました。国民金融公庫からスタートし、公的な資金で資金繰りをしました。会社が大きくなると、商工会の紹介で中小企業金融公庫と取引を開始しましたが、直に工場の視察をしていただき会計事務所の協力を経て融資を受けました。

神野　我々の事務所がＴＫＣに入ったのが四十五年前で、ＴＫＣのコンピューター会計が全国に広がっていたころです。そのタイミングに合わせて中小企業金融公庫がＴＫＣに関心を持ち、融資はその場でＯＫという状況でした。

勉強会で経営のエキスやＴＫＣの考え方を学んだ

皆葉会長　そのころですね、神野さんの事務所にお願いしたのは。私は自分の仕事を優先させたいと常に思っていましたので、早めにコンピューターを導入していました。最初はバーコードで、続いてパンチカードになりましたが、神野さんの事務所は経理をコンピューターできちっとしてやっているということでおつき合いが始まりました。

神野　創業から何年ということになりますか。

皆葉会長　もうすぐで五十年になります。

神野　我々の事務所もあと二年で五十年になります。会長は何年のお生まれでしたか。

皆葉会長　昭和六年です。

神野　私と十歳違いですね。ところで皆葉というのがいいですね。茨城で多い苗字なのですか。

皆葉会長　いえ、この近辺では私と分家の二軒があるだけです。全国的にも少ない苗字です。

神野　神野も少ないですが、皆葉というのは本当にいい名前だと思います。みんなを束ねていく自動車会社ですから。そういうお名前もあってでしょうか、会長はよく勉強されていましたね。

皆葉会長　ＴＫＣの勉強会にはよく参加させてもらいました。コンピューター会計を活用した勉強会に参加し、大田原の雲巌寺での座禅でものの考え方の勉強をさせてもらいました。

神野　ＴＫＣの創設者である飯塚会長の自利利他などの考え方などですね。

皆葉会長　参加者の話し合いでは経営のエキスをもらいました。

神野　経営には、精神的な部分、そして技術的な部分の両方が重要ですからね。

皆葉会長　本業では人に負けない技術とサービスを提供していましたが、会社の内部的なことは非常に難しいと考えていました。個人経営の時代に会計事務所は二、三回替えましたが、株式会社として登記したいと言っても前の事務所には「まだそのレベルではない」と断られました。筑波の学園都市がどんどん大きくなってきていましたし、株式会社でないと仕事上の取引が困難になり、地方銀行に口座を開設するのも厳しい状況でした。こうした頃に紹介を受けて神野さんに会ってみたら「まかせておけ。大丈夫だ」ということでしたので、すぐお願いして設立登記をしました。

神野　私が三十歳くらいの頃で、そう言ったのを覚えていますよ。社長は本当に人柄が良い人だと思いました。

皆葉会長　神野さんは毎週のように来てくれました。

神野　その当時はお客さんがいませんでしたし、若かったからですね（笑い）。

皆葉会長　神野さんの仕事が終わったら、よく土浦駅の駅前で一杯やっていましたね。その後、つくばエキスプレスができてから、新しい住民が増えて客層が変わりました。そして息子が学校を卒業して五年の修行を終えてから戻ってきて、新しい形態で会社を運営できるようになりました。幸い大学でコンピューターを専攻したので、システム会社の紹介も受けて社内のネットワークを組むことができました。

神野　パソコンが入った頃にすでにコンピューターの考え方が会長自身にも定着していましたね。

皆葉会長　当初は仕事が終わって伝票を見ながら請求書を手書きし、ペンだこができるような状況でした。そこでコンピューターを導入し、修理の内容を各部門ごとにランク付けし、入力すればすぐに伝票ができる仕組みにしました。システム会社とリース問題などで訴訟を起こし、東京地裁に通ったこともあります。最終的に和解し、現在のシステムに乗り換えることができましたが、会計の基本を一から学び、税務管理についてもＴＫＣの考え方を学びました。

田舎半分都会半分、両者に信頼されるサービスを実施

神野　経営の流れと管理、経営管理ですね。社内管理は非常に難しいのですが、先駆者としてシス

テムを構築されたのですね……。

皆葉会長　それで、現社長に申し送りして現在に至っています。若いころのつながりから、若い世代のお客さんに世代交代している印象を受けています。

神野　そこで社長は、会長が創業されたのを覚えていますか。

皆葉社長　創業時は私がまだ小さいころで、株式会社になったのは中学一年生の時だったと記憶しています。

神野　それから立派な社長になられたのは、会長の教育が良かったからですね。

皆葉社長　いやいや、私などまだまだです。

神野　二代目として社長から、概要と未来、これからについての想いをお聞かせいただけますか。お父さんが優秀すぎるので、困る部分もあるかもしれませんが、お父さんを経営者として見てきてどのような印象をお持ちですか。

皆葉社長　私は二十七歳で入社し、今から十年ほど前、四十二歳の時に引き継ぎました。受け継いだ時は億という借金があり、正直言ってどうやって返すかで頭がいっぱいでした。でもその後、順調に返済が進んでいます。人数は三十八人でそれほど変わっておらず、それほど大きい設備投資もしていませんが、まず、業務の細かい見直しをしました。

皆葉会長　私がどんぶり勘定でしたから。

神野　会長はうるさいでしょう。細かすぎるほど細かかったですよね。初代はみんなそうですから割り切っていかなければいけませんね。いまから、会社をどのように持っていきたいと考えていますか。

皆葉社長　筑波では新しい住民が増え、お客さんが若返っています。田舎半分都会半分の地域ですので、そのどちらにも対応できるサービスを取り入れてきたつもりです。地元にいかに密着していくか、お客さんとの距離をどう縮めていけるかが大事なポイントだと考えています。

神野　都会的といえば、悪く言えば「隣は何をする人ぞ」という考えで仕事をすることになりますが、どのような工夫が必要だと考えられますか。

皆葉社長　地方色の強い場所では人脈がキーポイントになりますが、それに加えて都会色が強まると仕事の出来栄えで判断されるという厳しさが強まります。また、田舎でも代替わりしてくると昔からの付き合いだけではうまくいきません。あまり仲良くし過ぎてもだめですし、両方のバランスをとりながらお客さんに対応していく。その点をきちんとわきまえ、サービスの形態を変化させていく必要があると考えています。お客さんの立場に立つと、修理屋さんはどうしても入りにくいですし、修理を頼んだら車を置いて帰らなければならない、いくらかかるかは修理が終わった後でしか分からないといったイメージがあります。そういった不安を前もってなくす努力をし、お客さんにとにかく来ていただきやすいお店づくりが必要だと思います。

神野　特にクレーム処理については、地方と都会では違うと思います。やはり、都会色の強い方が厳しいでしょう。クレームはあまりないのですか。

皆葉社長　以前は接客面、金銭面で結構ありましたが、金銭面のトラブルは大幅に減りました。お客さんに事前にきちんと説明し、見積もりを出してから着手する形を徹底したので、その成果が目に見えて出てきたと考えています。

クレームは隠さず報告する、処理は会社の責任

神野　教育研修費を相当使っておられるので、技術レベルもかなり上がっていると思います。社員教育はどのようにやっておられますか。

皆葉社長　修理や板金、塗装など事業組合やメーカー主催の研修会に社員と一緒に参加し、社員に資格を取得させています。いまの車は電気やコンピューターの知識がないとさわれない状況になっていますので、どんどん新しい機械を導入し技術レベルを上げていかなければなりません。新しい技術に対応できるような設備投資をどんどんやっていく必要があります。

神野　主に設備投資と人材投資があると思いますが、どう対処しておられますか。

皆葉会長　社長が言ったように、技術の教育も大事ですが仕事に対する人間教育も重要です。「こういうクレームが発生した」「こういう修理があった」という話を朝礼などで社長が解説するので、若い社員もそれについていきます。クレームがあるとすぐ社長が飛んでいくので、お客さんの間にも「皆葉は親切で面倒を見てくれる」という口コミが相当あります。

神野　それは素晴らしいことですね。クレーム処理の前提として、クレームへの対応は何事にも優先すべきものであり、言い訳をしてはならないという大原則があります。社長は若いですから、す

ぐ飛んでいくんですね。

皆葉社長　社員が電話でお叱りを受けることがありますが、話を聞いて実際に私がお客さんのところに伺うと割合理解していただけます。どういう理由であれ、直接お邪魔してお話を聞く姿勢が大事だと考えています。

皆葉会長　クレームに限らず何事もスムーズに社員が共有するには、各デスクにコンピューターを置いても間に合わないので、リーダーはノートパソコンも置いてデータ管理を徹底しています。

神野　対応がすごく前向きですね。クレームに関しては、社員は処理することではなく報告することが大事です。報告しないクレームが一番よくありませんからね。これはどの業界でも同じで、御社はとにかくオープンになっているので、クレームを受けたり電話で叱られた社員は社長や上司に報告するという管理システムができているということでしょうか。社長の耳にクレームが入らないようなことはないですか。

皆葉社長　ないことはないですが、お客さんから連絡があった時は必ず伝えるようにしてもらっています。隠すことが一番いけませんから。

神野　隠したり報告しないのが一番悪いですね。

皆葉社長　きちんとクレーム対応ができ、お客さんにお詫びすることが大事だと考えています。

神野　その通りですね。我々も同じです。

皆葉会長　お客さんとしっかりコミュニケーションをとるのが大切な時代ですね。そして、それ以前に社員とのコミュニケーションが大事だと思っています。

神野　我々もそうですが、クレーム処理の良し悪しが会社に損害を与える原因を作ります。そこで、クレームはどこの会社でもある、ということをみんなに納得させます。だから「とにかく報告してくれ」「それを処理するのが会社の責任だ」と説明しています。オープンマインドにしておき、報告しないでおくことが一番の罪だと理解してもらう必要があります。

皆葉社長　クレームをいただくお客さんが一番ありがたいお客さんですからね。

神野　お客さんの中には、教育のために社員にガンガン言うという人がいます。行ってみたら何でもないということもあります。叱ってくれるお客様こそいいお客さんで、クレームも何も言わないお客さんは去っていきます。私がタクシー会社の社長から教わったのは、「どんなクレームでもお客様から文句を言われたら会社に報告せよ」ということです。報告を受けてすぐに本人を連れてお詫びに行くと、お客さんは「社長、わざわざ来てくれたのか。俺はそんなつもりで言ったんじゃないよ。ちょっと態度が悪くて、俺も気分が悪かったから」と言ってくれます。帰り際には「またご乗車お願いします」と伝えると、そのお客さんはまた乗ってくれて売り上げは倍になるそうです。クレームを言うお客さんこそ本当のお客さんなのですね。

皆葉会長　お客さんと話し合いのできる社員を育てていかなければなりません。クレームをつけられて何も言えなくなる人もいますから。

神野　それではだめですね。その教育を会長は苦労されながらやってこられたわけですね。

皆葉会長　社長がそれを更にやってくれればと考えています。

神野　社長はこれからですからね。

皆葉会長　あと、私が言いたいことはどんどん若い社員を入れて新陳代謝を図っていくことが企業の根本だということです。新しい風を入れて新しい空気でやっていくことです。

社員の若返りを含め新規採用で技術を伝承していく

神野　二代目として、社長の右腕、左腕になる番頭さんは何人くらいいますか。

皆葉社長　部門長が四人おり、彼らは会長の時代に入社しましたが年齢は私より下です。

神野　会長時代の番頭さんがずらっといるのかと思いましたが、それなら社長が方針を決めればいいので大丈夫ですね。

皆葉会長　社長は専務として入社し、副社長になりました。いろいろ私は申し送りをしましたが、最後に商工会の紹介で中小企業大学を知り後継者教育を受け、課題を持って会社に帰ってきました。その課題を解決して報告しなければなりません。そうすると、つわもののブレーンたちが「そんなことはできない。辞める」と不満を言ってきたことがあります。私は「これから、次期社長の時代なんだから辞めてもいいよ」と答えました。

神野　みんなの意見が常に同じだという風にしておかないと、組織が二重構造になってしまいます。社長に言っても会長に言っても結論は同じだということにしておかないといけません。

皆葉会長　私の答えを聞いて、誰一人辞める社員はいませんでした。

神野　いま社長は若いからいいのですが、若返りという点をどのように受け止めていますか。

皆葉社長　会社として若い人を毎年入れていくことが必要だということで、右腕、左腕を替えるという意味ではありません。

神野　そういう意味なのですね。

皆葉会長　私のころのブレーンは定年で退職しましたから。

皆葉社長　我々のベースには技術がありますから、きちんとそれを伝承していくためにも人を入れていかないといけません。どうしても欠員は出てきますから、そういう時に困らない対応を事前にしておく必要があります。一時、就職難の時代には中卒が高卒になり、専門学校卒になりました。しかし、一昨年くらいから専門学校卒を応募してもこなくなりました。入ってくる新しい社員を大切に育てていきたいと考えています。

神野　人数はこれ以上増やさない方針でしょうか。

皆葉社長　多角化に部門間での異動で対応してきましたが、今後は徐々に増やしていく必要があると考えています。自動車修理は一番景気の波の影響を受けにくく、法律で守られている業種なので、努力もせずにやってこられた側面があります。お客さんにも、頼まなければならないから頼むという事情がありました。そういう位置にいつまでもあぐらをかいていては仕方がありません。販売をまだまだ増やしていかなければなりませんし、忙しいからといって毎日残業でも仕方がありません。そういうところでうまくバランスをとれるようにするには、やはり会長が言うような新陳代謝が必要だと思います。

間違えたら凶器、安心して走行できるよう万全を期す

皆葉会長　私のころはキーボードアレルギーの社員がたくさんいましたが、いまの若い社員はスマホ方式です。車もそうした方式になっていますので、若い社員を入れないと対応できません。そういう流れに乗ることが必要なのです。

神野　車が技術の先端を行っている制約がありますね。できない人間は使い切れない、できない人間は戦力として無理ですからね。

皆葉会長　新卒が二、三カ月も経つと修理をするようになり、ディーラーや整備振興会のデータを引き出して対応するようになります。

皆葉社長　においをかいだり音を聞いたりするのが基本であることは変わりませんが、昔のように勘で一〇〇%治ることはありません。昔は壊れたところがストレートに判断できましたが、いまは診断機をつないでどこの故障なのかを確認することが不可欠になっています。

神野　皆葉自動車さんのキーワードは「安心、安全」が売りなのではないでしょうか。あそこに頼めばすべて車のことは間違いない。安心して乗れる、安全な運転ができる。そこに金をかけても惜しまない。我々消費者としてはそういう気持ちですよ。

皆葉会長　扱いを間違えたら走る凶器ですから、お客さんが安心して乗れるようにしてやらなければなりませんし、アドバイスをする必要もあります。いまの車はちょっと調子が悪くても自分であ

る程度補正し、調子を戻して走ります。だから、修理すべき場所が直接分からなくなってしまっているのです。間違うと、とんでもないところの部品を交換してしまうことになりかねません。今では、いったん診断機をつないでデータを読む形となっており、それをしないと修理の方向性が出てこない時代になっています。人数が多くて入庫量が多いので、その分機械を入れても十分使用頻度が上がるというメリットがあります。修理だけでなく板金の方でも、車がぶつかればエアバッグが作動していない場合でもセンサーに信号が入っています。この場合には、センサー自体が故障している可能性がありますので、そうした部分も含めて診断します。そこまでやって大丈夫だという結果を出さないと、とんでもない事故につながる可能性があります。

神野　エアバッグ事件がありましたが、あれは自動車メーカーの責任なのですか、あるいは車を使っている人の責任なのでしょうか。

皆葉社長　あれはメーカーの責任です。エアバッグには火薬が入っていますが、火薬が湿気を持って周りの金属を腐食してしまい、実際に爆発して作動した時に劣化した金属も一緒に飛んできてしまったものです。小型化するために湿気を含みやすい薬剤を使ったためです。エアバッグ自体は作動するのですが、問題があったのは十年ほど前の車でその後は対応しており、かなり廃車になっています。

神野　私の乗っている車は十五年ほど前のものなので、機能しないのかと心配していました。

皆葉社長　機能しない時には、日本の車は賢くてランプが付きますので心配いりません。

皆葉会長　ただ、十年、十五年前の車だと基本的な性能が求められるレベルに達していなかったのです。年々開発が進んでいます。

お金ではなく人間として信頼していただく関係を築く

神野　今日の本題は、大げさな言葉で言うと会社の経営維新についてのお話しです。私は社長業は三つだと考えています。まずは、営業改革、営業革新で営業をどう伸ばすか、トップセールスで営業をどう伸ばすかという点です。そして、人の問題で若手社員の採用と教育訓練、「報連相ダネ」の徹底。当たり前のことですが、社内の本気とやる気の雰囲気づくりが人づくりだと考えています。そしてもう一つは資金繰りです。その三点について、いろいろと取り組んでおられると思いますが、何か課題があるとすれば何ですか。また、何に一番力を入れていますか。

皆葉社長　まず、来ていただいたお客さんに金銭面と仕上がりの両面について納得していただくための技術力を重視しています。そのためにも、我々が一番苦手だった会話をすること、説明をすることを、これから徹底していきたいと考えています。

神野　昔は技術だけあれば十分に足りたということもありましたが、サービス業を考えた場合、会話ができるというのはとても大事ですね。そういう点でも、社長はトップセールスをやっておられるのでしょう。

皆葉社長　はい。やっています。

神野　社長業というのは、そこが一番大事だと私は思っています。多くの中小企業の経営者の心には「いまどき行っても売れやしない」という過てり自己限定が潜んでいます。その自己限定が、全国で七五％が赤字会社という状況を招いていると考えています。私どもは、黒字会社をつくる、さらに優良会社になるということで、申是優良企業誕生支援をさせてもらい、御社も表彰させてもらいましたが、そういう中で何を革新するかとなったら、それはトップセールスだと思います。いまお話を聞いて安心しましたが、やはり努力を惜しまないことですね。

皆葉社長　低価格でサービスを提供する努力はしなければなりませんが、お金で天秤にかけるお客さんより人間として信頼していただけるお客さんをいかに作っていくかだと思います。ですから、いろいろなところでお付き合いの幅を広げていくことが大事だと考えています。

神野　人間対人間ですからね。人と人のつながりを増やし、お客様からお客様を紹介してもらう。これは非常に重要で、無料のセールスマンになってくれます。お客様がお客様を紹介してくれるシステムをどうやって社長が構築するか。これをトップセールスと言っています。やはりそれをやっておられる。自ら足しげく動くことですね。この前、あるメーカーの下請け会社が「どうせ仕事がない」と言うので、「社長違うよ。トップセールスはそういうあきらめの気持ちでやってもだめだ。とにかく行ってみる。よその会社の倍通ってみなさい」と言いました。そうすると、社長の熱意が親会社も分かるわけです。そうして、よそに出していた仕事を出してくれるようになりました。このようにトップセールスで人間関係ができるわけですが、その努力を惜しんではならないと私も思います。

皆葉社長　我々の業種の強みはとにかくお客さんの数が多いということです。そのため、景気に影響されませんが、飛び抜けて儲かることもありません。ザルですくっているということになりがちですが、いかにそうならないようにするかがポイントだと考えています。

神野　車は特に地方では必需品ですからね。

皆葉社長　お客さんとの距離を縮めていきたいですね。車は一家に何台もありますが、そのすべてをまかせてもらっているお客さんだけではありません。そういうところにもチャンスはありますし、一家そろって車を入れていただいてお付き合いいただく。こういうお付き合いがしていけるような商売を、根気強くやっていかなければならないと思います。

技術の向上を追究し儲かる仕組みづくりの基礎をつくる

神野　そういうトップセールスの次にあるのが、やる気の土俵づくりです。我々はオープン経営、戦略経営を提唱し、決算予測会議から戦略会議を行い、全員を巻き込んだ経営管理を進めていく戦略経営の実践を提唱しています。御社では幹部クラスを毎月集めて経営会議をやっておられますか。

皆葉会長　毎月、巡回監査に来ていただくタイミングに合わせてやっていますが、そういう話し合いの場をもっと増やしていかなければならないと感じています。

神野　そこに、五年後どうするという社長の『ビジョン経営』を知らしめて寄らしめる努力が必要です。我々は年に四回儀式を行っています。儀式は生の喜びを与えます。やはり、「皆葉自動車は将来こうするぞ」というのは若手からベテラン社員まで期待しているビジョンなのです。このビジョンを知らしめる場として、どういう会議をやっておられますか。

皆葉社長　年に一回、経営計画発表会を行い、泊まり込みで経営計画を作成しています。

神野　我々は十月に、我々の業界の中でも「我々しかできない仕事」「我々ならできる仕事」という「ナラシカ経営」のノウハウをみんなで出し合って議論し、形のあるものを作って、顧問先に対するサービスの商品として組織として行っています。そういうやり方もおすすめできるかと思って聞いていました。内部管理のコンピューターの問題、システム開発の問題など、内部的な研修は進んでいますが、社長の方針としては社内研修をどういう方向性で徹底していくお考えですか。やる気も元気も出るような施策はやっておられますか。

皆葉社長　まだまだ足りないと思っています。やはり、きちんと朝礼から始め、その場で人間教育も含めて教育を行うことが、まずスタートになるかと思います。後は幹部が一緒に数字を見ていく機会を多くして、自分の売上を意識してもらうことも非常に大事だと考えます。

神野　いま人間教育と言われましたが、初代社長に「経営とは、人間とは、人生とは」というところで話をしてもらい、その後にみんなで具体的な議論を行う。そういう機会を作った方がいいと思いますね。

皆葉会長　商売ですから、幹部はとにかく計数管理ができないといけません。

神野　知らしめて寄らしめるということは、経営者の仕事として大事なのですね。七五％の赤字会社がなぜ赤字なのかと考えたら、知らしめず寄らしめずというのが赤字会社なのです。

皆葉会長　昔はタイムイズマネーと言いましたが、二十一世紀はディス・イズ・マネーと言わないと商売になりません。商売は絶対に安売りをしてはいけません。技術的な部分はどこまでも追求すべきですが、安売りの追求をしたら終わりです。

神野　そうですね。安売りをしたら終わりですよ。安売りをして適当な仕事をする会計事務所がたくさん出ていますが、我々は絶対に安売りをしません。プライド&メリットで、プライドがあるからいい仕事をし、その結果がメリットになってきます。修理工場だといって、安くやりますからどうぞというのでは無責任になってしまいます。そう思うのですが、今後の方針はいかがですか。

車の総合病院、お客さんは安心、働く人はプライド

皆葉社長　技術がベースにあるのは大前提で、しっかり説明することによって納得のいく金額を提示することができます。特に我々はサービス業で形のないものを売っていますので、そこをお客さんにどう納得してもらうかがポイントになります。そのためには、どんな難しい仕事でも二つ返事で受けてしっかり仕事をするという姿勢がベースになると思います。いつでもどこでも対応できるような体制を整備し、しっかり修理する。この姿勢が、まず基本になると考えています。

神野　我々もビジネスドクターといっていますが、先ほどからお話を聞いていて同じだなと感じて

いました。まさにカードクターですね。

皆葉会長　そうですよ。ここは車の総合病院です。

神野　会長はそう思っているのですね。

皆葉会長　社員はドクターですから。

神野　それは素晴らしいですね。社員もきっとそれを誇りに思って頑張っているのだと思います。我々はビジネスドクター、法務ドクターと言っており、社員たちには町医者の態度でやれと言っています。いま我々の業界でも安売りを売りにするところが多く出てきています。会計事務所の本来業務を忘れている事務所は足元を見られ、安売りに走ってしまいます。そうすると、プライドがなくなってしまいます。それでは働く職員は自分が納得できない、満足できない仕事になってしまい長続きしなくなります。当然、顧問先にも信頼されなくなってしまいます。

皆葉会長　仕事である以上、お客さんに「あそこに行けば安心できる」と感じてもらうことが大事です。

神野　お客さんは安心、働く人はプライド。プライドがあるからメリットがある仕事ができる。メリットのある仕事ができるから会社が発展する。そういうことでやっておられる御社の方針は、これからの時代の先取りだと思います。

皆葉会長　それを守り継続していくには、社長もお客さんとも社内でも報告、連絡相談が根本です。創業の時から、そのことを大事にしてきました。

神野　本当にそうですね。そこにもう一つ、報連相とともに「打根《ダネ》」が大事だということで、私どもの事務所では「報連相打根」と言っています。打は打ち合わせ、根は根回しです。打ち合わせや根回しをして会社の中で統一しておかないと、社員が別なことを言ったりやったりしてしまうことがあるからです。私は「報連相打根」は、サービス業の真骨頂だと思います。報連相は絶対必要で、その上に打ち合わせと根回しが不可欠です。

皆葉会長　本当にそうですね。社内全体の意識を統一するためにも打根は大切ですね。

神野　打ち合わせという点では、我々の事務所では毎週一回終礼を行っています。これはぜひやってもらいたいですね。たとえば金曜日でもいいのですが、今週どうだったかをみんなが報告します。社長、会長が同席した場で報告、連絡があると、「あそこはこうした方がいいぞ」という対応ができます。会長と社長でこうした取り組みをやられたらどうですか。朝礼だけではだめで、週に一回だけでもみんなで終礼をやるべきだと思います。食事をしながらでもいいですし、食事が終わった後に今週何があったかを聞きます。我々の事務所は毎週十か所でやっており、その報告書を私が見て、感じたこと思ったことをすぐに電話します。報告書をもらって反応することも大事だと思っています。

皆葉社長　神野さんは、そうした対応をすぐにやってくれる。だから私は安心してお願いすることができました。

明日の経営が見えるＦＸ４クラウドで経営を強くする

神野　四十年のお付き合いをさせていただきながら、ここまで来ましたが、ＦＸ４クラウドというＴＫＣコンピューター会計の優れものが出ました。明日の経営が見える会計システムでナビロード経営と言っています。私は事務所で使っており、本部、支社別、業務別などの部門別会計、業務別会計、担当者別会計がワンタッチでできます。これからは、月初めに巡回監査を行うことを徹底し、一週間以内にデータを供給し、先月のデータで決算と予測の差を把握します。「先月はこんなに売り上げが落ちていたのか」と社長の目に止まれば、すぐアクションプランをつくり、行動を起こすことができます。翌月の始めには社長の手元に明日のナビロードの経営の姿が見えます。業務別、担当者別のデータなどが出ますから、活用していただきたいと思います。まだ始まったばかりですが、社長としてはＦＸ４クラウドをやってみてサービス内容はどうですか。

皆葉社長　まだ一〇〇％動かしているというわけではありません。私の端末でもすぐに見られますので、日々の売上や現金の動きまで見ていかないといけないと思いますが、どういうポイントを見ていくべきかを教えていただければと思います。

神野　月次決算は当たり前で、日次決算もできます。今日の損益はいくらかが分かりますので、「この調子でいくと今月はこの程度の利益があるぞ、もしくはこのままでは損が出るぞということが予測でき、社長は次に打つ手を早く考えることができます。今日の数字が決算で見ることができるというのが優れものでしょう。これはよその会計事務所では絶対にまねできません。現時点では、「FX４クラウドならできる」「FX４クラウドしかできない」というナラシカ経営なのです。ぜひ、我々のシステムを活用していただき、FX４クラウドを使いこなし、業務別、部門別、担当者別、そして日次決算、月次決算、年次決算に活用してもらいたいと思いますが、いかがですか。

皆葉社長　お金の流れをしっかり把握することが、一番大事なことだと考えていますので、その流れをリアルタイムで見ることができるのはメリットだと感じています。

神野　我々の仕事は以前、過去会計の仕事でした。税務会計は過去に立脚して過去の数字を追いかけ、「儲かった。損した」「税金がこうなる」と現在を見ていたわけです。これでは将来が見えてきません。それは、キャッシュフロー経営における現在会計でもまだ不十分で、未来が見える未来会計などはありませんでした。それをはっきりと見える化してくれるのがFX４クラウドで、わが社でも使ってみてそれを確信し、いまワクワクしています。いくらコンピューターをやっても毎日の損益計算ができませんでしたから、将来が見える会計、日次決算が可能であるということもなかったわけです。それをFX４クラウドがなぜできるかというと、インプットしないからです。たとえば、御社で売掛金、買掛金、未払金、仮払金などいろいろな補助簿をつけていますので、あれから引っ張ってくるのです。そして、銀行のホームバンキングから簡単にデータを読み込むことができます。ホームバンキングの数字と補助簿のシステムを読み込むことによって、データが九割できます。後は振替処理や期末処理をすれば月次決算が簡単にできます。ですから私どもの事務所では、顧問先の月次に決算を十日までに仕上げる方針に変えました。

皆葉社長　いま振込処理を全部手作業でやっています。日々の出納が全部手入力ですので、それはぜひ活かしていきたいですね。

神野　インプット（入力）業務の作業も読み込み方式を活用しないと変わりません。どうぞ、徹底して活用してください。

日本パートナー会計事務所の協力を得てＴＫＣのＦＸ４クラウドを使いこなします

皆葉社長　これまでのシステムからＦＸ４クラウドを導入したと言っても、現状で使っている範囲はあまり変わっていないと思います。そうした点でもご指導いただければと思います

神野　読み込んでデータを早く出す。そして、毎日決算をやれば月次決算は楽ですよ。御社は材料くらいで棚卸しはあまりありませんから、日次決算、月次決算がはっきり出ます。活用していただいて大いに満足していただきたい、発展していただきたいと思っています。会長にいままで四十年お世話になって、我々もここまで来ることができましたが、ＴＫＣコンピューター会計事務所を活かしきっていただきたいと思います。その点、過去と今ではいかがですか。

皆葉会長　経理を神野さんの会計事務所にお願いして本当に良かったと喜んでいます。そうでなけ

れば自分のやりたい仕事に集中できなかったと思います。新しい会計システムでは現場で伝票を修正するとすぐ会計に戻ってきていた。それが私にとって良い刺激で、頑張る意欲にもなっていましたね。第一線を退いたこともあるでしょうが、昔より刺激がなくなったような気がします。

神野　FX4クラウドにジョイントすると、データを読み込むことができます。毎日仕事をする事務員さんはそのままで、会計・経理の方はワンタッチでデータを読み込むだけです。

皆葉会長　そういったところを、会計事務や経理事務をやっている担当者にも刺激を与えてほしいと思います。前よりも少なくなった気がしますので。

神野　分かりました。日次決算まで持っていきましょう。そこまで持っていけますから。そうしたら、会長がおっしゃった要望に満足できるシステムであることが分かりますので任せてください。

皆葉社長　現状では、前と同じ使い方をしていますから。これを機会に、ぜひ日本パートナー会計さんの協力を得てFX4クラウドを使いこなしたいと思います。

神野　それはもったいないですね。読み込みをやっていないからです。立ち上げ・運用ができるように担当者及び専門の税理士と一緒に次回お邪魔します。一日で終わらせます。そのうえで、儲かる仕組みをどうつくるかを検討します。得たデータから損益計算を毎日行います。固定費は決まっていますので、固定費をどう吸収し、売り上げをどこまで伸ばせば分岐点を越えるか。みんなが共通した認識と計数的な実績数字を共有する。これが毎日の勝負どころとなります。そしてまさに会長のおっしゃる刺激になる事と思います。そこまでコンピューター会計がやれるようになりました。我々は安心、安全、安定を会社サービスの方針としているビジネスドクターであり、御社はカードクターですからね。

皆葉会長　当社は看板にカークリニックと書いています。車のことなら何でもご相談くださいという自負を持って仕事をしています。その思いをしっかり社長が引き継いでくれています。

神野　カードクター、カークリニックを表看板として車のすべての病に応える。お任せあれということですね。本日は長時間ありがとうございました。

（平成二十七年二月九日）

維新対談

（3）世界一信頼できるＴＫＣコンピューター会計事務所と出合えてお客様に必要とされる会社になった――感謝の経営と実践

株式会社シバテック　代表取締役社長　菅野不二雄

月次決算で営業に専念できるようになった

神野　本日は東北、福島の顧問先代表ということで、社長に我社との関わりや経営理念、社員教育、今後の目標などを質問させていただきながら、ざっくばらんにお話をお聞きしたいと思います。どうぞ、よろしくお願いいします。

菅野　私が御社にお世話になってから、十年ちょっと経ちます。知り合いの社長の息子さんに紹介してもらいました。仕事が徐々に忙しくなってきて、営業関係を先頭に立ってやらなければならないと思っていた頃でした。もちろん営業は好きですから今でもその気持ちは変わりませんが、それだけに資金繰りには時間をとられたくありませんでした。ですから、現在会社の資金繰りはどうなっているのか、自分がどこを走っているのか。それらがわかる会計処理をしてくれる会計事務所を探していたのです。

神野　そういうことで私どもの事務所を選んでいただいたというわけですね。

菅野　資金繰りに時間をとられるのはナンセンスな話なので、この点を最初に相談しました。御社にしっかり見てもらった結果、月次決算のデータがきちんと上がるようになりました。銀行からの借り入れなども直接御社から決算書を出していただくなど、適正な数字の報告がきちんとできているということで、優位な待遇を受けています。

私自身は資金繰りに時間を割く必要がなくなり、自分が本来したかった営業に集中できる環境が整備されました。そういう面で、非常に助かっています。佐藤所長が税理士をとられた時のスピーチで話をさせていただきましたが、自分が信頼できる会計事務所と出合うことができたと思っています。

神野　そう言っていただくとありがたく、また責任を感じます。

菅野　当時担当された佐藤さんには、忌憚のないことを言っていただき、一年ほどで私は資金繰りにタッチしないで、ハンコを押すだけになりました。それからは営業に専念することができたおかげもあり、その当時の売上高約三億円から去年は五億五千万円になり順調に伸びています。パートナーさんのおかげです。

神野　倍増ですね。

お客様の店舗営業を休まず更新工事をする

菅野　私は独立してから、営業をやりながら現場に入る形で仕事をしてきています。当社のユーザーは牛丼のY社、フライドチキンのK社、ハンバーガーのM社など、外食関係のメジャーどころです。こうしたユーザーさんとお付き合いが始まったのは、営業をしたのではなくK社様の空調の更新工事を下請けでさせてもらったことが最初のきっかけです。こうした工事の場合、同業者はお客さんに「五日間店を休んで下さい」とお願いをして工事を行っていました。しかし当社は、二十四時間営業の店舗以外は夜間に工事を行えば店を休む必要がないというスタンスで対応していますので、お客さんは営業を休む必要がありません。それで喜んでいただいたのでしょう。「福島に面白い会社がある」ということで、口コミでユーザーが増えていきました。

神野　それはお客さんにとって、ありがたいことですね。

菅野　Y社様の場合は、取引が始まる三年前に打診されました。しかし我社の今の体制では、他のユーザーに対応できなくなるということでお断りしたという経緯があります。「では何年あれば体制が整うか」と質問され、三年の準備期間をお願いしました。その三年の期間が経過する前に「すぐにやってくれ」というお話をいただき、大宮に出先を作って関東エリアの店舗から着手しました。現在は東北エリアもお取引させて頂いております。Y社様関連売上が、関東営業所の半分以上に成っております。

神野　福島の会社に関東での仕事をとられるなど、同業者は考えてもいなかったでしょうね。御社がいまのような仕事のスタイルを打ち立てられたのは、何かきっかけがあったのですか。

菅野　十年ほど前から現在のスタイルで行っています。仕事の内容としては、空調、給排気関連の工事がメインですが、以前勤めていた会社ではフードコートの空調関連の仕事を担当していました。この当時は、間仕切りをして夜間に改装工事を行うのが当たり前だったのです。

神野　最初から業界の常識にとらわれず、ご自身が体験された手法を取り入れられたわけですね。外食業界がこぞって御社を頼りにすることになるのは、いわば当然であると考えられます。

菅野　たとえば、B社様が空調、給排気の改装のために五日休むとなれば、ランチのお客さんは近所の他の店に行ってしまい、客足が戻ってくるまで時間がかかってしまいます。これは飲食業界の大きな悩みの一つだったのです。

神野　「営業を休まなくとも空調、給排気の仕事をしますよ」「夜中でもやりますよ」というやり方が支持を得たわけですね。どのような人たちを社員として採用されているのですか。

菅野　我社の社員は、業界の事情を全く知らないで入ってきます。それがむしろよいのかもしれません。もちろん、夜間作業をあることは採用時点で説明しています。苦情や不満はまず出ることはありません。

神野　事業展開されるエリアも拡大しているのですね。

菅野　昨年七月からはM社様の旭川店の工事を行い、九月には札幌営業所を開設しました。二重フードシステム、外気処理システムなど効率化、省エネを追求した当社の独自開発技術を評価していただき、既存店舗の更新工事、新規店舗の工事をともに行っています。さらに、電気給湯器を応用した暖房システムを寒冷地中心に本格的に提供するプロジェクトを進めているところです。

社員と理念を共有し内製化でお客様の要望に応える

神野　社長が事業展開しておられる業界は、どのような現状なのでしょうか。

菅野　いま福島県では除染関係で空調工事が必要となる箱ものができません。国、県レベルの大型の工事はありますが、こうした先には工期が長いので当社は入りません。建築関係以外の我々設備業界はたたき合いになっています。そこで当社では、工事の内製化を図ることで粗利率で一定以上の水準を確保できる仕事をしたいと考えています。そのために、工事を内製化し、人のやらないことをやることを基本としています。

神野　夜間の工事と社員の頑張りですね。正にうちしかできない我社ならできること……。

菅野　外注さんに夜間作業を頼むと断られますが、当社は社員に恵まれたと思います。業界ではブラック企業などとも言われましたが（笑い）、社員との信頼関係が確立されていないと夜間作業を続けることはできません。

神野　どのような視点から社員教育をやっておられるかは分かりましたが、やる気を引き出す社長のリーダーシップのポイントは何ですか。

菅野　同じ目標を持つことが一番大事だと考えており、私は常日頃その思いで社員と接しています。

神野　価値観を共有するということですね。

菅野　ずっと言い続けることだと思います。お客さんに喜んでもらえる仕事をしなければ、同じお客さんから何度も仕事が来ることはありません。新規開拓をするより既存のお客さんを大事にすることで、結果的に口コミでお客さんが増えることになります。

神野　「業界にはない、すごい会社だよ」という評判が広がるのですね。やはりデモシカではない、ナラシカ経営ですね。「あの会社ならできる」「あの会社しかできない」という会社を私も目指してきましたが、御社も実践しておられるのですね。いま社員は何人くらいなのですか。

菅野　全体で二十人です。仕事を受けてもやってもらえる下請けさんがなかなかいなかったため、極力内製化しようということになりました。

　例えば、空調工事は電気工事も伴うので二年前に電気会社を引き取り、社内に電気部門を設けました。夜間だと下請け業者から五割増し、倍額の料金を請求されますが、内製化によって解消しました。ダクト工事も同様に、内製化し経費を抑えることが可能になりました。また夜間工事の場合は、ほとんど店舗は翌日午前九時に開店しますので、集中的に仕事を行い、時間を短縮することができます。通常なら三日かかる仕事を二日で終わらせ、あるいは人数を増やして一日で終わらせることもでき、これによって経費を圧縮することができます。

　社員には負担を掛けますが、その分は報酬で補っています。家内の意見もあり、入学卒業などで物入りな時期を考慮して三月の期末賞与は出しています。

神野　当社も三月、七月、十二月の年三回賞与を出しています。決算の三月にも出しますが、奥様のアドバイスは素晴らしいですね。社長は勤務経験をお持ちだから、社員の気持ちもよく理解できるのかと思います。教育をするというより、実践を通して学び、共感を持ってやるということで、具体的な社員教育は現場でやっておられるのですね。

関係する全ての人々を幸せにする会社を目指す

菅野　そうですね。去年から管一級工事や電気工事士、フロンガス回収や建築関連など、資格をみんなでとろうということで取り組んでいます。管工事の一級などは講習費用が十五万円ほどかかりますが、全額会社で負担しています。学科、実地試験に二人が合格し、また、第一種フロン類取扱技術者も二名合格しております。資格の価値により資格手当も支給します。

神野　やりがいももちろんですが、自分が現場の責任者ということになれば、経営者感覚になりますね。

菅野　そういう意味ではまだまだ甘いのですが、その方向性を目指して取り組んでいます。

神野　営業方針は社員の皆さんと価値観を共通しながら、東北から関東、北海道まで東日本全部を対象に展開していこうというお考えなのですね。

菅野　そうです。いま作っている新しいシステムを自分たちが販売するだけでなく、興味を持っていただける方には卸もやっていきたいと考えています。

神野　素晴らしいですね。ＴＫＣには「自利利他」という理念があります。「自利即利他」「利他の実践に自利を見る」というＴＫＣの理念と共通するところがあると思います。困っている人に対して徹底して尽くす。夜間でも場所を問わずサービスを行う。それも内製で行い、外注でピンハネするのではなく自ら努力し汗を流す。お客様に徹底してサービスを行うことが、自分自身に返ってくる。これを利他の実践というそうです。社長の経営理念は具体的にどのようなお考えですか。

菅野　社是は「空気調和に、独自の技術とシステムを構築し、お客様の幸福に貢献します」です。そして、経営理念は「一、お客様に必要とされる会社を目指します。一、取引先に信頼される会社を目指します。一、社員、家族、関係する人々がすべて幸福になれる会社を目指します」。ちなみに、二〇一四年の安全目標として「決めたこと　守る勇気と続ける努力　みんなで築こう　ゼロ災害」を掲げています。

勤めていた会社が倒産　経営者のあり方を学ぶ

神野　社員とその家族が幸せになれる会社を目指す。これですね。私は日頃から、会社の目的は社員と家族を守ることだと言っています。そのために、目標方針として売り上げ、利益を上げ、社員分配率六〇％を目標とし、幸福になれる会社を目指しています。このような考えが社長の心の中にあるというのは、やはり社員としてのご経験をお持ちだからでしょうか。どのようなところから、このような理念が出てくるのでしょうか。

菅野　勤めた会社が倒産した経験が大きかったのかと思います。スーパーや旅館、ホテルなどへのトイレットペーパー、タオル、カレンダーなどの配達兼営業の仕事をやっていましたが、ある日突然「会社がダメだ、明日から来なくていい」と言われたのです。私が二十八歳の時でした。二人目の子供が間もなく生まれる時期で、この先どうなるかと思いましたね。

神野　何が原因だったんですか。

菅野　典型的な同族会社で放漫経営によるものでした。社長は丁稚奉公から会社を立ち上げた真面目な方だったのですが、常務と呼ばれている息子がゴルフ、マージャン三昧で、悪い部分をすべて見ました。

幸い私の営業を評価してくれた東京の商社が応援してくれるということで、仲間で会社を創りました。私は社長になるつもりはなく、営業に特化してスーパーのショーケースや券売機、たばこの自動販売機などを扱っていました。そこで空調の仕事を手掛けることになりました。そこで十二年経験を積み、平成七年、四十歳でシバテックを立ち上げ、今年でちょうど二十年になります。

ですから会社は、自動販売機の販売、メンテナンス事業から始まり、券売機、空調設備機器の販売・メンテナンス事業、飲食店厨房、病院、工場店舗のマネージメント・設計施工等の事業を展開しています。

神野　いろいろな業界を経験され、経営も勉強され、いまは業界を引っ張るお仕事をされているわけですが、「本業にこだわるな、本業から離れるな」という考え方があります。「飲食店でもやるか」

「飲み屋でもやるか」といった考えでは失敗しますね。

菅野　本業が調子いいと関係のない商売に手を出す人がいますが、いまはまともにやっていても会社を維持するのは大変な時代です。私は基本的に、現に手がけている商品の中で衰退してくるものもありますので、空調、設備関係を基幹業務としてそれに付随するものをやっていく方針です。

私も今の体制になる前は自動販売機も手掛けましたが、将来じり貧になると考えて当時の担当部長に新会社で独立させました。いまでも県や市の入札はシバテックの名前でやっています。残った人間が空調のメンテナンスやエアコンの洗浄作業を七年ほどやりました。そうしているうちに、エアコンは洗浄するのが当たり前ということになり、多くの新規参入がありました。当初は一台六万、七万だったのが今では二万五千円程度にまで下がっています。

現場を見てお客様が日頃考えていることに形にする

神野　そのような決断はどのようになさっていますか。

菅野　社員に対しては動物的勘だと言っていますが、そういう時は不思議に迷いなく決断できます。いろいろなことを突き詰めて考えるのではなく、直観でこうすべきだ判断しています。倒産した会社にいたことも影響しているのかとは思います。勤めていた会社が倒産した時は「明日からどうするか」と考えましたが、家内から「何をやっても食べさせてもらえると思っているから心配していないよ」と言われた一言に助けられました。

神野　「良妻は口に苦し」という言葉がありますが、すごい奥さんですね。

菅野　そんなことになると大抵は大騒ぎするのでしょうが、幸いにもうちの家内はそういう人間ではなかったので、私も慌てる必要がありませんでした。何をやっても食べさせていけるんだと思いました。

神野　奥さんはしっかり社長を掌に載せておられたわけですね。本には「勘に頼るな」とも書いていますが、経営にはばくち性があります。勘に頼って直観力を磨くために、常日頃どのようなことをやっておられますか。

菅野　自分のやっている仕事をこよなく愛し、仕事の中に遊びを見出すことが大事だと思います。

神野　御社の技術レベルの高さ、技術者の発想ではなく消費者、需要者の要望を読み取って商品、サービスに結び付ける発想力はどこに秘密があるのでしょうか。

菅野　我々が今までいろいろやってきた背景には、お客さんが日頃考えていることに対応する発想です。東日本大震災後は電気の使用量をいかに下げるかという相談が多く、当社で開発したシステムで大幅な消費電力の削減に貢献しています。私が社員に日頃から言っているのは、想像で話をするのではなく、とにかくまず現場に行ってから考えろということです。そこで店舗のリニューアルオープンや夜間工事など、極力自分も立ち合うようにしています。

神野　私も現場、現実、現物の三現主義を大事にしています。現場に行って現実を見て現物を確認しようということです。手で触らないと本当のことは分かりません。

菅野　その通りです。いままでの経験から箱に入ったものが何か分かるというような人間がいますが、私は箱を開けて中身を見たら考えていたものとは違う可能性があるという考え方です。とにかく、自分の目で確かめることが大事だと考えています。想像でものを言うなということです。

現段階では後継者を育てることが最大の目的

神野　我々も真正の事実に基づいて会計処理をする姿勢を基本にしています。現場に行かないと真実は分からない、現物を見ないと存在することが分からない、現物を確認する際には、社員に聞いても分からないので社長に確認する必要があります。社長の経営方針、経営の実践は素晴らしいと思いますし、現場主義を基本に置いた提案型の事業展開で将来も揺るがないと確信しました。今後の方向性をどのように考えておられますか。

菅野　とにかく経営理念の通りで、お客さんに必要とされる会社になることが目標です。内製化してタイムリーにお客さんのニーズに応える商品を提供することが大事だと考えています。また、取引先に一目置いてもらえる会社になること、また、シバテックに関わる人たちがみんな幸せになれる会社をつくることです。

神野　最高の経営目的ですね。東北から関東、北海道に事業エリアを拡大するとなると、社員も大幅に増やすことになります。二〇二〇年をめどにどのような目標を立てておられますか。

菅野　社員にはとにかく資格を取得させ、自分が本業としてやっている仕事だけではなく、電気やダクト関連など他の仕事も覚えてもらいたいと考えています。この体制を整えておけば、いざという時に外部に応援を頼むことなく仕事のバックアップができ、空調に関連した配管の溶接、電気やダクト関連なども一貫して行うことができます。

神野　いわばワンストップサービスということで、これなら社員の意欲も姿勢もどんどん高まると考えられます。将来的にはどのくらいの規模を想定しておられますか。

菅野　現段階では後継者を育てることが最大の目的です。同時に、社員のモチベーションが下がるようなことだけは絶対にしてはいけないと思っています。売り上げにはこだわっておらず、十億円などの数字は求めず五、六億円の水準を維持していきたいと考えています。これから人口が減っていく中で、数字だけを追ってしまうとお客さんに満足していただくことができません。売り上げは自然に伸びれば伸びるに越したことはありませんが、目標利益率を確保しながらやっていく方針です。

ＴＫＣ会計ＦＸ４クラウドのお陰で銀行との信頼関係がアップした

神野　ＴＫＣでは、ＦＸ２に代わる新しいシステムとしてＦＸ４クラウドの提供を開始しました。これまでＴＫＣのシステムを活用することでどのようなメリット、デメリットがあったでしょうか。

また、我々が進めるＦＸ４クラウドで今後の御社の営業展開、支店設置、業種特化などに会計システムの部門別、業種別業績管理が貢献すると思います。月次決算はもちろん日次決算が可能になりますが、どのように評価されますか。

菅野　デメリットは感じたことはありません。御社と取引をさせていただいてよかったのは、月次決算がきちんと納期を守られて出てくることです。それによって銀行との信頼関係がアップし、第一線での営業活動に専念できるようになりました。この点で、日本パートナー会計さんをパートナーにしてよかったと考えています。私は出張が非常に多いので、担当者の方に朝七時や夜八時などに来てほしいとお願いしても訪問してくれます。こちらに合わせていただけますので助かります。そして経理の細かいところまで見ていただいているので、私は報告を受けるだけで済んでいます。また、会計処理以外の人事関連などいろいろな相談ができることも大きなメリットだと考えています。よその会社にはない信頼関係が確立できているのかと考えています。

神野　今後も安心して任せていただける会計事務所、税理士法人として精進していきたいと思います。ＦＸ４クラウドは日次決算、業務別管理、業種別管理、担当者別の管理もできます。毎日の経営者の意思決定に役立つ資料を提供することができますので、ぜひ活用していただきたいと思います。税理士法三十三条二の書面添付という制度があります。税理士法四十五条の真正な事実に基づいて決算、申告をするというもので、国税当局が書面添付付電子申告であれば、税務調査しないということです。是認率も九九・九九％まで来ました。税金という問題は社長の頭から除いてもらい、全力で経営に当たっていただきたいと思います。法人税がアベノミクスでシンガポール並みの一七・五％になる予定ですが、現在の実行税率が約三五％ですので、仮に利益が一千万円なら税金が一七五万円安くなります。赤字の会社は外形標準課税強化の方向ですので、黒字でなかったら馬鹿を見ます。むしろ黒字経営の方が節税になるのです。金融のメリット、節税のメリットに加えて経営面でも、『中是優良企業』としての御社は社員の皆さんが安心して仕事に全力投球してもらうことができます。今後とも、わが社をご活用いただくようお願いいたします。

菅野　こちらこそ、ご指導よろしくお願い致します。

（平成二十六年十一月二十日）

第八章

ＴＫＣ会員会計事務所として、そのオールＴＫＣのノウハウを活かして取り組んだ29回を数えるＪＰＡ秋季大学の体験とその成果から学び、明日の中小企業経営維新に活かそう‼

ＪＰＡ総研
中小企業の生き残りを賭けた事業再生支援、経営承継、
ハッピーエンディング支援を提案する頭脳集団（スペシャリスト）

ＪＰＡ総研グループ　第29回秋季大学

○メインテーマ○
世界に冠たるＴＫＣコンピューター会計システムの活用で
日本一の職業会計人集団を誇るＪＰＡ総研グループの三大業務を実践!!
ワンストップサービスオフィスを確立する

○サブテーマ○
法務ドクター、ビジネスドクターたる専門家集団
ＪＰＡ総合法律経済関係事務所としての具体的実践

ＪＰＡ総研の三大業務

第一：単月黒字会社づくりと申告是認率九九・九九％の実践による『申告優良企業誕生』支援

第二：ハッピーエンディングノート作成促進と遺族に尊敬される相続対策支援

第三：リスクマネージメント業務のプロフェッションとして生損保業務で社長の危機管理を支援

以上、ＴＫＣ理念「自利利他」、顧問先企業を己自身との熱き思いで取り組み実践断行する!!

名誉学長・ＪＰＡ総研グループ神野宗介代表の講話

仕事に熱く情熱を燃やして自利利他の実践をしてきた成果

今日は私から何も言わなくて、これで終わっていいのではないかと思うくらいです。三十年間の秋季大学でこんなに成長したのか。そしてＪＰＡ総研グループの基本的な考え方である亡くなられた恩師の、ＴＫＣ創設者故飯塚毅先生の教訓が、みんなの肌についていると今日も感じたところであります。

故飯塚毅先生は自利利他、「自利とは利他をいう」という哲学を我々に教え残してくれました。本当の自利というのは利他に徹することなんだ。

利他即自利なんだ。

利他の実践に自利を見る。

こういう宗教的哲学というのか、実践から学んだ素晴らしい考え方を私が教わったのは四十五年前です。

こういうことを言った職業会計人は過去にいません。

我々はそういう教えのもとで四十五年、そして秋季大学が二十九回を数えたわけですが、根本的な思想はＴＫＣ理念であります。

「顧問先を己自身だと思えるか」、それが勝負だと故飯塚先生は言っていました。

そして、働く職員のみなさん、可愛い職員の方を「お前は俺だよ」という心構えで接していますか、とも教わりました。

ここが、やはり成功の分かれ目です。

「お前は俺だ」という考えがあるから、生涯を懸けた人生の職場としてこのＪＰＡ総研グループがあると言い切れるかということを自らに問いましょう。

「お前の人生は俺の人生なんだ、だから大切にするんだ」ということを言いきれるかどうかなのです。

総合法律経済関係事務所であるＪＰＡ総研グループが、こんなに熱く仕事に情熱を燃やして自利利他の実践をしてきた成果が、今日の第二十九回秋季大学で見えました。やはり、熱い思いが結果を生む、ということです。

基本的には、「情熱が巨富を築く」という言葉がありますが――雲巖寺の植木義雄老師の言葉だそうですが――「すべてが情熱だよ」と故飯塚先生は常に言っていました。

前後しましたが、今日の大学の一三〇人のエントリーを全部拝見し、本来は二十五名なのですが二十八名にせざるを得ませんでした。それは、選択のしようがないくらい拮抗していたからです。厳正に選ばれた二十八名の人のエントリーの中身を見てください。これが、二十八年間秋季大学で培った成果であり、名誉学長としても「よかったなあ。継続は力である」ということをしみじみ感じさせられ、そして誇りに思える秋季大学であると言ってはばからないと思います。

演歌は人生の道しるべ

総合法律経済関係事務所であるＪＰＡ総研のＪＰＡは、ジャパン・パートナー・アカウンティング＆アドミニストレーションの訳です。新しく入所した方たちは分からないと思いますが、ＫＩＪＰＡのＫＩとは何だと思う？　神野が愛するＪＰＡということです。非常に単純で明快なのです。「花には水をあげるように、人には愛を届けたい」という歌があります。北島三郎の「高尾山」の裏面「笑顔の花」という歌です。実は、これは利他の実践であり、かつ生きる道しるべであり、仕事にも完全に通用します。「代表いいことを言うな」と思ったら、歌の言葉を拝借していることが多いです。

なぜか。歌、特に演歌は人生の道しるべになっているからです。

その道しるべを、我々は生活に仕事に生かしていかなければなりません。そうでなくて、ただ歌っているだけではもったいない。私は仕事に活用しながら、五十年演歌を歌い続けてきました。

時代を先取りしたＪＰＡ総研グループの取り組み

いま各部門の代表から方針発表、状況報告がありました。

パートナーバンクは記帳代行をなくします。自計化を一件でも多くするというケチな考えはとりません。記帳代行は会計事務所からなくすのです。記帳代行という手続き業務、帳面屋、決算屋という申告屋から会計事務所を解放し、提案業務の事務所に生まれ変わらせるということです。また会計事務所の特化業務として、中身の濃い経営士業務を実践していきます。そして、会計事務所の中是優良企業づくりに大いに生かしてもらうことで、ＪＰＡ国際コンサルタンツで取り組んでいただきたいと考えています。

社労士法人は、その任務として益々重要性を増してきます。結局、経営は人の問題が主となるからです。人件費をどうするか、採用をどうするか、労務効率をどう図っていくか。経営者の頭の中を占めるのは人の問題です。

ですから、「事業は人なり、組織なり」と言うんだなと思います。

私もいつも皆さんのことを夢に見ています。頭から、心からというべきか、離れません。事業経営者はみんなそうなのです。だから、我々も組織を作って取り組んできたわけです。

我々と同じような悩みや苦しみを持った社長に大いなる提案をするのが、税理士法人と社労士法人のタッグマッチです。これが見えてきて、先ほど経営労務コンサルティング、そして就業規則の徹底した見直しと活用、これを分科会でも取り上げてもらうというお話がありましたが、期待をしております。

ＪＰＡ総研グループ総合化の意味、融合化一体化のなせる業

故飯塚先生は「職業会計人および税理士、社労士、行政書士の我々は誤てり自己限定に陥ってい

る」と言われました。

残念ながら職業会計人は、非常に長い間の歴史で顧問料ないしは決算料、申告料などを、手数料としていただくという形をとってきました。しかし我々は、手数料、手続き料から脱皮しなければならない時代になっています。記帳代行をなくすというのはそういう意味なのです。

提案料にするということです。

「責任を持って申是優良企業づくりをやります。したがって毎月いただく顧問料は提案料なのです」と言えるようにならなければなりません。

その裏付けとして、業務に対し自信と責任が一体にならないのでは、職業会計人、職業人とは言えません。そろそろ御用聞きスタイルをやめましょう。

それが、JPA総研グループの総合化の意味であり、融合化、一体化がなせる業です。

会計事務所はあまたありますが、我々は融合化し、かつ一体化した強みを生かし、いろいろな角度から問題を慎重に吟味したうえで提案を行っていきましょう。

仕事には適正報酬というのがあります。我々は提案料として堂々と請求するべきだし、「それで結構です。自信を持ってやります。お任せください」という態度が専門家の集団のとるべき姿勢だと思います。

先ほどのいろいろな話を聞いて、我々JPA総研グループにこれだけのグループ企業があって、みんなそれぞれ自信を持ってやっていいレベルになったと私は感じました。

経営維新断行、経営維新改革の本番の年を迎えた

アベノミクスで我々職業会計人の職域である中小企業の経営維新断行、経営維新改革の本番の年を迎えました。それはオーバーだと思う人もいるかもしれませんが、危機管理が存在するのは、危機に対する認識がある人だけです。危機の認識のない人には危機感はありませんし、危機は存在しないのです。ですから危機に対して手を打っていません。

我々は着実に手を打ってきました。平成元年に消費税が導入された際、全社例外なく自計化しようということで取り組みました。そして今はクラウド会計という素晴らしい優れものに、申是優良企業を託せるということに誰もが疑いを持たない状況になっていると思います。

したがって、全社例外なくFX4クラウドで明日が見える経営指導、未来のナビロード経営を顧問先に指導する。これがクラウド会計で実現できるのです。

それをやらないと、二十一世紀後半に大変な苦労を我々の業界が背負うことになります。これを防止するためにも、我々が率先垂範してFX4クラウドに全力投球する方向にあると思います。

なんでそんなに深刻に考えるんだというと、帝国データバンクの景気動向調査を見ると、四六・二で、全国全地域でマイナスです。地方に行くと本当に分かりますが、本当に疲弊しています。石破さんが地方再生大臣になりましたが、国を挙げてやらないと地方再生などはいくらやってもできません。相当の経済政策と財政政策で、まず北海道、東北にお金を導入してかつての田中角栄さんの日本列島改造くらいの勢いでリーダーシップをとる政治家が出てこないと、とてもじゃないけど地方再生は非常に難しい。これが景気動向調査でも分かることです。

そこに消費税増税の導入問題があります。諸外国の目から見たら、株も円も下がるという悪条件にあるので消費税増税はできないんじゃないかという人もいます。しかし、消費税増税をしないと金融、証券、日本全体の景気がダメになるという意見もあります。

一方、中小企業、零細企業を担当している我々税理士業界にとっては、八〇％、九〇％という大変な赤字になることが懸念されます。

我々ＪＰＡ総研グループでは、黒字化率八〇％を維持してやっていきますが、記帳代行でやっている会計事務所は何の手も打っていません。毎月顧問先へお邪魔もしていない。

ある会計事務所の役員が、黒字の会社をターゲットに何とか顧問料を上げてもらいたいと歩いたそうです。「何のために上げるんですか」と顧問先に聞かれ、「いま困っているんだ。人件費も上がって事務所経営が大変なんだ」と答えると、その社長は「では、事務所をやめたらどうなんですか。そういうところは信頼して指導を託せる相手ではない」と契約を断られてしまったそうです。

業界はものすごい勢いでマイナス状況に入っていってます。

危機対応力がますます問われる時代に

問題は消費税が増税されようがされまいが、我々は国家を担っている集団ですから、消費税増税が導入されたらそれに対応する。転嫁と納税と利益をしっかりと指導していかなければなりません。増税にならなかった場合でも、東京オリンピックがある二〇二〇年までの景気回復を期待し心の備えを持った取り組みをしていかなければならないと思います。

そういうプライドと気持ちで取り組んでいくわけですが、前向きに取り組んでいくということで、我々は不動の気持ちでおります。

中小企業は、毎日一〇〇〇件休廃業されており、経済社会から消えていっています。こうした事業を廃止する会社を我々の顧問先から出してはいけない。残念ながら年一決算、記帳代行の顧問先はその可能性があり、そうしたことがないように、記帳代行を完全に廃止し、自計化を促進していくということです。

消費税アップの対応として流通・商業では、大きな反動減が見込まれます。加えて仕入価格が円安でものすごく上昇しています。知恵のある人は知恵を生かしながら――量を知らないうちに減らして――生き残りにかけています。単価が上がっているなら量を減らすしかないじゃないかということで、量を減らしながらしのいでいます。設備投資はやる見通しがないので、力強さがない。我々もそれを意識しながらやっていきたいと思っています。

また企業の危機感、危機対応力がますます問われる時代になっていきます。

ですから我々が危機管理をやることを大々的に宣言してはばからないところです。

まさにいま、経済的な危機なのです。

そのほかに、自然災害の危機も我々にぴたっと寄り添っています。わがふるさと安達太良山も休火山でいつ爆発してもおかしくない。そのような自然災害、経済災害の中で、危機感を持って我々はいま取り組んでいかなければならないということを申し上げたい。

ソニーが赤字拡大、無配という記事があります。今期最大の二三〇〇億円の赤字とありますが、ソニーについて松下幸之助さんの言葉を聞いたことがあります。

大阪の本社で記者会見した時に「どうしてこんなに商品開発できるんですか」と聞かれ、それに応え「わてのところでは東京にソニーという研究所を持ってましてなあ」と答えたそうです。ソニーという研究所がどんどん商品開発してくれるので、それを若干モデルチェンジして世の中に出しているといる……。

私はその記事を読んで、松下電器さんは正しいなと思いました。まさに知恵であります。その知恵を出した方が残って、それに気が付かないで一生懸命研究開発したソニーが赤字拡大、そしていま一〇〇〇人単位で社員の追加削減をし、首を切って生き残ろうとしている。それは本当の事業ではないということを言う人もいます。こうした客観的事実があることを知ってもらいたいと思い、資料の中に入れておきました。

恩師富岡幸雄先生が消費税再増税と法人減税の中止を提言

安倍さんの一番の経済指南役である浜田宏一さんは、「増税は一年延期を」と安倍さんに言っているそうです。ところが安倍さんは国際的に公約しているので板挟みになって相当苦しんでいると思います。一年延期と言った場合にどうなるか、世界がどう見るか。これが今後の動向ですが、我々は一年延期してもらってその間にいろいろなシステムを変えてもらわないとだめだなと思っております。

そのために財源をどうするか、二兆三〇〇〇億円の穴をどう埋めるかということが納税通信に出ていました。法人減税をする穴埋めとして、携帯税、パチンコ税を導入する案が検討されているそうです。

そういう代替税源をどうするかという時に、実は私の恩師富岡幸雄先生が消費税再増税と法人減税の中止を提言しています。先生は九十二歳で、まだまだお元気です。国の税金を払わず消費増税を策動している巨大企業がどれだけあるか。八月四日に新しく本を出されました。

相当の反響を呼ぶのではないかと思いますが、ソフトバンクが〇・〇〇六％しか法人税を払っていない。本当の純利益は七八八億八五〇〇万円で払った平均納税額はたったの五〇〇万円。こういうところに財源の落ちこぼれがあるというわけです。さらにユニクロは、七五六億五三〇〇万円の利益で払った税金は五二億三三〇〇万円で、日本の法人税は本当に高いのかという問いかけがこの本です。

よろず相談業としてのワンストップサービスオフィス

よろず相談業をやってきた我々のよろず相談の中には

経営・経済的な相談、

税法や商法などの法律的な相談、

行政的な相談、

という三分野があります。これを職業的専門家集団として実践断行する三大業務として構築してきました。それを我々の顧問先に、また社会に問う時期が来たと思っているところです。

ＪＰＡ総研グループは、税理士がいま二十人、経営士十七人、社労士五人、行政書士四人。この人数をどんどん増やしていきながら、プロを地で行く大集団をつくっていきたいと考えています。まさによろず相談所が総合法律経済関係事務所としてワンストップサービスができる。これが我々の強みであり、時代の要請だろうと確信しているところです。

どこに相談したらいいかわからないという人がたくさんいます。秋季大学が終わったら、成果物として個人も含めて全顧問先にお送りします。同時にホットラインを作って、どんどん相談をしてもらえるように二十四時間で受け付ける体制を整備します。

経営者の意思決定を支援するのがＪＰＡ総研グループ

職業的専門家である我々プロフェッションが取り組む、法務ドクター、ビジネスドクターの意味するところは、我々の事務所は総合法律経済関係事務所であるということです。総合事務所として関係する法律業務は、税理士法に基づく税理士業務、労働基準法、社労士法に基づく社労士業務、さらに行政書士の法務行政業務として具体的に確立しているわけです。

確立した主要三者の盤石のプロ集団になったのが法務ドクターの狙いであり、これからの実践であります。

ビジネスドクターとしては、税理士、社労士、経営士の集団が百三十五名のスタッフと一緒になって、申是優良企業づくり、不動の会社づくりに取り組み、単月黒字は当たり前、月次決算は当たり前にすることです。

ＦＸ４クラウドが導入されたら、タイムリーに、日常的にデータが出てくるので、社長から「この数字はどうなっているんだ」とどんどん問い合わせされます。わかりませんなどとは言っておれません。

ＪＰＡのＡは、アカウンティング＆アドミニストレーションであり、アドミニストレーションは意思決定であり、意思決定を支援するのがＪＰＡ総研で、意思決定するためにジャパン・パートナー・アカウンティング＆アドミニストレーション（ＪＰＡ）という会社にしたわけです。

そういうことが、ビジネスドクターとして確立された現在であります。大いにこれから経営指導で経営士の出番をつくり、経営士の資格を発揮してもらいたいと思っています。

書面添付は租税正義の実現と税理士職務の防衛

書面添付は税務署のちょうちん持ちなのか。税務署の片棒を担いでいるのか。それは全く違います。

税務署があるから書面添付をやっているのではなく、我々職業会計人として、税理士として、国家の財政を担う人間として、正しい納税、適正な金額を納めるために一円の取り足らざるも一円の払い過ぎも認めないというスタンスで租税正義を実現するためにあるのです。

昔は税務署をだますには刃物はいらない。税理士事務所、会計事務所をだませばいいんだという話がありました。しかし、今はそんな時代ではありません。

税務調査四％が三％になったのは、財政難で国税調査官を減らしているからで、それにかこつけて脱税者が増えているのではと心配されています。だから、脱税者が出ないような書面添付をきっちり我々がやらなかったら、脱税者を放置している税理士の責任になります。

そのことを正しく理解できない税理士先生は、「なんで、先生は税務署のちょうちん持ちをやるの」と言ってきます。それは違う。私たちは正しい納税申告をやり、租税正義を実現するためにやっていると申し上げている昨今であります。

また、「書面添付をやったら責任条項があるでしょう」と言う先生もいます。「それは逆の発想じゃないですか。書面添付で我々の職員の仕事の身分・権利を守っていく制度が、税理士法第三三条の二の書面添付制度ではないですか」と堂々と申し上げています。

申告是認率九九・九九％を確立することが職業会計人、ＴＫＣ会計人としての王道であり、その王道を歩んでやっとここまでたどり着いたわけです。それを我々は誇りに思います。プライドを持って仕事をするから堂々と顧問先にものが言えるのです。

また、なぜ脱税や不正が割に合わないか、我々が一番知っています。これだけの情報社会においては、脱税などするチャンスはないというくらい税務調査の網がかかっています。ただ一方でＩＴ革命の中で税金逃れをしている会社があります。同時に国際化の中で税金を払わない大企業が増えているということを聞いております。したがって我々は、職業的専門家として、寄り添いザムライとして、その心にふさわしいおもてなしの仕事と同時に、いうなれば監視役のプロフェッションとしてこれから仕事をやることをみんなで確立していきたいと考えています。

ＪＰＡ総研グループは、ワンストップオフィス、すなわち総合法律経済関係事務所として、税務会計、経営労務、法務行政という総合法律と経済関係事務所として、社会的存在がまさにいま花開き、実を結ぶ時代になったと私は確信しています。

その証拠が二つの大きな商標権です。本来はＴＫＣが推奨すべきことかもしれませんが、先発会員としてハッピーエンディングに続き「中是優良企業誕生支援」を商標登録しました。それはプライドであり、これに恥じないことをやるとの決意した証であります。

専門家・プロフェッションとしての三大業務

中是優良企業誕生支援、ハッピーエンディングノート作成支援、リスクマネジメントを危機管理業務をもって三大業務と位置付けています。これを今後の大きな柱として取り組んでいきたいと思っています。

一つ目の中是優良企業誕生支援業務は、ＴＫＣのフロントランナーとしても、ほかに真似のできない業務として取り組んでいるところです。中是優良企業誕生については恩師故飯塚毅先生から「顧問先が存続しかつ発展する。そういう素晴らしい会社を育てることがＴＫＣ会員としての使命である」「税務申告して否認されるのでは、ＴＫＣ会員としては恥である。だから、申告是認率九九・九九％を実現することが皆さんの課題ですよ」と言われました。

わが事務所は九九・九五％までいきました。もうまもなくで九九・九九％にいきます。そのためには、記帳代行業務は会計事務所から排除し、中是優良企業づくりに力を入れ一〇〇％にしていくという決意であります。

二つ目のハッピーエンディングノート作成支援業務は、老齢化社会が進む現状を踏まえて、愛の心で取り組む「ハッピーエンディングノート作成支援」に全力投球するのは今であるとの確信があるからです。エンディングノートはどこでもやっていますが、みんなエンディングだと、終りということで書きたがらない。そうではなく、ハッピーなことだったら書いてもいい、ということになります。スタッフも揃いましたので税理士法人と行政書士法人で愛の心で取り組んでいきたいと考えています。

そして、遺族に尊敬される相続対策——平成二十七年一月から相続税の控除額が縮小され大増税になりますので——、「相続対策と相続税の節税対策提案業務」のセミナーを徹底してやっていきたいと考えています。

生保指導「ミッション二〇〇〇」

三つ目の職業的専門家としての危機管理業務、リスクマネージャーとしての取り組みですが、人的財産の完全防衛、満腹作戦を実践する生保指導「ミッション二〇〇〇」を何としても実現したい。分科会で明日やりますが、充足率二〇〇〇億円を実現するのです。我々は企業防衛、保険指導に昭和四十五年から完全防衛、満腹作戦と言って取り組んできましたが、中身が伴っていなかった。半分しか充足していない。借金、事業経費を上回る保険に加入していなければ、保証人である奥様や息子さんに迷惑をかけることになり、我々は十字架を背負うことになります。そういう悲劇が起きないように、私はそれを体験していますので、絶対に避けるためにもミッション二〇〇〇は断固として、今までの分を取り返すためにもやります。さらに物的財産の安心安全の損保指導「ミッションー〇〇〇」も、リスク管理として取り組んでいきたいと考えています。

もともと我々は、リスク管理業でした。昔の一番のリスクは税務調査です。税務調査がいつ来るかわからないから、そのリスクに備えるために我々会計事務所があり、我々税理士の仕事が成り立っていました。

いまはどうですか。まったく逆です。税務調査がないんですから。税務調査がリスクだという人は記帳代行会計事務所に圧倒的に多いわけです。我々は、世界に冠たるＴＫＣコンピューター会計によって、そこから脱皮しています。この前ＴＫＣのシステム研究所に行きましたね。あのすばらしい世界に冠たる計算センターを見て、自信をもってこれから取り組んでいき、全国第一位を継続すると同時にＦＸ４クラウドで勝負をかけて取り組む決意であります。

アメリカ型のＦＸクラウド進出脅威に勝るＦＸ４クラウド

最後にＦＸ４クラウドについて紹介しておきたいと思います。米国シアトルから最新型ＣＰＡビジネスモデルを公開するために日本にやってくるそうです。三五〇〇円でやるそうです。

これがどういうことを意味しているのか。スマホで数字を確認するだけで——クラウド会計で—

―リアルタイムサポートで日時決算が可能になるという触れ込みで、それを日本に普及しましょうということです。

アメリカのＦＸ型を調査研究したＴＫＣの報告によると、

・低価格クラウド型の会計ソフトが年商一億円規模の中小・ファミリー企業に浸透し、利用割合が九〇％を超えているという事実に脅威を感じた。遠からず、日本でも同じ現象が引き起こるだろう。

・中小企業の多くがクラウド型の低価格ソフトを採用する流れの中で、我々は月次巡回監査を今まで以上に高いポジションで維持し、付加価値を高めなければならない。

・申是優良企業をＦＸ４クラウドでサポートすることで、クラウド会計を我々会計人の指導でやらなければ顧問先は離れるし、とんでもないクラウド会計が日本中に蔓延し、適当な税務申告になってしまう。

・信頼と安心を手掛かりに対策を早急に講じなければ、手遅れになると痛感させられた。

これが、ＴＫＣ本社のアメリカ視察の結論であります。

これを我々は防がなければならない。その警鐘乱打を鳴らすために、我々は秋季大学で結論を出していきたいと思います。

リアルタイムで経営数値をつかむＦＸ４クラウドが、我々の生き残る、勝ち抜く唯一の会計システムであることを皆さんと確信して私の話を終わりますが……

今!!　税理士会計事務所が生き残るのは二割だといわれています。そういう時代が間もなく来るという危機感を持って対処していきたいし、そのための二十九回秋季大学が内容の充実と危機感を総決算した分科会にしてもらいたいと思います。

来年は三十回になりますので、総決算として顧問先三十社くらいをお呼びして、日本パートナー会計事務所税理士法人を顧問として依頼、黒字会社から優良企業となり申是優良企業になった成功体験、ハッピーエンディングノートの体験、リスクマネジメントで救われた成功体験など、この場で発表していただき、それについて我々がコメントをするようなことを考えています。いかがでしょうか。

ご清聴ありがとうございました。終ります!!

平成二十六年秋季大学成功体験者のエントリー

本部

奈良信城　リスケの出口戦略所得税法六四条二項の活用
國井善浩　社宅負担金活用による節税
根本孝幸　遺言提案からの不安解消へ
山本和宏　関与先N社の事業承継・相続対策の受託
石井良典　会議と何気のない一言
鈴木君平　財団存続危機一髪
早川佳美　ビジネスパートナーに選んでもらえるまで
大室暁紀　香港の銀行口座開設支援と国外財産防衛
坂上尚大　事業承継支援
若谷隆元　新規の際に心がける事
白木寛之　お客様と共に成長する
安徳修一　全関与先の単月黒字化に向けて
石川勇祐　ワンストップサービスにおける関与先防衛
関　大樹　ハッピーエンディング業務の推進

杉田聖典　今後の抱負
陳　修明　福祉から会計人の世界へ

立川支社

片野安幸　社内勉強会の開催で社員の会計力アップを目指して
藤原義仁　新規拡大～単月黒字の達成のために！
高林宏樹　ＦＸ４クラウドの導入実践事例
植野加津俊　顧問先の成長と共に
井上雅子　継続ＭＡＳで社長の意識改革
荒木徳子　新規の顧問先の立直しを顧問先と共に
須崎康生　遊休地の活用について
池田展行　戦略経営会議による黒字経営支援
上野祐介　新規獲得の心構え　自利利他の実践
坂本大樹　親身の相談相手
川那辺翔　頼られるビジネスパートナーを目指して
石森大介　税理士業界の現状把握から今後の働き方について

横浜支社

伊藤裕二　新規開拓と戦略経営支援
勝又　均　地域密着で仕事を獲得
小林裕美　あなたは成功する運命にある
三田将之　戦略経営支援による会議指導と経営者・後継者の育成支援
立石美恵子　企業再生に直面して
加藤嵩之　内部取引を用いた部門別管理体制の構築

渋谷支社

野田洋介　年一関与先への対応
平井伸弥　生命保険とファイナンスを活用した役員貸付金の清算プランの実施
米崎慶一郎　月次監査における補足資料の活用
井ノ口昌利　社内体制強化
古川純也　FX４の導入と活用について
市川華江　月次移行までの三年と八ヵ月
森田健一　社内体制・業績改善
横山恒平　挑戦できる初担当先

郡山支社

宗形清治　最近の新規紹介先について
神谷弘信　年一決算の自計化及び月次化
増子仁子　自計化
松本智子　お客様の夢の実現のお手伝い
神　通浩　再生支援協議会への申立て～事業再生をかける経営改善計画書～
荒川和也　記帳代行からの脱却から、瞬く間の単月黒字化へ
栗城巧真　意識統一会議の重要性
須藤　亮　企業防衛の重要性

福島支社

佐藤重幸　私たちの使命は会社と個人のトータルサポート
坂巻　仁　戦略経営支援による会社体制の構築
渡辺秀路　戦略経営支援の結果
鈴木俊也　破産の危機から企業再生へ
渡邉淳一郎　自社株評価から株式贈与へ
田中　徹　新規開拓は日々の小さな積み重ね
佐藤弘康　中期経営計画からの顧問料値上げ

渡部慎也　ＴＰＳ８２００活用による相続対策
小野部峻　標準業務の徹底

吉祥寺支社

市川智則　吉祥寺支社目標達成にむけて
吉田　哲　ＦＸ４クラウドの活用と問題解決
小暮高史　黒字企業割合八六・七％達成
稲葉祐輔　会計事務所としての黒字化支援
清水謙士郎　Ｗｉｎ　Ｗｉｎの関係
向田士穂光　巡回監査支援システムを通して

二本松支社

常光祐志　企業防衛充足率一〇〇％をめざして
鹿又　徹　戦略経営支援とＦＸ４クラウド導入へ
伊藤　徹　ハッピーエンディングノートの必要性
長峯英二　継続ＭＡＳシステムの利用でみえる化できた経営
渡邉美穂　出来る事からとにかく実践する

仙台支社

佐藤泰男　相続税申告業務から二次相続対策について
平栗義一　巡回監査から自計化指導、そして増収増益企業誕生
高橋夏樹　担当者としてあるべき姿

社労士

田島貴美子　売上目標の達成に向けて
三和飛鳥　社労士法人の補助業務にて
岩出　優　初年度の成功体験と今後に向けて
安藤陽子　今後の目標
岩永恵美　労務問題解決へ向けた就業規則の改定提案
加藤純子　秋季大学エントリー

行政書士

浅川　晃　ハッピーエンディングノートの活用事例
飯田将邦　遺言書作成サポート業務
有年正聡　十年前の公正証書遺言から
青木正裕　ハッピーエンディング実現へ向けて

樋渡章太郎　今後の目標と決意
菅野重美　分割協議書の作成
今泉知明　債務の株式化による増資、特定建設業許可
渡邊貴理　日本パートナー会計事務所の行政書士として
渡辺久美　建設業新規許可申請

総務

坂和　聡　ミスを最小限に抑えるための三つのポイント
武田圭子　秋季大学パンフレット作成
佐藤由佳　つながる―笑顔と言葉
中田朋子　FX2支払管理機能の活用
高山祐三子　PX2
中澤紀子　オールマイティープレーヤーを目指して
小暮和香菜　未収金を発生させないために
鈴木美香　この一年を振り返り
宇野裕美　相乗効果の実感
三浦寛美　税理士事務所オフィス・マネジメントシステムの徹底活用
矢野亜美　第二の家族

遠藤理枝　記帳代行班の業務

及川歩美　総務としての役割

斎藤幹子　未収金ゼロを目指して

齋藤真理子　文書ライフサイクルにおける「保管」と「保存」の実践

川名　晃　一年をふりかえり

金野幸子　目配り・気配り・心配り

阿部朋子　社会保険労務士として

我社を代表する表彰職員の成功体験発表

（1）巡回監査から自計化指導、そして増収増益企業誕生

仙台支社　平栗義一

Ⅰ．企業概要

株式会社：F社

事業内容：中古自動車販売業　設　立：平成二十四年四月

売上高：一億三千八百万円　従業員：三名

所在地：仙台市太白区　決算期：三月（前期は赤字決算で終了）

概　要：車両売却希望者から特定のインターネットサイトを通じて、中古車両を買い取り、鈑金や整備等を自社で施した後、大手中古車両オークションサイトで売却する業務をメイン業務としている会社です。

私は平成二十五年六月から担当しています。

Ⅱ．根本的な赤字の原因

私が前担当者と同行し、初めて巡回監査に伺った際、ある疑問が生じたことを今でも覚えています。それは、なぜ前期は赤字決算で期を終えてしまったのかということです。なぜなら、F社は若い社長を中心に従業員は結束し、事務所の雰囲気も明るく活気があり、売上も堅調に推移している状況であったからです。

その後、何度か巡回監査に伺っているうちに、その根本的な原因が少しずつ見えてきました。それは社長があまりに多忙であることが原因であると考えられました。社長は常に車両買い取りの交渉の現場にいることが多く、そのため巡回監査時には、あまり面談をする時間が取れなかったことや、当時は社長と営業員二人だけという状況であったため、ほとんど伝票の入力がされていなかったということが大きな要因でした。特に繁忙期には、全く伝票の入力がされていないことも度々あり、巡回監査に伺っても、現場での記帳作業だけで終わってしまう月もあった程です。

私は、この現状を変えなければ、当期も前期と同じように赤字決算で終わってしまう可能性が高いと思い、下記の二つの事を社長に提案致しました。

①私が巡回監査に伺った際には、必ず面談する時間を設けて頂く事
②社長と面談する時間を確保するために、少しずつ自計化を進めて頂く事

提案した当初は、なかなか応じて頂けない月もありましたが、毎月根気強くお話することで、上

記の二つの事を習慣化することに成功しました。その後、社長の理解を得て、パートで事務員を雇って頂き、無事に理想的な形で自計化を完了することができました。

Ⅲ．具体的な赤字の原因

その後、毎月、社長と面談を重ねることによって判明した事があります。それは、社長自身あまり経営数値が分からなかったということです。社長が自らの感覚で把握している金額と実際の財務諸表上の金額には若干の相違があり、そのような状況で毎月経営判断を行っていたのです。

それからは、毎月の巡回監査時に、財務諸表の読み方やその仕組み・活用方法について指導すると共に、社長と様々な会話をさせて頂くようになり、具体的な赤字の原因がはっきりと見えるようになりました。

大きな原因の一つとしては、車両買い取りの機会を著しく逸していることでした。車両売却希望者が特定のインターネットサイトを通じて価格査定登録をし、その後、業者が車両売却希望者に電話連絡を行い、直接現場に出向いて査定し買い取るのが、この業界の基本的な流れです。ただその際には、複数の業者が競合することが多々あり、電話連絡の先着順によって買い取り交渉を有利に進められるかどうかが決まるということでした。

当時、F社においては、社長を含む営業員全員が現場にいることが多く、F社側から車両売却希望者に、即時に連絡を取ることが不可能な状態でした。その為、売れ筋車両を買い取る機会を著しく逸している状況でした。

そのような事態を防ぐ為にも、社長に人員の配置替えに関するお話をさせて頂き、営業員のうち必ず一人は事務所に常駐させ、車両売却希望者が価格査定登録時に、F社側から即時に電話連絡できる体制にしました。その結果、売れ筋の車両を効率良く仕入れることが出来るようになり、今現在においても売上は伸び続けています。

当期の決算においては、売上高前期比二八〇・三%、利益に関しては黒字に転換することが出来ました。社長からは「本当にありがとうございました。おかげさまで増収増益で決算を迎えることができました。」とのお言葉を頂戴致しました。

Ⅳ．おわりに

今回の事例を通して、自計化の必要性、巡回監査の有用性、社長との面談の重要性を強く認識するに至りました。また、巡回監査を行うことにより顧問先に対する細やかな指導を行うことができ、税務会計の適法性はもとより、的確かつ迅速な経営助言にも役立てることができるということを身をもって実感することができました。

私は巡回監査の重要な役割は、経営者を始めとした顧問先企業関係者との信頼関係の構築に役立つということにあると思います。なぜなら、毎月定期的に伺うことにより、企業や経営者の多様な側面を垣間見ることができ、また、その時々の小さな変化を見逃さずに捉えることができるからです。引き続き、強い信念と覚悟をもって、顧問先を積極的に支援して参ります。

（2）ビジネスパートナーに選んでもらえるまで

本部　早川佳美

●PROLOG　～苦手意識からの脱却ヒント～

新規開拓は正直苦手でした。紹介こそあっても成約しない状態。そんな時、新規の紹介を得た際に、奈良本部長に同席してもらいヒントを得ました。今までの私は自信がなく、こんな私を、誰がビジネスパートナーに選ぶのだろうか。自信のある対応こそ、新規獲得につながる。「自信と希望が漲る提案」これを常にイメージすることとした。

●TARGET　～イメージを常に～

新規開拓とはいえ能動的にターゲットを定める必要性を感じた。（1）顧問先の紹介（2）年一関与先の月次移行（3）個人事業主の法人成りの3つが最重要ターゲット。特に、既存の取引先である（2）と（3）については、私が出来る喜ばれるサービスと、それに伴う顧問料のイメージを常に持つようにした。新規のタイミングは突如として到来する。そこで堂々と即答することで、他の税理士に当たる隙を与えないように心掛けた。

●BASIC1 ～顧問先の紹介～

私「紹介してくださいよ。」↓顧問先「うん、有ったらね。」↓「GAME OVER」。

そこで、「周りに起業した方はいらっしゃいませんか？」「お友達の会社の税理士さんは、どんな人ですか？」と具体的なイメージが湧く聞き方に変えた。「今度会った時に聞いてみるよ」という反応に変化。社長に「お願いされていたんだ。」という潜在意識を形成させることが必要だと感じた。

●BASIC2 ～年一関与先の月次移行&個人事業主の法人成り～

新規契約の可能性が高いのは、この二つ。

（1）PICKUPすべきは
①優秀な経理がいて、年に一回の決算だけの会社
②質問が多い、記帳代行の会社
③ヤル気のある個人事業主

（2）APPROACH
①経営指導を中心に提案。その際、御茶ノ水ビルにての打ち合わせが有効だと感じた。「税理士

は雑居ビルにいる」のイメージを払拭することが出来、尚且つＪＰＡ役員を同席させることで、私一人ではなく事務所全体でバックアップする体制をアピールできた。

②自計化にシフトさせる。それも、必ず。強制的にお会いする頻度を高め、信頼を得ながら、満を持して提案。どんな方でもＮＯと言えなくなるのは必然だった。

③資料回収を定期的に行う。ヤル気のある事業主は、資料も積極的に準備し、訪問時に話をするのを心待ちにしてくれている。その都度、法人化の話、またそれに伴う基礎知識を常にレクチャー。その中で、「年に一回会えばいい」という税理士との付き合い方に変化が生まれます。

また生活防衛の群発地域でもある。

● SUCCESS CHANCE

提案タイミングは突然来る。というよりも、むしろ、上記 TARGET & APPROACH をしている限り、もうすでにタイミングは到来していると考えた方が良い。そのチャンスをつかむというよりも、チャンスに気が付くかどうかが重要。

● FAILURE ～失敗例～

新規顧問の契約が破棄された由々しき事態があった。契約を得て、自計化を推進する中で、「キーマン」の見誤りと「経理の選択」を失敗した。手近なところで経理を社長の妹さんに一任。しかし、リタイアしたはずの「会長」が出てきて、ベテラン経理を入社させた。そして、ベテラン経理の「お抱えの会計事務所」とやらに（偽税理士？）顧問契約を取られてしまった。そこで、キーマンを即時に押さえること、そして経理選びは、慎重にやらなければならないと猛省。

しかし、「シニア経理財務」との付き合いが始まり、逆に、この手を利用した。経理が退社した年一の関与先については、「シニア経理財務」と「ＪＰＡ月次顧問」のセット提案をし、新規顧問契約に結び付けた。

●lamaDREAMER

ビジネスパートナーは、結婚相手と同じくらい大事な存在。最終プロポーズは堂々と、「夢と希望を詰め込んで一緒に戦いましょう」と熱狂的にアピール。その際には、必ず、見積書だけではなく、契約書と、引落口座の用紙を手許に控えておくことは言うまでもない。

●CHAIN CHRONICLE

前年は、上司提案も含め七件契約することが出来た。また、提案したからには、責任を感じ、また期待に応えるため、全力でサポートする。結果、喜んでもらえることが出来ていると感じている。

またそこから絆が深まり新規が来ることを期待している。

（3）新規獲得の心構え　自利利他の実践

立川支社　上野祐介

1、はじめに

私は新規について47期は四件、48期は三件と実績を挙げる事ができました。日々の巡回監査から心掛けている点を実践することにより、関与先からご紹介を頂けた部分が大きいと思いますので、以下の四点についてまとめました。

2、実践事項

①時間厳守を心掛ける

以前、退職者から担当を引き継いだ際、経理担当者を務める社長の奥様から○○さんはいつも遅刻してきて……と愚痴をこぼされた事があります。

奥様が経理も務めている場合には、主婦業もされているので、我々が考えているよりはるかに、時間に追われた日々を送っていることもあるかと思います。お客様を待たせる事は、関与先からの信頼を低下させるのは勿論ですが、新規を紹介したいという気も失せさせてしまいますので、時間厳守は第一に実践しています。

②礼儀正しく元気な挨拶

ＪＰＡ総研の強みでもあると思いますが、元気な挨拶を心掛けています。業績不振の関与先に訪問すると、どんよりと暗い雰囲気が漂っている場合もあります。その雰囲気に同調してしまっては、関与先を元気付ける事は難しくなってしまいます。

我々は毎月エール手当を頂いています。黒字化支援の第一歩は元気な挨拶で関与先にエールを送り続けることだと思います。赤字で余裕のない関与先からは新規の紹介は難しいと思います。黒字化支援をしっかりと実践する為にも、礼儀正しい元気な挨拶を実践しています。

③社長のニーズを聞き取る

毎月、巡回監査にお伺いする際、一方的に毎月のデータを報告・説明するだけでは関与先のニーズに応えるのは難しいと思います。社長の話をしっかり聞き取り、今月社長は何を意識して動いていたのか、心配事は何なのか、社長や従業員さんの将来について社長の考えを十分に知る事が重要だと思います。

経営者は孤独な立場である事を理解し、時には聞き手に回ることに徹し、その上で関与先にあった情報提供や、提案等をすることにより、社長のニーズに応えていくことが重要だと思います。社長の周りで今の税理士に不満を持っている方がいる場合には、あの担当者なら期待に応える事が出来ると感じてもらえるように毎月の巡回監査にお伺いしています。

④常に意識し、関与先に伝える!!

常に意識していると、自然と行動や言動も同調します。そして何よりも大事だと感じるのは、関与先に新規をご紹介して頂けることは嬉しいことだと、しっかり伝える事だと思います。関与先からどんなに信頼されていても、社長からあの人はいつも忙しそうだから、紹介したら迷惑をかけてしまうと思われてしまっては元も子もありません。社長の周りで会計事務所をお探しの方がいる時に、社長の頭にパッと自分の顔が浮かぶように普段からしっかりお伝えし、常に新規を意識し行動するように心掛けています。

4、まとめ

実践事項のほとんどが、社会人としては当たり前の事で、簡単に誰でも実践できる事だと思います。しかし継続して実践することで徐々に浸透していく事だと考えます。

新規を獲得できれば他の会計事務所では疎かになっていた業務、企業防衛や戦略経営支援、経営者の相続対策等、様々なビジネスチャンスも広がります。今後も常に新規を意識し、既存の関与先の黒字化支援、社長のニーズにしっかりと応えられる監査担当者を目指して業務に邁進していきたいと思います。

（4）再生支援協議会への申立て
～事業再生をかける経営改善計画書～

郡山支社　神　通浩

Ⅰ．企業概要

株式会社：S社
事業内容：弁当製造・販売業、飲食店経営
年　　商：約一億五千万円　　従業員三十名
所在地：福島県郡山市　　事業年度：一月一日～十二月三十一日

創業約四十七年と郡山の弁当屋としては老舗で知名度があり、役所や学校関係を中心に事業を展開してきました。現在、弁当事業部門の他に、飲食事業部門もあり、飲食店の経営、イベントへの出張販売も行っております。

Ⅱ．現状

	売上高	利益
三期前（平成23年）：	一四六、三一六千円	七、〇七七千円黒字
前々期（平成24年）：	一四六、八八九千円	三、四九四千円黒字
前　期（平成25年）：	一四五、四三九千円	四六千円黒字
平成26年7月現在：	七四、〇三九千円	五、六〇九千円赤字

震災後、復興需要に助けられ、直近三ヵ年は、順調に推移しておりました。平成二十六年に入り、原料高騰、消費税増税、復興需要にもかげりが見え始め、打開策を模索することが求められる状況となってきました。また、本業上の問題以外にも、関連会社の事業失敗に伴う負債、代表者個人の問題等があり、経営外の問題との峻別ができず、会社から多額の資金流出を招き、会社経営に悪影響を及ぼす事態にも発展しております。

Ⅲ．対策～経営改善計画書～

①福島県再生支援協議会への申立て

会社経営及び個人の問題を踏み込んで対策を行うには、会計事務所だけの支援のみでは解決できず、取引銀行を巻き込んでの支援が必要となるため、福島県中小企業再生支援協議会へ申立てを行いました。

②事業分析

経営改善計画書策定をするにあたり、S社の事業分析をする必要があり、福島県再生支援協議会の方で中小企業診断士の方に事業分析を依頼され、私はまず、その手伝いをさせて頂きました。S社の事業分野は幅広く、弁当事業部門については、小売弁当や卸弁当、宅配弁当、介護弁当、飲食事業部門は、飲食店、イベントの出張販売となります。それぞれの資料を作成し、中小企業診断士の方に分析をして頂きました。

③経営改善計画書

(1) 作成開始

各県によって違いますが、福島県では、再生支援協議会に申立てられた案件に関しては、顧問会計事務所に経営改善計画書作成の依頼をすることが多く、社長、専務、従業員、メイン銀行の方と共に計画書作成に取り組みました。私は今まで、継続MASシステムにより作成してきましたが、十ヵ年計画ということもあり、エクセルにより一から作成することとなりました。

(2) 数値計画

まず、会社の計画書です。数値計画では、社長から聞き取りしたことを踏まえて、PL計画、BS計画、CF計画、税額計画、借入金弁済計画（年度別、金融機関別）、作成根拠資料等を作成致しました。借入金弁済計画では、十ヵ年のリスケジュールを決める計画なので、メイン銀行の方とやりとりして決定していきました。震災後の融資は現状維持、基準日残高割合、完済予定の融資もあり、計画途中で返済額も変更となるように借入金弁済計画を作り上げました。

（3）事業計画

事業計画では、はじめに、概要（企業情報、設備等の状況、沿革、特徴、ＢＳ、ＰＬハイライト）、窮境の要因（震災の影響、窮境要因）、環境分析（外部環境分析、内部環境分析）、分析結果、事業の方向性、金融機関への要請事項、事業計画（計画骨子、計画策定の前提条件、経営課題と対応方針、改善計画の進捗状況について、数値計画）を作成しました。分析結果では、ＳＷＯＴ分析を用いて、作り上げました。

（4）代表者個人の計画書

個人の計画書では、個人借入金が発生するに至った原因、個人版BSPL、借入金別残高、月次返済額及び利息、十ヵ年の借入金返済推移表を作成しました。

Ⅳ．事業再生をかける経営改善計画書

経営改善計画書は、一ヵ月間かけて完成しました。決算や監査もある為、その合間を縫っての作業でしたが、寝る間も惜しんで没頭致しました。そのおかげで、平成二十六年九月四日のバンクミーティングでは無事に承認を得られ、ようやく肩の荷がおりました。社長やメイン銀行の方と固い握手を交わし、大変でしたけど、顧問先の役に立てたと思い、達成感でいっぱいとなりました。私自身も経営改善計画書作成を通して、計画書の作り方や分析、考え方等を学べたことは自身の成長につながりました。

V. おわりに

近年、社会環境の変化がめまぐるしく変わる中、関与先の状況を把握し、支援できる立場にあるのは、会計事務所です。常に当事者意識を持ち、関与先の為に、力になれる主査を目指し、日々努力していきます。

（5）労務問題解決へ向けた就業規則の改定提案

社労士法人・二本松事務所　岩永恵実

1、初めに…

退職した従業員が、〝残業不払い〟で監督署に駆け込んだりする事は、今までも有りましたが、最近では在職中の従業員が偽名で〝残業不払い〟で駆け込んだり、業務中の傷病だと、数ヵ月経ってから〝労災申請〟をしてきたりと、本人の意思ではなく、周りの人から中途半端に知恵を付けられている人が少なくありません。

今回は、関与先からの紹介で相談を受け、就業規則作成へと結びついた事業所の事例を書かせて頂きます。

2、事例

①関与先R様から坂巻支社長経由で、三月上旬、株式会社Kの労務相談が入りました。前日まで普通に働いていた従業員の突然の出産及び育児休業の最中の出来事です。タイムカードのコピー添付で、『タイムカード打刻後に、四十五分から二時間程度の掃除をしたりしていた。ついては、〝残業不払い〟の分が有るから支払って欲しい。』と、平成十九年から産休に入るまでの期間で六六四万近くの請求が届きました。（父親が、娘の名前で請求）

②掃除は、自発的にしていたもので会社からの指揮命令は出していなかったので、対象とはならない事を説明し、二年以上前は、『消滅時効』の援用をお勧めし、通知書のサンプルをお渡ししました。

③事業所は、二十四年三月〜二十五年二月までの一年分のみ、清掃をしていたとされる時間分の金額七十万ほど支払い、終了しました。

④退職届が出ないまま、育児休業終了後は無断欠勤をしており、事業主から再度相談が来ましたので、『進退確認』をさせたところ、〝休業の延長〟届が届きました。休業届も出ていないのに延長は出来ないと回答させたところ、診断書添付で『十二月まで傷病手当を申請してほしい。』と、

来ました。

就業規則に制裁関係が記載されていないか確認しましたが、簡単な事項しか書かれておらず、休業についても詳細が決められていませんでした。

結果、事業所は十二月まで認めざる得なくなりました。

⑤株式会社Kは、顧問契約をしている所が有ったのですが、今までも相談には一切乗ってくれず、アドバイスも提案もなかったとの事でした。現在ある就業規則も、インターネットでダウンロードしたまま使用していたようで、会社の実態にはあっていませんでした。その結果、就業規則も『しっかりした物を作りたい』と頼まれ、休業繰り返し防止等の条項も入れ、つい先日提出を終えたところです。
専務・人事担当者から『有り難うございました。きれいな就業規則・使える就業規則を作って頂いた事が、嬉しいです。』と、大変感謝して頂きました。

3、今後に向けて

前出の従業員が、十二月にどのような要望を出して来るのか、まだまだ余談は許しませんが、退職願いが出る事を祈りつつ、連絡を待ちたいと思います。

小さな事から、私達も頭を悩ますような人事・労務問題が、まだまだ山積みです。

私たち自身が、スキルアップをして行かないと、相談に乗れないと思いますので、沢山本を読み、知識を身に着けて行きたいと思います。

（6）つながる ― 笑顔と言葉

本社　佐藤由佳

1、言葉を届けよう

（1）心地よい一言を

我が家の近くにクリーニング店があります。そのお店に私はたまに行きます。いつでも決まって「いつもありがとうございます」とまず一言。帰りは「またお待ちしております」と声をかけてくれます。何気ない言葉ですが、ふと、この言葉はどこのお店でも使っているかと気になり意識して聞いてみると、意外に使われていないのです。「いらっしゃいませ」、どの店に行ってもこの言葉を一番多く耳にします。「いつもありがとう」の言葉を初めに聞いた時は「えー　いつも来ていないのに」と照れくさかったのですが、何度か聞いているうちに「いつもありがとう」と一言付け加えると人を気持ちよくさせる言葉だなぁと感じてきました。

このことがきっかけで、私は意識して「いつもありがとうございます」を使うようにしてきました。例えば来社されたお客様に対して、「いらっしゃいませ」だけではなく「いつもお世話になります。お待ちしておりました。」という言葉をお客様に届くように丁寧に使うようにしています。

当社は「いらっしゃいませ」「ありがとうございました」これを全員で言っています。あるお客様に「挨拶がとても気持ちがいいですね」というお言葉をいただき嬉しくなったことがあります。

この結果をグラフや図で表すことは難解です。そして目には見えないものです。しかしお客様の心には確かに染み渡っていくものだと思っています。そして、やがて会社、社員への信用から信頼に繋がっていくはずだと思います。

（2）心に残る一言を

同じ会社の仲間として、それぞれが繋がっていることは、現在・将来においても基本中の基本です。しかし社外の人をも大事にしなければということを身を持って強く感じたことがありました。

本社の新お茶の水ビルには沢山の会社が入っています。同じエレベーターに乗り合わせることも少なくありません。

ある日の昼食後のことです。私がエレベーターに乗りましたら一人の男性の方も乗ってきました。そして、その男性は突然「あ！　しまった、どうしよう」とおっしゃり、とても慌てていました。そこで私は「どうされたんですか」と尋ねたところ、下の飲食店にお財布を忘れたとのこと……

「大変ですね。あると良いですけど……」と言って私は仕事に戻りました。

翌日、エレベーターフロアーで偶然お会いしたので「お財布ありましたか、大丈夫でしたか？」と聞いてみました。本当にほっとしたお顔で「おかげさまで」という言葉が返ってきました。その後、その方はわざわざ我社を訪れ「非常時に声を掛けていただき、本当に嬉しかった」とおっしゃって下さいました。

お礼を言うためにわざわざ来てくださったのです。本当に何気ない一言が突然繋がることがあるのだと感じた経験です。この繋がりを社内だけではなく、外にも発信していくことの大切さと温かさを感じました。

郵便局・銀行・宅急便・携帯会社・管理事務所・ダスキン・ユニマット等、関わりのある仕事を通して、今以上にパイプを太くしていくことが、次の何かを生み出し、そして新たな繋がりが生まれていくことを改めて感じているところです。

2、プチヘルプの発信を

たまにですが、偶然にも来客が重なってしまったり、お帰りになるお客様のタイミングが同時の時がたまにあり、あわててしまうことがあります。

自分から他の人に「ちょっとお願い」とプチヘルプを声に出そうかと思う事があります。でも皆さんはお忙しいし、これが自分の仕事だからと心の中でつぶやくだけで発信しないこともありました。でも声に出していればお客様に対してもっとスムーズな応対ができたのにと反省することもありました。

逆に、皆さんが本当にお忙しい時に私は何をすべきか、何ができるかと思いながらも声にして言えない時があります。

勿論、一人一人が自分のやるべきことを行っていくことは当然ですが「今平気ですか?」「ちょっといいですか?」とか、言えることも仕事を円滑に運ぶことに繋がっていくものと思います。

本当に必要な時にプチヘルプを使えることは社内の環境が良くなければできないことだと思います。言える雰囲気を作ることも大事だと思います。

整理整頓は勿論、無駄を省くこと、合理的に仕事を進めること、どれも大切なことです。でも良い意味でのおせっかいが必要な時もあり、それによって心を和ませ温かい雰囲気を作りあげることができると思います。社内環境作りは以前から課題のひとつです。これを機会に再度振り返り、よりよい環境づくりを意識し、周りの空気を読み、自戒の念を込めてプチヘルプやおせっかいの一言を発信してみようと思います。

ＪＰＡ総研グループ第29回秋季大学　分科会発表

第一分科会

「申是優良企業誕生」を支援すべくTKCコンピューター会計システム、即ち、FX2-FX4クラウド、e21まいスターのオールTKCシステムを戦略マシーンとして導入活用し、自計化一〇〇％実現、記帳代行と年一決算を会社から撤廃しよう!!

はじめに

我々の使命は全関与先を単月黒字に導き、申告是認率九九・九九％を実践し、〝申是優良企業誕生〟を支援することである。

それには、巡回監査支援システムを導入し、e21まいスター・FX2・FX4クラウドを全関与先に徹底活用することが必須である。そのために今課題となっている記帳代行関与先・年一関与先を会計事務所の業務から完全撤廃することで自計化一〇〇％を実現しなければならない。

年一・記帳代行を撲滅するために！

何故、撲滅しなければならないのか？

①主査が年一・記帳代行に時間がとられることによって
　↓我がＪＰＡが目指す〝申是優良企業作り〟に力を注入することができなくなってしまう……

②年一・記帳代行では書面添付付電子申告ができず、申告是認を受けられない。

③年一・記帳代行先の社長は会計に対する意識が低く、優良企業作りができない。

年一の要因	改善策
顧問料が払えない	今後の状況を話し合い、転業・廃業を提案する 事業継続の場合は、パートナーバンク21で対応
契約時から年一で関与	原則として月次関与化を提案する なお、月次にならなかった場合は、解約する
業績不振 (月次関与↓年一関与に なってしまった)	押印時に決算分析を行い、経営計画作成を経て 月次化を提案 なお、月次にならなかった場合は、パートナー バンク21で対応
不動産管理会社等	入力・決算までパートナーバンク21で対応 消費税対象なら月次にする 申告は税理士法人 随時、確認する
休眠・清算予定	パートナーバンク21で対応

・新たな年一の契約は受託しない！

・契約時から年一の関与先については月次提案を行い、月次にならなかった場合は解約する。
（万が一のことがあった場合守れない為）

・既存の年一関与先に対して、月次関与のメリットを提案し、月次契約に繋げる。
（提案書の活用）

・やむを得ない事情により、月次関与が厳しい既存の関与先に関しては会計事務所から切り放し、パートナーバンク21で対応する。

記帳代行の要因	改善策
PCに不慣れ（高齢）	自計化を提案する。 自計化にならなかった場合は、パートナーバンク21に移行する。（提案書を活用）
経理担当者がいない	
長年記帳代行である	
記帳代行料を頂いている	

・現時点で記帳代行になっている関与先について様々な要因があるが、全件月次化のメリットを伝え、提案する。

・月次とならなかった場合は、会計事務所から切り放し、パートナーバンク21に委託する。記帳代行を会計事務所から切り放すことで本来我々が行うべき「申是優良企業」作りに全力投入することができる。

ＴＫＣシステムのフル活用

・意識の低い社長に対しe21まいスターにより自計化を推進する。
　↓記帳代行零細企業
・戦略マシーンとしてＦＸ２を導入する（部門別管理、業績管理体制を構築）
　↓完全自計化先
・ＦＸ４クラウドの導入
①仕訳読込機能による経理業務の効率化
②部門別管理の深掘りでＭＲ設計ツールを徹底活用

↓取引量が膨大な関与先、多店舗展開・支店設置企業
経理負担が過大な企業etc……

ＴＫＣシステムの導入展望

顧問先現状	活動内容	結果
ＦＸ４クラウド	更なるシステム活用支援	
ＦＸ２ e21まいスター	①ＦＸ４クラウド提案 業務改善、合理的な経理管理の仕組みを提案	ＦＸ４クラウド
	更なるシステム活用支援	
記帳代行 年一	②自計化提案	ＦＸ２ e21まいスター

巡回監査支援システムの活用

①新人でもすぐに監査ができる
↓支援システム活用により監査手順を習得
②経理担当者の事務レベル向上
↓関与先の経営者への報告資料、経理担当者への経理指導の為の資料を作成し指導
③書面添付の内容の向上
↓完了通知書、監査調書の機能を活用し、質の向上につなげる
④事務所防衛・法的防衛
↓完了通知書、仕訳の訂正履歴のデータ保存

支援システム一〇〇％導入実践断行

これまで導入できなかった理由

①システムを使うのに時間がかかる
②仕訳訂正が多い
③FXでの監査に慣れてしまっている
↓それは過てり自己限定!!!!

やらない理由はもはやない!!!!!

申是優良企業作りの根幹となり、我が事務所の完全防衛のためにも必須である。

おわりに

第一分科会は、全関与先を〝申是優良企業誕生〟支援すべく、記帳代行先・年一関与先を分析・整理し、全関与先が月次自計化となるべく議論しました。

現在e21まいスター・FX2・FX4クラウドの戦略マシーンが完備されている環境のもと自計化一〇〇%実現が見えています。

巡回監査支援システムの全社導入により、事務所防衛・法的防衛を実践断行し、全社申是優良企業誕生を実現します!!!!!!!

我々の決意を次に示します。

大切なあなたの会社の経理、他人任せのままでいいのですか？

現在、私共は貴社の資料を一旦お預かりし、事務所で入力してから業績を御報告しております。この現在の体系から脱却し、貴社のパソコンに会計ソフトを直接登録し、貴社で日々の入力を行うスタイルに変えませんか。毎月当社の監査担当者がチェックさせていただくことで、次のようなメリットがあります。

①タイムリーな業績を報告できます！
②貴社の経理担当者を育てます！
③『書面添付制度』を利用することで、税務調査の省略・申告是認につながります！
④消費税の納税予定額を、毎月お知らせできます！
⑤早期の決算予測により、戦略的に納税額を決め、会社にお金を残せます！
⑥助成金の申請や銀行提出用の資料をスピーディに提供できます！
⑦有利な借り入れを提案します！
⑧お金の流れを把握することで、有効な資金繰りのアドバイスができます！
⑨毎年変わる税制から、貴社に有利な改正情報をお届けします！

これらの業務は、私共の本来業務であり、絶対の自信と情熱を持って貴社の単月黒字化の実現に貢献致します。

日本パートナー会計事務所は、単月黒字会社作りと申告是認率九九・九九％の実践による『申是優良企業』作りを目指しております。

是非、貴社の申是優良企業作りをお任せくださいｌ!!

私共「株式会社日本パートナー会計事務所」は自計化による月次関与が前提となっております。

一年以内に自計化に移行できなかった場合には、記帳代行業務に関しては、株式会社日本パートナー会計事務所の関連会社である「株式会社パートナーバンク21」に移行致します。

あらかじめ、ご了承下さい。

第二分科会

税理士、会計事務所の基本業務である、顧問先中小企業の単月黒字八〇％超達成と税務申告是認率九九・九九％を実現すべく、商標権「申是優良企業誕生」支援業務導入の実現へ向けＴＫＣ真正Ａ級会員としての王道を熱き心で突っ走れ!!

はじめに

「申是優良企業誕生」支援業務は、ＪＰＡ総研グループ三大業務の一つの柱であります。

中小企業をとりまく経営環境は、消費税の増税等厳しさを増しており、「単月黒字化支援」が企業の永続発展に不可欠です。申是優良企業誕生支援業務は、国家社会に貢献すると共に租税正義の実現を果たすべく、会計事務所としての職域防衛・運命打開に繋がるものと確信します。

顧問先をよく知り、一気通貫のＴＫＣシステムを駆使し、ＴＫＣの理念である「自利利他」即ち、顧問先を己自身であるとの熱き想いで業務に徹することが、申是優良企業誕生の実現へと導きます。

申是優良企業とは

申是優良企業は、巡回監査支援システム活用を大前提として、次の五項目を充足することが最低要件とします。

①ＴＫＣの重点活動テーマ五原則

（巡回監査・継続ＭＡＳ・ＦＸ２・書面添付・会計要領）

②債務超過ではない

③二期連続黒字

④社会保険・労働保険の加入

⑤就業規則あり（十人以上の場合に限る）

※チェックリスト別紙参照

申告是認率九九・九九％を勝ち取るためには

申是優良企業は、税理士法第三三条の二書面添付により、顧問先企業の決算申告内容が税務当局に明瞭に伝わり、申告是認となります。

また、税務調査の対象となったとしても、税理士に意見聴取の機会が与えられ、書面の内容を調査官に説明して納得していただき、実地調査不要となります。税理士法人の果たすべき使命であります真実性の決算書作成と正しい納税申告書作成により、申是優良企業誕生を実現していきます。

書面添付の充実

～顧問先をよく知るために!!～

・内容の濃い書面添付を作成するには、巡回監査支援システムの活用により調書・相談事項の蓄積を行います。

・毎月の巡回監査時に現状把握を行い、数字の変動が大きい科目については、社長にその理由を詳しく伺う必要があり、かつ、記録する必要があります。

・毎月戦略経営会議を実践し経営の話をすることで、社長の言葉が書面添付に直接反映されるので、必然的に書面添付の内容が濃くなります。

・充実した書面添付の内容が濃くなれば、実地調査不要の結果が得られます。

優良書面添付から有料書面添付へ

手順①　期首

期首に、書面添付制度の意義を説明し、「書面添付制度の説明確認書（仮）」に署名押印をもらいます。また、その際の書面添付報酬は、顧問料の一ヵ月分とします（税理士理事会承認）。

手順②　巡回監査　戦略会議

巡回監査、戦略経営会議を通じて顧問先をよく知り、毎月、巡回監査支援システムの活用により書面添付の充実、及び戦略経営会議において顧問先の理解を深めます。

手順③　有料　書面添付

手順②により記録した内容を一年分切出して、一年間を振り返りながら、品質の高い書面添付を社長と作成、報告し、社長に安心と感動を与えます。

有料化の実践断行

我々の書面添付は年々レベルアップしています。それにもかかわらず、書面添付の有料化を実践断行することが難しいと『過てり自己限定』に陥っていませんか？

有料書面添付は現在一〇〇件で、月次顧問先全体の約一割に満たないというのが現状です。我々は今後二年間ですべての書面添付を有料化します。書面添付報酬を月額顧問料一ヵ月分として推進します。

顧問先を己自身と思い、

熱意と自信と志をもって有料化に取り組めば

中告是認率九九・九九%達成できます。

書面添付制度の説明確認書

＿＿＿＿＿＿＿＿＿＿＿＿＿＿＿御中

平成　　年　月　日
日本パートナー税理士法人
担当

日本パートナー税理士法人は、税理士法第 33 条の 2 に規定する書面を作成します。

■ **書面添付制度とは**

法律に定められている制度で、企業が税務申告書を税務署へ提出する際に、その内容が正しいことを税理士が確認する書類（税理士が計算し、整理し、又は相談に応じた事項を記載した書面）を添付する制度です。

書面添付された税務申告書は、税務調査着手前に税理士に意見を述べる機会が与えられ、税務調査が省略される場合があります。税務調査は通常であれば、2〜3 日間実施され、社長及び経理担当者様も拘束され時間及び費用等も掛ります。

■ **税理士法人報酬規定**

意見聴取報酬

意見聴取の後に「調査省略通知」が税務当局から届いた場合には、意見聴取報酬として別途報酬規定により請求いたします。

参考資料

第 1 条　税理士の使命
税理士は、税務に関する専門家として、独立した公正な立場において、申告納税制度の理念にそって、納税義務者の信頼にこたえ、租税に関する法令に規定された納税義務の適正な実現を図ることを使命とする。

第 33 条の 2　計算事項、審査事項等を記載した書面の添付
税理士又は税理士法人は、…（中略）…租税の課税標準等を記載した申告書を作成したときは、当該申告書の作成に関し、計算し、整理し、又は相談に応じた事項を財務省令で定めるところにより記載した書面を当該申告書に添付することができる。

第 35 条　意見の聴取
税務官公署の当該職員は、第 33 条の 2 第 1 項又は第 2 項に規定する書面が添付されている申告書を提出したものについて、当該申告書に係る租税に関しあらかじめその者に日時場所を通知してその帳簿書類を調査する場合において、当該租税に関し第 30 条の規定による書面を提出している税理士があるときは、当該通知をする前に、当該税理士に対し、当該添付書面に記載された事項に関し意見を述べる機会を与えなければならない。

上記の書面添付制度について説明を受けました。

確認印＿＿＿＿＿＿＿＿＿＿＿＿＿＿＿＿㊞

戦略経営支援の導入目的

戦略経営支援の導入目的は、顧問先の単月黒字作り八〇％超を達成する事です。会計監査、税務監査と併せ経営監査を導入し、「顧問先をよく知る」ことにより、赤字企業から黒字企業へ、黒字企業から優良企業への仕組みを構築します。

さらに、消費税増税後の厳しい環境下において耐えられる企業にするために業績向上が必要です。業績の見える化により問題を明確にし、顧問先・従業員が共に幸せになる体制を構築します。

「顧問先をよく知る」ことは、書面添付の充実に繋がります。継続ＭＡＳにより書面添付が充実することで事務所と職員の法的防衛を図ることができるのです。

また、事務所の収益面では、戦略経営支援において、有料化を図ります。

我々は、有料化への有効な手段として、ＦＸ４クラウドという武器を手に入れ、ＴＫＣのフロントランナーとして王道を突き達みます!!

P→D→C→Aサイクルの確立

・社長に目標や夢を持っていただくために、経営計画の作成は必須です
・予算登録を行う必要があります
・目標達成のために、誰がどのように行動するかを明確にします
・組織図の作成も併せて行います

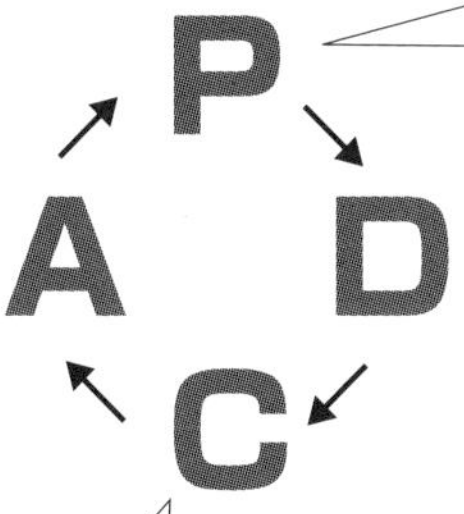

顧問先へ「気づき」を与えるために
・顧問先が立案した経営計画に対し、予実対比を行います
・問題点を明確にし、共有します
・より深い問題提起を行うため、部門別管理を導入します
・傾聴力と質問力が必要となります

毎月、行動計画書を経営者、従業員に書いてもらい、結果と目標の確認をする！

申是優良企業チェックリスト

平成　　年　　月　　日

[会社名]

[代表取締役]　　　　　　　　　　　　様

No.	確認事項	チェック
①	書面添付をしている	Yes　・　No
②	税引後当期純利益の有無　２期連続黒字である	Yes　・　No
③	債務超過でない	Yes　・　No
④	適正額の役員報酬が支払われている	Yes　・　No
⑤	社長の納税意識が高い	Yes　・　No
⑥	適時性証明書により、適時性が保たれている	Yes　・　No
⑦	中小企業会計要領に準拠している	Yes　・　No
⑧	継続ＭＡＳ導入先である　※　予算登録あり	Yes　・　No
⑨	社会保険及び労働保険に加入している・見込みである	Yes　・　No
⑩	就業規則がある　※従業員 10 人以上の場合に限る	Yes　・　No

No　の理由

1．訪問先のリストアップ

毎月、翌月分の訪問先選定を主査と共に行います。

○○支社

No.	1	2	3
会議	□決算予測 □戦略経営	□決算予測 □戦略経営	□決算予測 □戦略経営
関与先			
決算月			
従業員数			
社保加入	□有 □無	□有 □無	□有 □無
労保加入	□有 □無	□有 □無	□有 □無
就業規則	□有 □無	□有 □無	□有 □無
担当主査			
訪　問 予定日			
社労担当			

社労士法人の取り組み

私たちは、顧問先をよく知るため、戦略経営支援に参加します!!

2．会議に積極的に参加

労務監査チェックリストを活用し、
顧問先の問題点を抽出します。

労務監査チェックリスト

	チェック項目	YES	NO	備考
1	労働条件通知書、雇用契約書の明示をしていますか。	□	□	
2	就業規則はありますか。	□	□	
3	労働者名簿を作成していますか。	□	□	
4	タイムカード、または出勤簿はありますか。	□	□	
5	賃金台帳を作成していますか。	□	□	
6	時間外労働はありますか。	□	□	
7	年次有給休暇を与えていますか。	□	□	
8	健康診断を実施していますか。	□	□	
9	労働保険に加入していますか。	□	□	
10	社会保険に加入していますか。	□	□	

３．報告書の作成

会議内容をもとに報告書を作成します。

顧問先名	
参加者	
実施日時　　年　　月　　　日　　時	□決算予測会議 □戦略経営会議
業種：	決算月：　　月
経営理念：	
保険適用　　　社会保険加入：有・無	
就業規則　　　労働保険加入：有・無 　　　　　　　就 業 規 則：有・無	
給与計算システム：	
従業員数　　　　　　　　　人	
〈報告内容〉 （１）人事制度関係 雇い入れ時の労働条件通知書の未作成は、単に法令違反というレベルではなく、労使トラブルの予防という観点から、早急に是正が必要です。 （２）労働時間関係 ３６協定の手続きが成されていない為、残業は法的には許容されず、すみやかな協定締結・届出が必要です。	

4. 提案

顧問先の状況に合わせ提案を行います。

・モチベーション向上策（経営理念の共有化 等）
・初期指導（法定帳簿の整備、三六協定締結 等）
・就業規則・給与規程・退職金規程の作成、見直し
・社会保険、労働保険新規適用の推進
・労災上乗せ保険
・助成金の活用

まとめ①

有料書面添付と有料戦略経営支援は同時導入することで、相乗効果が得られ、中是優良企業誕生支援業務には不可欠です。

社労士法人は、決算予測会議、戦略経営会議に参加しながら顧問先が抱える人的リスクを明らかにし、労務監査、就業規則の見直し、月次顧問化に結び付けます。

中是優良企業誕生支援業務は、業務品質日本一を目指す我が事務所でなければ、実践できないも

のであります。

ＪＰＡ総研グループの総力を結集すれば、必ずや早期に単月黒字八〇％超、申告是認率九九・九九％の申是優良企業を誕生させることが可能です。

まとめ②

職業的専門家集団である我々プロフェッションが取り組む、法務ドクター、ビジネスドクターを他に先駆け、商標権に恥じない価値ある提案業務実践の時は今であり、ＪＰＡ総研グループの我々がその担い手であると確信します。

第三分科会

商標特許サービス業務ハッピーエンディングノート作成支援と遺族に尊敬される相続対策支援及び相続税対策支援

相続対策の基本的考え方

相続対策は、「争族対策」が最重要課題で、次に「納税資金対策」をしっかり行い、そして「相続税対策」を併せて行うように組み立てることが賢明です。節税対策ばかりに目をとられていたら本末転倒です。

～相続対策３つの柱～

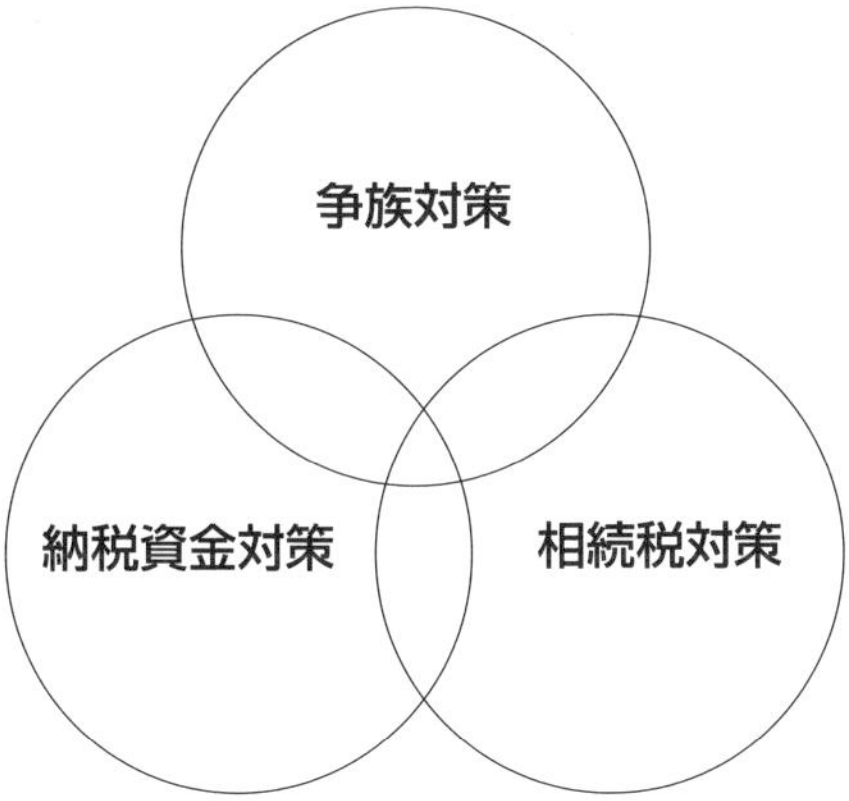

財産少なくても「争族」の恐れ

遺産分割事件と遺産の内訳

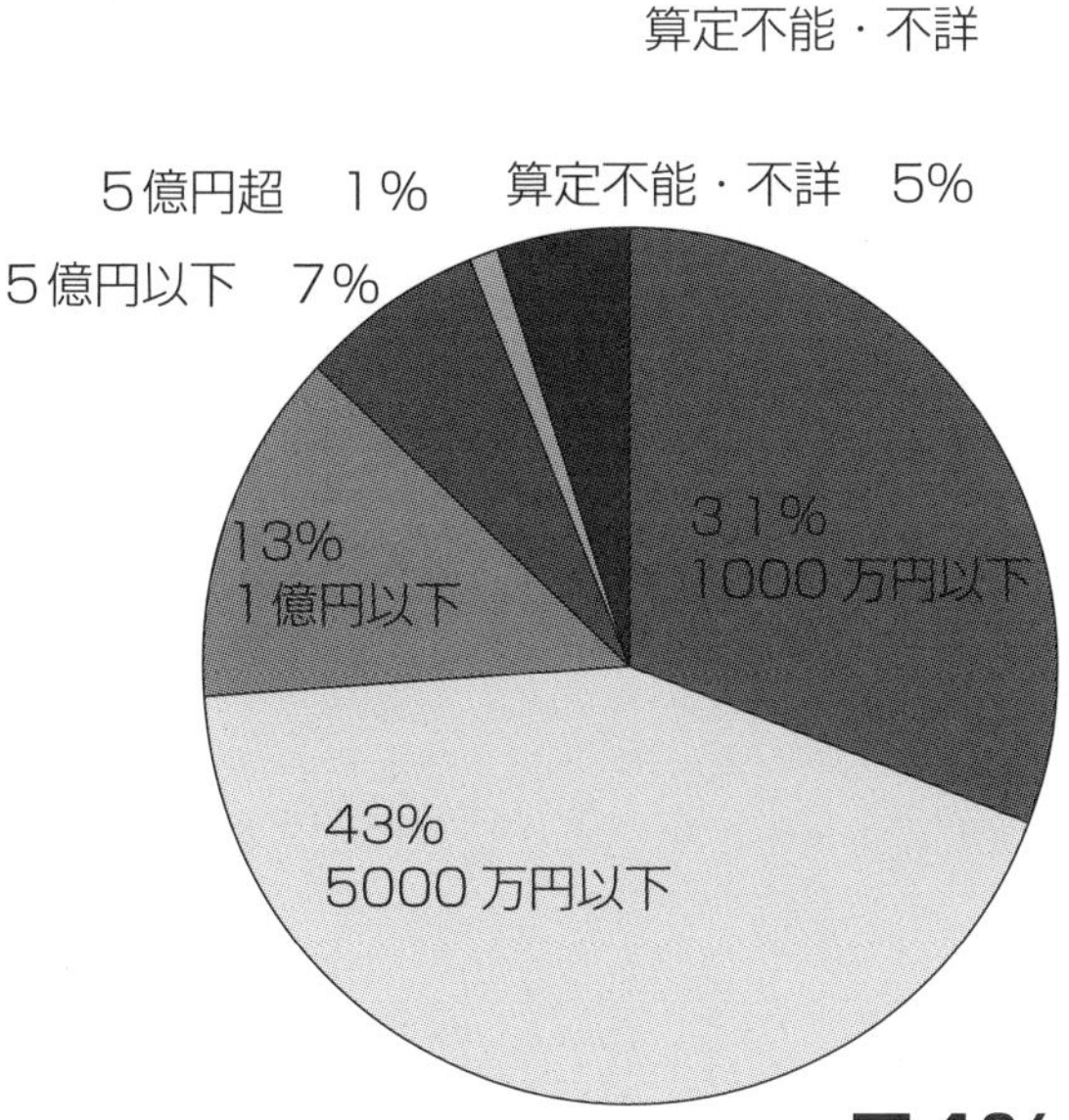

5000万円以下が **74%**

相続対策フローチャート

ハッピーエンディングノート → 相続診断チェックシート → TPS8200入力 → アクションプランの提案

○誰に
まずは、関与先の社長と奥様や親族、従業員等
○どの様に
親身の相談相手となって
○何のために
お客様に寄り添い、ハッピーなエンディングを迎えてもらうため

相続診断のためのチェックシート

【対策の目的】企業の永続発展のためには、個人の円滑な財産承継が不可欠

①財産内容の確認、問題点はないか？
②親族関係に問題がないか？
③スムーズな財産承継ができるか？　④事前に対策できることは無いか？

作成年月日：　　年　　月　　日

担当者氏名：

氏　名：	年齢：　　歳	生年月日：　　年　　月　　日
関与先名：	役職：	

財産概要	
不動産	自宅について □持家　（一戸建て　／　マンション）　□賃貸 ・相続人の同居（ＹＥＳ　／　ＮＯ） 賃貸物件の所有について □賃貸アパート　（　　棟）　□賃貸マンション（　　部屋） □賃貸店舗　（　　件）　□賃貸土地・建物（　　個） 不動産の所有について □別荘　（　　棟）　□土地　（　　筆）
株式・有価証券について	自社株式について □所有している　（　　株）　□所有していない 未上場株式について □所有している　（　　株）　□所有していない 上場株式について □所有している　（およそ　　円）　□所有していない 有価証券について □所有している　（およそ　　円）　□所有していない
預貯金	□本人名義　（およそ　　円） □本人が管理している他人名義の預貯金がある （ＹＥＳ　／　ＮＯ）
生命保険	生命保険の内容をはあくしている □保険金額　（総額　　円） □保険内容　□被保険者　□契約者　□受取人
その他財産	□会社に対する貸付金（　　万円）　□退職金（　　万円） □自動車　□ゴルフ会員権　□美術品・骨董品　□無体財産（著作権等）
債務	□住宅ローン　□保証債務　□敷金　□その他借入
興味のある事項	□財産評価　□納税資金　□事業承継　□生前贈与　□節税 □遺言　□遺産分割　□年金　□後見人 □その他（　　）

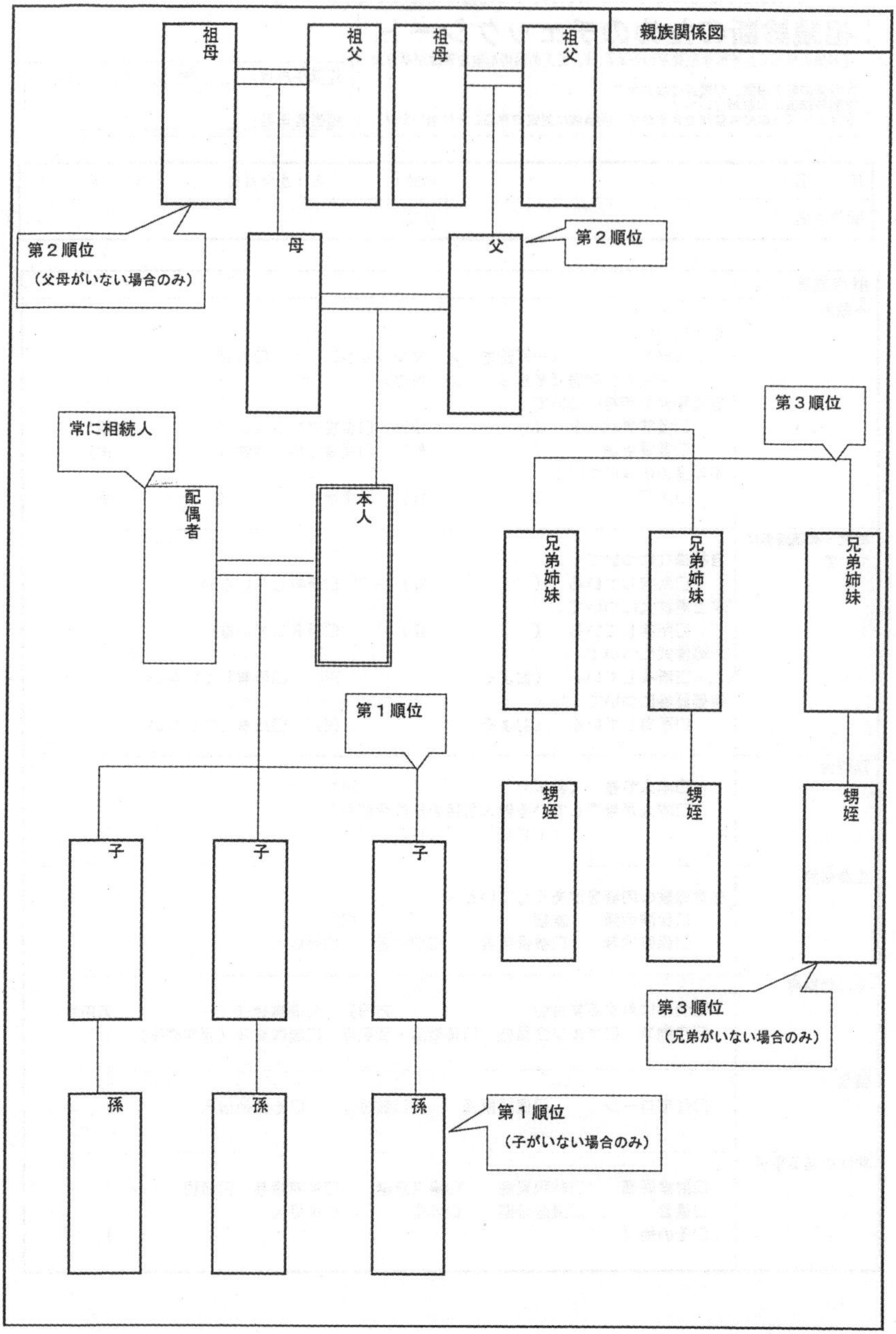

親族関係図
祖母
祖父
祖母
祖父
第２順位
（父母がいない場合のみ）
母
父
第２順位
常に相続人
配偶者
本人
第３順位
兄弟姉妹
兄弟姉妹
兄弟姉妹
第１順位
甥姪
甥姪
甥姪
子
子
子
第３順位
（兄弟がいない場合のみ）
孫
孫
孫
第１順位
（子がいない場合のみ）

ＴＰＳ８２００の活用（標準業務化）

①主査が事前入力確認

②お客様と画面で確認

③アクションプランの実行（別紙）

④戦略経営支援に組み込む
↓戦略支援報酬のアップ

相続対策アクションプラン

アクションプランの種類		
財産の活用	1	新たな不動産の取得
	2	所有不動産の有効活用
	3	財産の組み換え
財産の減少	4	財産の評価下げ
	5	財産の消費
財産の贈与	6	暦年課税、相続時精算課税の贈与
	7	配偶者への居住用不動産の贈与
	8	子、孫への住宅取得等資金の贈与
	9	子、孫への教育資金の一括贈与
制度の活用	10	小規模宅地等の特例の適用
	11	生命保険への加入（非課税枠の活用）
	12	養子縁組

相続診断　受けてみませんか？

相続発生後のスケジュール

相続開始 → 三カ月　放棄・限定承認の決定 → 四カ月　準確定申告 → 六カ月　根抵当権元本確定 → 十カ月　納税（申告期限）

留意点

〈被相続人に債務があった場合〉

・法定相続分で債務は引き継ぎ

〈評価〉

・土地の面積　　登記簿上 120 ㎡　実測 425 ㎡

（土地家屋調査士の測量）　登記簿の地積は信用しない

・現預金　　名義預金に注意

・小規模宅地の評価減は申告期限まで保有していないと適用できない場合もある

・株評価

株式保有特定会社は純資産割合 25%→ 50%以内に

組織再編税制を活用した業務受託→大きな案件につながる

・会社への貸付金がある場合の計上もれ注意

・借地権の転売

おわりに

・ハッピーエンディングノートは、顧問先をハッピーにするために全社作成指導します。ハッピーエンディングノートがきっかけを作ることとなり、税理士法人及び行政書士法人の業務が無限に広がります。

・ハッピーエンディング業務は「ゆりかごから墓場まで」を支援するエンドレス業務であり、「遺族に尊敬される相続対策支援」により準備万端ハッピーな老後の実現によって感謝されます。

・ハッピーエンディング業務はＪＰＡ総研グループの三大業務の一つであり、顧問先の幸せのために、ハッピーエンディング業務を広め、国家社会に貢献致します。

第四分科会

企業防衛とリスクマネジメント
危機管理業としての我々の仕事、それは人的財産と物的財産を完全に守り切る企業防衛保険指導「ミッション２０００」（大同生命）、さらにリスクマネージャーとして全ての財産的危機から顧問先を安心、安全な損害保険指導「ミッション１０００」（東京海上日動、損保ジャパン日本興亜）で、これに備え、経営指導業務としてその完成を期そう!!

企業防衛

危機管理業として、全顧問先充足率一〇〇%達成のために、管理・推進の指導。
人的財産を完全に守り切る企業防衛保険指導「ミッション二〇〇〇」（大同生命）。

「ミッション二〇〇〇」の達成に向けて

全ての関与先の安心・安全を守るために、充足率一〇〇％を実現！

・ＴＫＣ企業防衛制度導入の８原則を徹底！

・必要保障額・保険商品を深く理解！

・主体的に熱意・情熱を持って各主査が取り組む！

・完全防衛・満腹作戦を今こそ実践断行！

ＴＫＣ企業防衛制度導入の8原則

・第1原則「肉親の一人としての助言・指導」
・第2原則「純粋かつ断固たる指導者の態度」
・第3原則「会計税務・経営の指導者の態度」
・第4原則「満腹作戦の実施」
・第5原則「適正額算出による指導」
・第6原則「議事録の作成」
・第7原則「会計人としての保険指導」
・第8原則「関与先に最も有利な保険の指導」

必要保障額の定義

・対象者：代表者及び後継者など
・必要保障額は、誰が作成しても同じものになる
・加えて、企業の特異性を考慮する
・企業防衛資金と退職金準備の合計額で算出

必要保障額の算定方法を全社統一

①概況書を受信し、必要保障額を算定（原則）
②業種の特異性の考慮　：　不動産賃貸業・運送業・旅館業等
③科目の特異性の考慮　：　役員長期借入金
　　　　　　　　　　　　　固定費×月数
④その他の特異性の考慮：　繰越欠損金
　　　　　　　　　　　　　後継者も付保指導をする
　　　　　　　　　　　　　代表者が加入できない場合、
　　　　　　　　　　　　　事業継続か廃業かにより経営指導

その後、「標準保障額確認書」を、説明のうえ捺印をもらう

徹底推進に向けて

・関与先の状況は常に変化する！
常に危機管理業としての意識をもち、不足額が出たら、即提案！
・証券回収↓他社生保の把握↓見直し・提案
・委員会がファイルして管理
①業防衛制度の推進状況リスト（常に更新）
②保険証券の写し
③標準保障額確認書（署名捺印済み）
④社内規定・議事録の写し
・他社生保の加入分も加味して、改めて付保率を出して、推進する

社内規定・議事録の作成指導

・社内規定
役員退職慰労金規定
慶弔見舞金規定

・議事録の作成

（参考）役員への見舞金支給時

→社会通念上、一回の入院につき五万円程度が妥当

（二〇〇二年六月十三日　国税不服審判所採決）

L（ロング）タイプ、R（レギュラー）タイプ

・まず第一に、死亡保障の確保が最優先！

・Lタイプから推進する

保障を確保しながら、退職金準備ができる。

契約者貸付が可能となる。

・資金が不足している場合に限り、保障を優先し、Rタイプを推進する。

資金余裕が出てきたらL⇕Rスイッチ（平成二十六年十二月から取り扱い開始予定）

を活用してRタイプからLタイプへ。

・また、LタイプからRタイプもスイッチ可能。

J（ジュエル）タイプ

・給付時に一時で支払われるので、治療に専念できる
ただし、所得状況により年金支払い特約の受取期間設定指導をすること
・死亡保障（Lタイプ、Rタイプ等）と同時提案を徹底断行
・Jタイプの推進額について
法人、個人両方の保険指導を行う。
法人MAX一億円、個人MAX二千万円
・Jタイプで最低固定費の三ヵ月分程度の保障額提案
（参考）　がん　↓　二〇・六日入院　復帰まで数ヵ月
　心筋梗塞　↓　二〇・一日入院　復帰まで約三ヵ月
　脳卒中　↓　九十三日入院　復帰率は五一％
　↓　その為、Tタイプ推進へ
※Jタイプの返戻金有無の選択も視野に入れる

T（手帳）タイプ

商品知識の向上　‥　保障範囲を理解すること

・Rタイプの高度障害（両目失明・半身不随など）で、保険金の支払いに至らない障害を保障。高度障害保険金の支払いまで一年かかった例（脳梗塞）もあるが、Tタイプは認定時点で、すぐに給付される。

・リタイアリスクを保障していく必要がある。

・Jタイプではカバーできない、糖尿病・高血圧症に起因する身体障害を保障できる。

・損保でカバーできるケースもあるが、身体障害の一～三級該当の原因は、「病気」の方が「事故」の四倍となっている。

リスクマネジメント

危機管理業として、全顧問先付保率一〇〇％達成のために、管理・推進の指導

東京海上日動火災との連携強化！

リスクマネージャーとして全ての財産的危機から顧問先を安心、安全な損害保険指導「ミッション一〇〇〇」

「ミッション一〇〇〇」の達成に向けて

全ての関与先の物的財産、利益補償に対する付保率一〇〇％実現の為に!!

・証券回収の徹底！

・リスクチェックシートの作成から提案・付保の徹底！

・必要補償額・保険商品を深く理解！

・主体的に熱意・情熱を持って各主査が取り組む！

東京海上日動火災と強力タッグを組んで、推進することを宣言します！

徹底推進に向けて

・全関与先の証券回収を徹底。「保険証券回収封筒」を活用。（三九六ページ参照）
・回収後、東京海上日動火災にリスクチェックを依頼。
・付保状況の管理。「担当者別リスクマネジメントチェック表」の活用（三九七ページ参照）
・未付保・不足額を発見次第、即保険指導を行う。

企業防衛制度以外の取扱商品

取扱保険商品

分科会参加者が情報共有をした商品
生活障害保障型定期保険（ＩＮＧ生命保険）
低解約返戻金型逓増定期（ＩＮＧ生命保険）
がん保険（ＩＮＧ生命保険）
長期平準定期保険（明治安田生命）
ライフギフト、ライフギフトＡ（大同生命）
一時払い終身保険（豪ドル建て）（ジブラルタル生命）

現在の提携生命保険会社一覧

㈱日本パートナー会計事務所		㈱ＪＰＡ国産コンサルタンツ
・大同生命		・日本生命（継続中）
・東京海上あんしん生命		・ＰＣＡ／ＡＸＡ（解約）
・ＮＮ生命保険		・ＮＮ生命保険
・オリックス生命	……………	・オリックス生命
	移行済	
・ＮＫＳＪひまわり生命	……………	・ＮＫＳＪひまわり生命
・明治安田生命	……………	・明治安田生命
・ジブラルタル生命	……………	・ジブラルタル生命

保険加入の目的を明確に!!

・大同生命でニーズを満たせない商品については、他社で検討する。
・短期節税対策、退職金準備対策、相続対策など、目的に合わせて、利益の消化方法も指導していく。
・出口戦略まで考えることが、職業会計人としての保険指導である。

おわりに

三年間の短期決戦で、充足率一〇〇%達成します!

平成　　年　　月　　日

＿＿＿＿＿＿＿＿様

保険証券回収封筒

次回監査時までに、揃った証券から順次○印内にチェック印を付け、
写しのご準備をお願い致します。

	生命保険	チェック		損害保険	チェック
証券	死亡保険		証券	火災保険	
	医療保険			地震保険	
	個人年金			自動車保険	
	養老保険			動産保険	
				賠償責任保険	
				所得補償	

株式会社　日本パートナー会計事務所　担当：

本社　東京事務所　〒101-0062
東京都千代田区神田駿河台４丁目３番地（新お茶の水ビルディング 17F）
ＴＥＬ(03)3295-8477　　ＦＡＸ(03)3293-7944

担当者別リスクマネジメントチェック表

担当者別リスクマネジメントチェック表

本部　担当　○○ ○○

（単位千円）

関与先名	職種		自動車				火災				営業利益		火災賠償	賠償責任					労災	
			車両	賠償	人身傷害	弁護士	建物	設備・什器・機械等	商品・原材料	地震津波	利益	営業継続	借家人賠償	施設業務	製造業務	受託物	食中毒利益	個人情報漏洩	傷害	使用者賠償
関与先①	製造業	○×—		○				—												
		現在加入額		無制限				×												
関与先②	飲食業	○×—																		
		現在加入額																		
関与先③	美容業	○×—																		
		現在加入額																		
関与先④	工事業	○×—																		
		現在加入額																		

第五分科会

社内情報発進基地として総務部・ＯＡ部が、その使命と役割りを果たす業務の円滑化を図ると共に会社の表玄関としてのフロント業務を明るいコミュニケーション強化促進役として、その進化を自らに求めると共にグループ全社員に「笑顔の花」を届けよう！

「笑顔の花」を届けたい!!

私たちは、社内情報基地としての総務部・ＯＡ部によるフロント業務を、明るいコミュニケーションの観点から話し合いました。

1．「挨拶」の４つの心得

①先手必勝…自分からすすんで

挨拶は人間関係の基本です。自分からすすんで挨拶しましょう。

②明朗快活…明るく元気に
明るい声ではっきりと挨拶しましょう。言葉づかいは、その人の品性や知性がそのまま表れます。

③誠心誠意…心を込めて
感じの良い挨拶は、会社のイメージを高めます。お客様をお迎えするときは、心から「ようこそいらっしゃいませ」という気持ちを持つことが大切です。

④公平無私…誰にでも
挨拶は人間関係をスムーズにします。社内・社外にかかわらず誰にでも分け隔てなく挨拶をしましょう。私たちの言動が会社のイメージにつながります。

2. 「気配り・目配り・心配り」は、人と人との潤滑油

①気配り…先読み行動で、期待されている役割を果たすこと
②目配り…「相手の為に」ではなく「相手の立場で」考えること
③心配り…笑顔でプラス言葉の発信を心がける。相手をほめること

仕事の役割分担ができていても、ルールが決まっていても、「気配り・目配り・心配り」ができていない職場は、潤滑油の切れた機械のように動きがギクシャクしたり、異音がしたり、最後には故障してしまいます。

笑う門には福来る

口角をあげるだけで、沈んだ気持ちが明るくなります！

楽しいと自然に笑顔になりますが、これとは逆のサイクルで、笑顔をつくることで楽しいと感じることもできるのです。自分が元気になるだけではなく、笑顔は人に連鎖するため、周りの人も自然につられて笑顔になります。

自分を笑顔にしてくれた相手には無条件に好感を持つため、さらに良いスパイラルに繋がっていくのです。これは、ちょっとした出来事も話せるような職場づくりに効果があります。

私たちは、職場の潤滑油となり、気持ちよく仕事ができるように「気配り・目配り・心配り」を心がけていきます。

3．電話対応のコツ

電話応対の上手な人の共通点は、相手の気持ちや状態、会話のスピードなどを感じ取って、自然に合わせてゆく力「同調力」にあると思います。

①まず正確に聞き取る

全身を耳にして、まず相手の発する音声に同調し、正確に聞き取ることが第一歩です。

②相槌を入れる

話のテンポに同調します。「承知しました」と相槌を打ったり、「……ですね」と復唱するなどして、相手の気持ちに同調していくプロセスです。

③適確に対処する

相手の言いたいことや話の要点を受け止め理解したら、その趣旨に同調して適確に対処します。

4. 片づけとは片をつけること

書類は、デスクにとどまるものではなく、「発生」「保管」「保存」「廃棄」とオフィスを流れていくものです。

既に用済みとなった文書を自席の引き出しや事務所内のキャビネット・ロッカーに入れっぱなし

にしていることは、無駄にスペースを使っているのです。

本来共有化されるべき文書が自席周りに山積みになっていることは、必要文書の紛失に繋がります。書類は、目的意識を持った取り扱いが必要です。

①実行日時を決めよう

片づける時間がないのではなく、片づけないから時間がなくなります。

②判断保留をなくそう

「捨てるかどうか迷うから後で判断」は、既に不要物予備軍です。

③「使っているか」で判断しよう

「いずれ何かに使える」のほとんどは、何にも使えず残ったままになります。一年使わなかったものの多くは不要物です。

④整理方法を工夫しよう

机上に積まれた書類はヨコからタテにしましょう（ファイリング）。データ化して保存も検討しましょう。

5．未収金を発生させないために

未収金を発生させない！　発生してしまった未収金は早期回収！　そのために今後も、次の事を実践していきます。

●請求書の支払期日を末日ではなく、25日にする
●約束期日になっても、まだ顧問料・決算料の入金がない関与先を担当者へ連絡する
●引落不能の関与先があった場合、すぐ担当者へ伝え、先方へ連絡を入れてもらう

どれも当たり前の事ではありますが、こういった増やさない努力を続けることが大切だと思います。

これからの、年末調整・償却資産申告料・個人確定申告料は、申告期限までに必ず集金する計画を立てていきましょう。集金を後回しにすることなく、今期も関与先に喜ばれる仕事をして毎月の集金率一〇〇%を達成しましょう。

継続は力なり!!　私たちは、月内集金にこだわり、未収金を発生させない体制をつくります。

私たちは、
明るいコミュニケーション強化推進役として、
「笑顔の花」を届けます！

終章

中小企業が元気にならねば日本に明日はない！

（1）ＴＫＣ会員会計事務所を信頼すべし！

親身の経営アドバイザーとなれるのはＴＫＣ会員会計事務所だけだ

企業のことを「ゴーイング・コンサーン（Going Concern）」といいます。一般的に「継続する事業体」と訳されていますが、コンサーンには「心配、懸念」という意味もあります。限りなく続く心配ごとがあるのが企業というわけです。厳しい経済環境下にある今日、多くの中小企業が、「どうすれば売上を増やせるのか」「黒字に転換するためにはどんな手を打ったらよいのか」「どうすればもっと資金繰りが良くなるのか」といった悩みを抱えて苦しんでいます。まさに、心配の意味のゴーイング・コンサーンがちまたにあふれているのです。

今ほど、その悩みの解決をサポートしてくれる親身の経営アドバイザーが求められているときはないでしょう。それが本当にできるのは金融機関でもなければ、商工会、商工会議所でもありません。中小企業の最も身近に存在し、財務内容や経営状況をつぶさに知ることができる立場にいる我々会計事務所なのです。

残念ながら、どの会計事務所でも親身の経営サポートができるというわけではありませんが、「自利利他」を基本理念とし、租税正義の実現と関与先企業の永続的発展への奉仕を活動目的とするＴＫＣ全国会の会員会計事務所を、ぜひ信頼していただきたいのです。会計事務所のネットワークは数多く存在していますが、〝中小企業が元気にならねば、日本に明日はない〟という明確な認識と危機感を持って、中小企業の創業支援、経営革新支援に正面切って取り組んでいるのは、ＴＫＣ全国会会員会計事務所が一番でしょう。

ＴＫＣ会員会計事務所は中小企業の経営革新・黒字会社づくりに力を注いで成果を挙げている

ＴＫＣ全国会は、平成十一年から十三年までの三ヵ年をかけてスタートした、「成功の鍵（ＫＦＳ）作戦21」という運動を展開してきました。この運動の狙いは、悪化するわが国の経済情勢を受けて、ＴＫＣ会員会計事務所の関与先企業の経営者に対して――、

（1）経営ビジョン・目標の達成に向けての経営計画の策定の必要性
（2）正確かつスピーディな月次決算と業績管理体制構築の緊急性
（3）コンプライアンス（遵法）経営、特に適正申告の重要性

を訴え、そのための強力なツール、ＫＦＳ、アフターＫＦＳということでした。

「ＫＦＳ」とは

①「Ｋ」↓経営計画の策定をはじめ、企業の将来管理を目的とした「継続ＭＡＳシステム」でビジネス・プランの立案を支援。
②「Ｆ」↓リアルタイムでの現状把握（業績管理）を可能にする自計化システム「ＦＸ２」で的確な業績管理体制の構築を支援。

③「S」→税理士法第三三条の二による書面添付で、適正申告の履行を支援

この「成功の鍵（KFS）作戦21」の成果として最も重要な点は、「中小企業の黒字申告割合の向上に大きく貢献した」ということです。

また、この運動と並行して、全国二〇のTKC地域会及びその各支部では地元銀行等との「金融バンクミーティング」を活発に行い、関与先企業の支援に向けた金融機関との協力体制の構築を図ってきました。

平成十四年には、活力にあふれた日本を取り戻すには中小企業の復活・再生が不可欠であるとの認識から、「中小企業の創業・経営革新支援」を喫緊の課題と位置付け、その推進のための専門委員会を設置、「TKC経営革新セミナー」を、行政機関や商工会議所等の協力を得て全国展開しました。

平成十五年から始まった、①黒字決算割合の向上（KFSのさらなる推進）、②創業・経営革新支援活動、③会計事務所の社会的使命の完遂を柱とした、第二次「成功の鍵作戦21」を展開してきました。

このように、TKC会員会計事務所は、経営者のよき理解者となり、親身のサポートを行うことを、自分たちの使命と考えて積極的に活動しているのです。

最近の政治経済のていたらく、政・官・財の不祥事や癒着などをとらえて、ある有名な学者が次のように言われた。

「今の時代、汚れていない集団が三つある。一つは中小企業家を名乗る経営者の皆さん方、そして、二つ目は税務当局、三つ目はＴＫＣ全国会の会員先生方である」と。これらの汚れていない三つの集団が力を合わせて立ち上がれば、絶対に日本を救うことができるのだ……と。

(2) 今こそ中小企業は経営維新を断行し、力を合わせて日本を再生しよう！

経営維新に全力投球すべき歴史的転換期に中小企業は直面している

中小企業は、今や〝経営維新断行、待ったなし！〟の状況に直面しています。社長は、「自分は何のために会社を経営しているのか？」「自社はどうあるべきなのか？」を自らに厳しく問うべきときです。そして、〝顧客も社員も己自身だ〟との熱き思いを胸に、経営維新に全力投球すべき歴史的転換期なのです。

歴史的というのも、現在は、一四〇数年前の「明治維新」以来の大転換期だからです。徳川幕府から明治雄新政府に変わったときと、この二十一世紀初頭を比較すると、生活形態や文化、情報伝達方法などの違いはあっても、先の見えない将来への不安、そして長年培われた生活習慣や考え方が根底から変わった点で共通します。ＩＴ革命による電子政府、電子自治体等の高度情報ネットワーク社会の到来にとまどい、外資系企業の日本進出に怯える姿などは、まさに幕末・明治維新の時代と非常に似た状況にあるといっても過言ではありません。

その後、日本は、第二次大戦で歴史的敗戦を体験しながらも、見事に経済復興を遂げ、驚異的な成長を続けました。然し、その経済的繁栄におぼれ、本質を見失った結果、バブル崩壊により「金融敗戦」を迎え、その後二十年以上たった現在の日本は、全企業の約七五%が赤字で法人税を納めていないという、まさに国家崩壊の危機に瀕しています。今こそ中小企業が復活し、元気にならなければ日本に明日はありません。中小企業の社長が意識改革を断行して元気会社をつくること、すなわち経営維新を大きな志を持ってやり抜くことでこそ、日本経済の再生が実現すると確信します。

自社の強みを徹底的に活かして勝ち組を目指せ！

元気会社づくりのポイントについてはこれまでいろいろ述べてきましたが、過去の成功体験やセオリーをきっぱり拭い去って、客観的に自社の強み・弱みや外部環境を分析し、どの分野なら自社が勝ち残っていけるのかを見極めることも非常に大切です。すなわち「選択と集中」です。今、すべての企業に自社の強みをいかんなく発揮する経営が求められています。実際に強みを書き出していけば、意外に得意技を活かしていないことがわかるものです。

まず、「わが社は何を社会に供給するのか？」と、自社の事業を明確に定義づけることが必要です。その場合には商品やサービスの形態ではなく、機能で定義づけます。住宅建設であれば単なる建設業的視点ではなく、「快適な住空間の提案」「安心と夢を提案する」といった具合です。商品やサービスの形態や用途ではなく、基本機能に目を向けることでビジネスの幅は格段に広がっていきます。

続いて、集中です。自社の持つ人、物、金、時間という経営資源には限りがあり、これを自社の強みである分野に集中的に投下することが、厳しい企業間競争に勝つ秘訣です。だからこそ、強みを活かすためにどの分野を選択するかを見極めることが重要なのです。自社が社会に何を提供することができるのかを自問し、他社のやらないことをやるのです。独自の商品やサービスに集中し、自社の特長を前面に打ち出すことで、他社との差別化を図ることができます。商品を絞り込み、価格帯を絞り込み、顧客を絞り込み、その分野ではナンバーワンの存在となってしまうのです。選択と集中の原理で「誰もやらないことをやる」努力こそが、地域ナンバーワン、オンリーワン企業への道につながるのです。

先日、某信用金庫の勉強会で隣り合わせた若い企業経営者に「会社をつくった理由は？」と聞くと、その経営者は「私は税金を払うために会社をつくった」と答えました。りっぱな心がけです。税金を払えないような会社は相手にされませんが、税金を払える会社なら誰でも応援するというものです。さらに彼は「他社にはできないことをやって、オンリーワンの企業を目指す」と力強く語っていました。こういう姿勢の社長が経営する会社はどんどん伸びていくでしょう。

中小企業にとってはまだまだ厳しい経済環境が続いていきますが、それにまけることなく、ぜひとも社長業に命を燃やして経営維新を成し遂げ、勝ち組を目指してもらいたいと思います。われわれＴＫＣ会計人も全力で中小企業を支援していきます。ともに力を合わせて日本を再生しようではありませんか。

おわりに ―― TKC会員会計事務所を活かし中小企業が元気になって国家を支える集団になろう!!

「衆議院を解散します」

平成二十六年九月頃に一度話は出たものの、同年十二月、まさかこんなに早く解散があるとは多くの政治家も国民も思ってはいなかったのではないでしょうか。

なぜ今解散なのか。大義がないではないか。七〇〇〜八〇〇億円とも言われる選挙費用を何故いま使うのか……解散に対する疑問の声もありました。

安倍総理は、平成二十七年十月から消費税を一〇%にアップするかどうか、その決断が迫られていた。

平成二十六年四月に消費税を八%にアップし、落ち込んだ個人消費がなかなか元に戻らない。

これでまた一〇%にアップすれば更に落ち込む。

一方で日本の財政から考えれば上げなければならない。海外もまた、消費税アップは日本の財政を安定させるために日本政府が約束をしたこととして、当然実行すると思っていた。

そういう中で安倍総理は、消費税アップを平成二十九年四月まで延期すると決め、衆議院の解散を決断した。

そして安倍総理は「アベノミクス解散」と銘打ち、安倍政権の経済成長戦略の是非を国民に問うた。結果として安倍政権が支持されたことになるが、物事には常に賛成、反対がある。選挙の投票は数の多い方が勝つ。そして勝った方の考えで世の中は動いていく。

そうした今回の解散は、消費税のみが問題だったのだろうか。

日本が抱える問題は、財政問題に留まらず安全保障（国防）、憲法、教育、年金、福祉、医療等々、少子高齢化問題とともに先が見えないことばかりである。

むしろ国家としては、そちらの方が大きな問題である。

と考えると今回の解散は、現に日本の国の舵取りをしている最高責任者として、安倍総理にしかわからない、国家のためにやらねばならなかった意味があったのではないか。

国が安定していなければ、経済活動は安心してできない。

経済活動が安定しなければ、中小企業の経営も国民生活も安定しない。

その意味で安倍総理には、国家の最高責任者として真に国家国民のためになる政治をやって欲しいと願っています。

同時に私は、今回の選挙を通してよりはっきりと自覚したことがあります。

責任と使命、私達会計事務所が果たす役割の大きさです。

その意味で、本書の目的が間違いではなかったと自信を持ちました。

私達ＴＫＣ会員会計事務所は、国家の財政を支えるという大きな役割と使命があります。

その第一にやるべきことは、日本国家を支えている中小企業の赤字経営を黒字化することです。

世の中、どんなに不況であっても、またどんなに景気が良くても、成長する会社もあれば倒産する会社もあります。

ということは世の中の流れがどんな状況であっても、不況ならず普況なりと考え、潰れない会社づくり、発展する会社づくりをすることが大事だということがわかりました。

アベノミクスは、大企業だけが儲かって中小零細企業には恩恵がないという声もありますが、それも事実でしょう。

と言って、おこぼれが来るまで待ちますか。

待っている間に潰れてしまいます。

少子高齢化で、市場は極めて小さくなっていきます。

それだけ競争が激しくなるということです。

その中にあって、どんな会社が生き残っていくかです。

お客様に喜ばれる会社。

社員が生き生きと働き、やり甲斐をもって働ける会社。

それに尽きると思います。

ＴＫＣの理念「自利利他」の実践です。

「自利利他」の「自と他」をお客様と社員に置き換えてみると、お客様と社員は別々ではない。お客様のためになることが社員のためであり、社員の喜びがお客様の喜びにつながっていくということになります。


そうした会社が生き残っていくと思っています。

ではそうした会社を誰がつくるかと言えば、社長であるあなたです!!

社長の決断と実行で、お客様と社員が喜ぶ会社をつくることができるのです。

ここに私達ＴＫＣ会員会計事務所の出番があるわけです。


会計事務所は、会社の財布の中身を知っているわけですから、経営者と密着しています。

経営の実情を知るがゆえに、会社の行く末も予想でき、それに基づいて経営指導もできる立場にあります。

その点私達ＴＫＣ会員の会計事務所には、経営指導できる優れたツールが揃っています。

事実そのツールを使うことで、赤字会社が黒字化し、安定した経営ができるようになっています。

それができるのが、私達、ＴＫＣ会員会計事務所の税理士、会計士なのです。

その結果どうなるかと言えば、会社は黒字化し、優良企業誕生へと進んでいきます。

法人税減税も、黒字会社であってこそ恩恵があるのです。

ところが多くの中小企業の経営者は、会計事務所が、そんなに素晴らしい指導をしてくれるとは思ってもいません。

中小企業はＴＫＣ会員会計事務所を身近な存在と知り、活かさなければ、もったいない。

ＴＫＣ全国会の会員会計事務所は、中小企業の強い味方にならなければ申し訳ない!!……。

ただＴＫＣ会員会計事務所の中にも優劣があります。

そこでお薦めできるのが、真にＴＫＣの理念を実践し、ＦＸ２、ＦＸ４クラウド会計で自計化を推進しているＴＫＣ全国会会員会計事務所です。

なぜならＴＫＣ会員は「中小企業を元気にして国家を支える集団である」という理念を、創設以来業務推進の根本に置いているからです。

まさに、昨年（平成二十六年）末の衆議院解散と選挙運動を通して、私達職業会計人集団・ＴＫＣ会員会計事務所が、中小企業の「経営維新改革」のベストパートナーとして取り組まなければならないことがより明確になりました。

そんな思いで本書を出版致しました。


最後に幕末の蘭学者・佐藤一斉先生の哲学的心の檄を紹介します。

一灯をひっさげて暗夜をゆく
暗夜の暗きことを憂えるなかれ
ただ一灯を信ぜよ！

しからば一灯とは何か。それは恩師故飯塚毅先生の教え「自利利他」であり「光明に背面なし」の二大哲理であるということです。

平成二十七年四月十日

神野宗介

参考資料

JPA総研グループ沿革

昭和４１年　神野税務会計事務所創設
昭和５１年　株式会社日本パートナー会計事務所設立
昭和６０年　郡山事務所開設（所長　宗形税理士事務所）
昭和６１年　神田事務所開設（所長　大須賀税理士事務所）
平成２年　　多摩支社開設（所長　田制税理士事務所）
平成３年　　福島事務所開設（所長　佐藤重幸税理士事務所）
平成５年　　JPAあだたら研究所開設
平成７年　　パートナー税理士職員７０名
平成８年　　創立３０周年
代表取締役会長　神野宗介就任
代表取締役社長　田制幸雄就任
平成９年　　中小企業家・資産家のための悩み事「よろず相談所」開設
平成１３年　創立３５周年　出版事業発表会
平成１４年　日本パートナー税理士法人設立
代表社員税理士　神野宗介
平成１５年　日本パートナー社会保険労務士法人設立
平成１６年　本社移転　千代田区神田駿河台４－３
新御茶ノ水ビルディング１７階
ＪＰＡむさしの研究所開設
平成１７年　日本パートナー行政書士法人設立
平成１８年　ホノルル支社開設
平成１９年　渋谷支社開設
平成２１年　吉祥寺支社開設
平成２２年　二本松支社開設
平成２３年　仙台支社開設
平成２４年　ＪＰＡ財産クリニック開設

会社概要

平成２７年１月現在

叡知と勇気と情熱の飽くなきチャレンジ精神と
鉄の団結で取り組むプロ集団

経営理念　自利利他の実践
当事者意識の貫徹
不撓不屈の精神
生涯勤労学徒である

業務紹介　巡回監査業務
決算監査業務
戦略経営指導業務
ハッピーエンディング支援相続対策業務
資産対策財産クリニック
ＯＡ化自計化指導業務
コンピューター会計データサービス業務
リスクマネジメント・企業防衛保険指導業務

社　名　日本パートナー税理士法人
株式会社日本パートナー会計事務所

創　業　昭和４１年2月

本　社　東京都千代田区神田駿河台４丁目３番地
新御茶ノ水ビルディング１７階

代表者　代表　税理士　神野　宗介（尚美学園大学大学院元教授）
代　表　会長　税理士　田制　幸雄
社長　税理士　大須賀　弘和

役　員　取締役　15名　監査役　1名　顧問　5名

社　員　男性　73名　女性　31名

事業所　本社・東京（御茶ノ水）、本部、立川、吉祥寺、渋谷、郡山、福島、仙台、二本松、横浜、ホノルル
研究所：ＪＰＡむさしの研究所　ＪＰＡあだたら研究所
関連企業　株式会社パートナーバンク21
株式会社ＪＰＡ国際コンサルタンツ
日本パートナー社会保険労務士法人
日本パートナー行政書士法人
株式会社ＪＰＡ財産クリニック

所属団体　東京税理士会・東京地方税理士会・東北税理士会
税務会計研究学会
日本租税倫理学会
日本中小企業家同友会
中小企業研究学会
租税訴訟学会
ＴＫＣ全国会・社会保険労務士会・行政書士会
ＪＰＡ総研グループ友の会・オンリーワンクラブ
ＪＰＡ志士の会・不撓不屈の会
ＪＰＡハッピーエンディングノートを広める会

ＪＰＡ総研グループ年四回の儀式の概要

■一月　新春方針発表会

・ＪＰＡ総研グループ新春方針発表（神野代表）
・ＪＰＡ総研グループ社長経営方針発表
・新年の抱負と決意表明（専務、本部長、所長、支社長、部長）他

■四月　社長方針発表会・合同入社式

・合同入社式
・ＪＰＡ総研グループ方針発表（神野代表）
・ＪＰＡ総研グループ社長経営方針発表
・本部長・支社長現況報告と決意表明
・特別賞与の支給　他

■七月　長期事業構想・経営計画発表会

・辞令発表
・社員表彰
・ＪＰＡ総研グループ指針発表（神野代表）

・ＪＰＡ総研グループ社長指針発表
・本部長・各部長・支社長の決意表明　他

■十月　ＪＰＡ秋季大学成功体験発表会

・学長の言葉（神野代表）
・一人一成功体験発表
・分科会発表
・優秀者の表彰　他

平成２４・２５年重点活動テーマ
事務所総合表彰

TPSマスター201件以上グループ

第１位

日本パートナー税理士法人

税理士　大須賀　弘和　殿

貴事務所は「平成24・25年重点活動テーマ」
において頭書の通り事務所を挙げて
優秀な成績を修められました
このことは貴事務所が中小企業のビジネスドク
ターとして関与先企業に対して誠実に黒字決算
と適正申告の実現に努力されている証です
よってここに本状を贈呈し
深甚なる敬意を表します

平成26年6月8日

TKC全国会　会長　粟飯原　一雄

表彰状

ビジネス・イノベーション・アワード二〇一二

大　賞

株式会社日本パートナー会計事務所

代表取締役会長　神野宗介殿

貴社は強固な信念と独自のビジネス
モデルにより多くの支援企業の経営
再建を実現させ中小企業と地域経済
の活性化に貢献されました
よってその功績をたたえ「大　賞」
を贈り表彰します

平成二十四年十月十三日

社団法人　日本経営士会

会　長　佐藤敬夫

見本

第４１期
経　営　計　画　書

自：平成２６年　７月　１日
至：平成２７年　６月３０日

平成２６年　６月　４日

株式会社
代表取締役

協力　（株）日本パートナー会計事務所
根本　孝幸

中小企業経営力強化支援法に基づく
経営革新等支援機関
[認定機関：財務局・経済産業局]

TKC

目　次

株式会社

経営基本方針

1．経営理念

（1）責任　すべての行動に責任を持ってあたり、技術をみがき、会社の運営に貢献する。

（2）感謝　いつもありがとうの気持ちで人と物に接し、節約に心掛け節度のある社会人であること。

（3）奉仕　他人のためにいつでも喜んで進んで働き、お客様のためになり、そして自己の幸を追求していくこと。

2．経営基本方針

（1）売上目標達成　会社の利益は、自分の利益

（2）明確な作業指示による品質管理と作業伝票記録の充実

（3）報告・連絡・相談の実行　今決めた事は今から実行

（4）節約（特に時間）無理・無駄・むらの排除　売上は時間管理が原点

（5）顧客満足度の徹底　　◎お客様の視点にたったアドバイス

◎お客の立場で考える　◎お客の要望にすぐ対応　（すぐやる課）

3．将来の目標

（1）大競争、不況の時に対応可能な会社作り

目標時間の指示…標準工数の６０％

（2）対話、挨拶のできる社員の教養と養成

（3）営業拡大及び強化…訪問体制の確立

（4）チャレンジ精神…泣き言を言うな

仕事には、厳しさが当たり前

株式会社

重点課題

1．第４０期繰越課題の確認

（１）売上目標の未達成

（２）フロント業務の強化

（３）教育

接客マナー、お客様との対話の仕方

見積作成と作業伝票内容の充実

一般整備作業伝票内容の充実

2．第４１期の重点課題

（１）総務、経理業務と車両販売業務の強化、営業要員の充足

（２）売上目標達成のための計画と実行

問診と作業指示の仕方

作業伝票のシステム化

メーン作業内容の定型化の検討

（３）一般整備作業を武器とした戦略作り

（４）フロントの業務教育

車両　　　高桑・倉持

株式会社

目標売上高と行動計画

1．目標売上高

869,814千円　（前年比　111.9％）

2．目標売上高の科目内訳

（1）修理売上高	(4111)	162,106千円	（前年比　95.1％）
（2）クレーン売上高	(4112)	224,373千円	（前年比　104.8％）
（3）鈑金売上高	(4113)	144,855千円	（前年比　104.3％）
（4）車両売上高	(4114)	338,480千円	（前年比　133.1％）

3．目標達成のための行動計画

（1）幹部社員は経営基本方針を絶えず念頭に置き行動する。

自分が目標を持つことは、部下にも作業目標を与えなければ責任を果たすことができない。

標準工数表の６０％の時間工数で完成の作業指示を行う。

（2）我　社　に勤めるのは何のためか

（イ）お客様の安全と安心を売る

（ロ）会社の経営を通じ、社員及びその家族の幸福を追求する

以上の目標達成のために、常に営業拡大を念頭にチャレンジして責任をはたす。

株式会社

第４０期経営計画　社長方針

１．我　社　のキャッチフレーズ

親切・正確・早い・いつでも・どこでも・出張修理・

無能・無意欲・改善のできない者は社員にあらず

２．顧客満足の原点

顧客は、だれか

お客様は、どこにいるのか

お客様は、何を求めているのか

お客様の求める価値を、提供できるか

３．変化に次ぐ変化の時の対応

早く効率よく…お客様を待たせない時代

高　品　質…正しい企業努力と誠実さ

価　　　格…悪かろう安かろうの時代は過ぎた

利　便　性…何時でも何処でも

クオリティ（計画性）…アフタフォロー

親　密　性…いつでも良い感じ

環　　　境…人間尊重

我社を良くするには、お客様を良くすることである。

お客様を良くするためには、会社を良くする。

株式会社

目標変動損益計算書

第41期(平成26年 7月 1日～平成27年 6月30日)

商 号：株式会社

作成：H27. 2.26(18:23)

(単位：千円)

区分	項目		次期計画 (A)	構成比	当期実績 (B)	構成比	差 額 (A-B)	対 比 (A/B)	注	備 考
売上高	修理売上高	1	162,106	18.6	170,525	21.9	-8,419	95.1	*	
	クレーン売上高	2	224,373	25.8	214,010	27.5	10,362	104.8	*	
	板金売上高	3	144,855	16.7	138,819	17.9	6,035	104.3	*	
	車両売上高	4	338,480	38.9	254,264	32.7	84,215	133.1		
	値引・戻り高 (△)	5		0.0		0.0				
	純 売 上 高	6	869,814	100.0	777,619	100.0	92,194	111.9		
変動費	期 首 た な 卸 高	7	15,626	1.8	13,020	1.7	2,605	120.0	*	
	車両仕入高	8	298,877	34.4	223,787	28.8	75,089	133.6	*	
		9		0.0		0.0				
		10		0.0		0.0				
		11		0.0		0.0				
	仕入値引 (△)	12		0.0		0.0				
	材料仕入高	13	206,115	23.7	205,347	26.4	767	100.4		
		14		0.0		0.0				
	仕 入 高 合 計	15	504,992	58.1	429,134	55.2	75,857	117.7	*	
	外注加工費	16	33,186	3.8	31,885	4.1	1,300	104.1		
	消耗品費	17		0.0		0.0				
		18		0.0		0.0				
	その他変動費	19		0.0		0.0				
	月末たな卸高(△)	20	16,033	1.8	15,626	2.0	406	102.6		
	共 通 原 価 配 賦	21								
	変 動 費 合 計	22	537,771	61.8	458,414	59.0	79,356	117.3	*	
	限 界 利 益	23	332,043	38.2	319,204	41.0	12,838	104.0	*	
固定費	給与	24	133,800	15.4	133,919	17.2	-119	99.9		
	賞与	25	22,300	2.6	22,495	2.9	-195	99.1		
	その他人件費	26	69,200	8.0	72,052	9.3	-2,852	96.0		
	人 件 費 計	27	225,300	25.9	228,468	29.4	-3,168	98.6		
	(労働分配率)	28	67.9 %		71.6 %		-3.7 %			
	販売促進費	29	2,810	0.3	2,688	0.3	121	104.5		
	事務管理諸費	30	29,640	3.4	28,899	3.7	740	102.6		
	接待交際費	31	500	0.1	475	0.1	24	105.2		
	旅費交通費	32	3,900	0.4	3,959	0.5	-59	98.5		
	製造経費	33	6,260	0.7	8,136	1.0	-1,876	76.9		
	その他固定費	34	4,997	0.6	5,052	0.6	-55	98.9		
	営業外損益	35	-13,410	-1.5	-22,010	-2.8	8,600			
	他 の 固 定 費 計	36	34,697	4.0	27,201	3.5	7,495	127.6	*	
	部 門 固 定 費 計	37	259,997	29.9	255,670	32.9	4,326	101.7		
	部 門 達 成 利 益	38	72,046	8.3	63,534	8.2	8,511	113.4		
	減価償却費	39	12,800	1.5	13,718	1.8	-918	93.3		
	地代家賃	40	27,100	3.1	26,961	3.5	138	100.5		
	保険料	41	9,202	1.1	9,353	1.2	-151	98.4		
	設 備 費 計	42	49,102	5.6	50,033	6.4	-931	98.1		
	部 門 貢 献 利 益	43	22,944	2.6	13,500	1.7	9,443	169.9		
	共通固定費配賦	44								
	部門貢献利益(配賦後)	45	22,944	2.6	13,500	1.7	9,443	169.9		
	たな卸高増減(△)	46								
	固 定 費 合 計	47	309,099	35.5	305,703	39.3	3,395	101.1		
	経 常 利 益	48	22,944	2.6	13,500	1.7	9,443	169.9		

(注)純売上高の「対比」を超える科目に＊印を表示しています。

(株) 日本パートナー会計事務所

目標損益計算書

第41期（平成26年 7月 1日～平成27年 6月30日） 1頁

商号：株式会社　　　　作成：H27. 2.26(18:23)

（単位：千円）

	勘定科目名		次期計画(A)	構成比	当期実績(B)	構成比	差額(A-B)	対比(A/B)	注	備考
売上高	修理売上高	4111	162,106	18.6	170,525	21.9	-8,419	95.1	*	
	クレーン売上高	4112	224,373	25.8	214,010	27.5	10,362	104.8	*	
	鈑金売上高	4113	144,855	16.7	138,819	17.9	6,035	104.3	*	
	車両売上高	4114	338,480	38.9	254,264	32.7	84,215	133.1		
	売上値引戻り高	4115	0	0.0	0	0.0	0			
	純売上高		869,814	100.0	777,619	100.0	92,194	111.9		
売上原価	期首たな卸高	5111	0	0.0	0	0.0	0			
	車両仕入高	5211	298,877	34.4	223,787	28.8	75,089	133.6	*	
		5212								
		5215								
		5216								
	仕入値引戻し高	5213	0	0.0	0	0.0	0			
	当期製品製造原価		470,384	54.1	454,275	58.4	16,108	103.5		
		5273								
	期末たな卸高	5311	16,033	1.8	0	0.0	16,033			
	当期売上原価		753,228	86.6	678,063	87.2	75,164	111.1		
	売上総利益		116,586	13.4	99,556	12.8	17,029	117.1		
販売費及び一般管理費		6111								
		6311	0	0.0	0	0.0	0			
	販売員旅費	6112	0	0.0	0	0.0	0			
	広告宣伝費	6113	2,800	0.3	2,673	0.3	126	104.7		
		6114								
	発送配達費	6115	0	0.0	0	0.0	0			
	会議費	6116	10	0.0	14	0.0	-4	67.7		
		6117								
	貸倒引当金繰入	6118	0	0.0	0	0.0	0			
	役員報酬	6211	28,800	3.3	28,800	3.7	0	100.0		
		6232								
	派遣人件費	6212	0	0.0	0	0.0	0			
	賞与引当金繰入	6213	0	0.0	0	0.0	0			
	法定福利費	6312	0	0.0	0	0.0	0			
	厚生費	6226	2,800	0.3	3,649	0.5	-849	76.7		
	退職給与引当金繰入	6119	0	0.0	0	0.0	0			
	減価償却費	6214	12,800	1.5	13,718	1.8	-918	93.3		
		6234								
	地代家賃	6215	16,600	1.9	16,522	2.1	77	100.5		
	修繕費	6216	40	0.0	32	0.0	8	125.0	*	
	事務用消耗品費	6217	4,200	0.5	4,006	0.5	193	104.8		
	通信交通費	6218	3,900	0.4	3,959	0.5	-59	98.5		
	水道光熱費	6219	6,400	0.7	6,228	0.8	171	102.8		
	租税公課	6221	4,240	0.5	4,117	0.5	122	103.0		
	寄付金	6222	60	0.0	60	0.0	0	100.0		
	接待交際費	6223	500	0.1	475	0.1	24	105.2		
	保険料	6224	9,202	1.1	9,353	1.2	-151	98.4		
	備品消耗品費	6225	1,100	0.1	1,137	0.1	-37	96.7		
	管理諸費	6227	3,500	0.4	3,421	0.4	79	102.3		
	燃料費	6228	4,600	0.5	4,486	0.6	113	102.5		
	諸会費	6229	1,600	0.2	1,574	0.2	25	101.6		
		6313	0	0.0	0	0.0	0			
		6233								
	貸倒償却	6314	0	0.0	0	0.0	0			
	雑費	6231	3,900	0.4	3,835	0.5	64	101.7		
	小計		107,052	12.3	108,065	13.9	-1,013	99.1		
	営業利益（損失）		9,534	1.1	-8,509	-1.1	18,043			
営業外収益	受取利息	7111	10	0.0	26	0.0	-16	37.6	*	
	貸倒引当金戻入	7112	0	0.0	0	0.0	0			
	退職給与引当金戻入	7113	0	0.0	0	0.0	0			
	受取配当金	7114	400	0.0	524	0.1	-124	76.3	*	
	雑収入	7118	14,300	1.6	22,825	2.9	-8,525	62.7	*	
	小計		14,710	1.7	23,376	3.0	-8,666	62.9	*	
営業外費用	支払利息割引料	7511	1,300	0.1	1,306	0.2	-6	99.5		
		7518								
	退職金	7512	0	0.0	0	0.0	0			
		7513								
	貸倒償却	7514	0	0.0	0	0.0	0			
	繰延資産償却	7515	0	0.0	60	0.0	-60			
	雑損失	7519	0	0.0	0	0.0	0			
	小計		1,300	0.1	1,366	0.2	-66	95.2		
	経常利益（損失）		22,944	2.6	13,500	1.7	9,443	169.9		

（注）純売上高の「対比」を超える科目に＊印を表示しています。

（株）日本パートナー会計事務所

目標損益計算書

第41期(平成26年 7月 1日～平成27年 6月30日)　　　　2 頁

商 号：株式会社　　　　作成：H27. 2.26(18:23)

■当期製品製造原価の内訳　　　　(単位：千円)

	勘定科目名		次期計画 (A)	構成比	当期実績 (B)	構成比	差額 (A-B)	対比 (A/B)	注	備考
材料費	期首材料たな卸高	5411	10,736	1.2	9,922	1.3	813	108.2		
	材料仕入高	5412	206,115	23.7	205,347	26.4	767	100.4		
		5414								
	期末材料たな卸高	5413	0	0.0	10,735	1.4	-10,735			
	小計		216,851	24.9	204,534	26.3	12,316	106.0		
労務費	賃金	5431	133,800	15.4	133,919	17.2	-119	99.9		
	賞与	5432	22,300	2.6	22,495	2.9	-195	99.1		
	雑給	5433	0	0.0	0	0.0	0			
	法定福利費	5434	36,300	4.2	29,838	3.8	6,461	121.7	*	
	交通費	5435	1,300	0.1	9,764	1.3	-8,464	13.3		
	退職金	5438	0	0.0	0	0.0	0			
	小計		193,700	22.3	196,019	25.2	-2,319	98.8		
経費	外注加工費	5441	33,186	3.8	31,885	4.1	1,300	104.1		
		5436								
	マークデザイン料	5437	0	0.0	0	0.0	0			
		5451								
		5452								
		5453								
	運賃	5454	400	0.0	359	0.0	40	111.4		
	減価償却費	5455	0	0.0	0	0.0	0			
		5468								
	修繕費	5456	5,460	0.6	6,306	0.8	-846	86.6		
	租税公課	5457	400	0.0	429	0.1	-29	93.2		
	賃借料	5458	10,500	1.2	10,439	1.3	60	100.6		
	保険料	5459	0	0.0	0	0.0	0			
	消耗品費	5461	3,440	0.4	3,525	0.5	-85	97.6		
		5462								
		5463								
	通信費	5464	0	0.0	0	0.0	0			
	ゴミ処理料	5465	0	0.0	1,041	0.1	-1,041			
		5466								
	雑費	5467	1,557	0.2	1,527	0.2	29	102.0		
	小計		54,943	6.3	55,513	7.1	-570	99.0		
当期総製造費用			465,494	53.5	456,068	58.6	9,425	102.1		
	期首仕掛品たな卸高	5471	4,890	0.6	3,097	0.4	1,792	157.8	*	
	期末仕掛品たな卸高	5472	0	0.0	4,890	0.6	-4,890			
		5473								
当期製品製造原価			470,384	54.1	454,275	58.4	16,108	103.5		

(注) 純売上高の「対比」を超える科目に＊印を表示しています。

（株）日本パートナー会計事務所

資金繰り計画表

第41期(平成26年 7月 1日～平成27年 6月30日)

1 頁

商 号：株式会社

作成：H27. 2.26(18:23)

(単位：千円)

収支区分			26年 7月	26年 8月	26年 9月	26年10月	26年11月	26年12月
経常収入	売上高入金	1	75,211	76,968	60,095	79,326	79,486	79,150
	営業外収入	2	1,286	1,286	1,286	1,286	1,286	1,286
	その他経常収入	3	0	0	0	0	0	0
	経常収入(A)	4	76,497	78,254	61,381	80,612	80,772	80,436
経常支出	仕入高支払	5	57,184	39,408	44,954	37,901	41,806	47,218
	人件費支払	6	22,923	17,973	17,973	17,973	17,973	22,923
	経費支払	7	7,548	7,548	7,548	7,548	7,553	7,609
	その他経常支出	8	0	0	0	0	0	0
	経常支出(B)	9	87,655	64,929	70,475	63,422	67,332	77,750
	経常収支比率(A/B)	10	87.3 %	120.5 %	87.1 %	127.1 %	120.0 %	103.5 %
	過不足(C=A-B)	11	-11,158	13,325	-9,094	17,190	13,440	2,686
財務等支出	既存借入金の返済	12	1,788	1,502	1,502	1,502	1,502	1,502
	新規借入金の返済	13	0	0	0	0	0	0
	固定資産購入	14	0	0	0	0	0	0
	法人税等支払	15	0	9,015	0	0	4,324	0
	その他財務等支出	16	0	0	0	0	0	0
	財務等支出(D)	17	1,788	10,517	1,502	1,502	5,826	1,502
	過不足(E=C-D)	18	-12,946	2,808	-10,596	15,688	7,614	1,184
財務等収入	手形等割引	19	0	0	0	0	0	0
	短期借入金調達	20	0	0	0	0	0	0
	長期借入金調達	21	0	0	0	0	0	0
	その他財務等収入	22	0	0	0	0	0	0
	財務等収入(F)	23	0	0	0	0	0	0
	過不足(G=E+F)	24	-12,946	2,808	-10,596	15,688	7,614	1,184
	月初資金有り高	25	46,524	33,578	36,386	25,790	41,478	49,092
	過不足(累計)	26	0	0	0	0	0	0
	月末資金有り高	27	33,578	36,386	25,790	41,478	49,092	50,276

(株) 日本パートナー会計事務所

資金繰り計画表

第41期(平成26年 7月 1日～平成27年 6月30日)　　2 頁

商 号：株式会社　　作成：H27. 2.26(18:23)

(単位：千円)

収支区分			27年 1月	27年 2月	27年 3月	27年 4月	27年 5月	27年 6月
経常収入	売上高入金	1	73,556	77,434	84,436	89,375	65,590	91,526
	営業外収入	2	1,286	1,286	1,286	1,286	1,286	1,705
	その他経常収入	3	0	0	0	0	0	0
	経常収入（A）	4	74,842	78,720	85,722	90,661	66,876	93,231
経常支出	仕入高支払	5	49,139	47,986	45,531	52,417	28,173	53,779
	人件費支払	6	17,973	17,973	17,973	17,973	17,981	18,002
	経費支払	7	7,549	7,548	7,551	7,552	7,550	7,625
	その他経常支出	8	0	0	0	0	0	0
	経常支出（B）	9	74,661	73,507	71,055	77,942	53,704	79,406
	経常収支比率(A/B)	10	100.2 %	107.1 %	120.6 %	116.3 %	124.5 %	117.4 %
	過不足(C=A-B)	11	181	5,213	14,667	12,719	13,172	13,825
財務等支出	既存借入金の返済	12	1,376	1,336	1,336	1,336	1,336	1,336
	新規借入金の返済	13	0	0	0	0	0	0
	固定資産購入	14	0	0	0	0	0	0
	法人税等支払	15	0	6,440	0	0	4,324	0
	その他財務等支出	16	0	0	0	0	0	0
	財務等支出(D)	17	1,376	7,776	1,336	1,336	5,660	1,336
	過不足(E=C-D)	18	-1,195	-2,563	13,331	11,383	7,512	12,489
財務等収入	手形等割引	19	0	0	0	0	0	0
	短期借入金調達	20	0	0	0	0	0	0
	長期借入金調達	21	0	0	0	0	0	0
	その他財務等収入	22	0	0	0	0	0	0
	財務等収入(F)	23	0	0	0	0	0	0
	過不足(G=E+F)	24	-1,195	-2,563	13,331	11,383	7,512	12,489
	月初資金有り高	25	50,276	49,081	46,518	59,849	71,232	78,744
	過不足(累計)	26	0	0	0	0	0	0
	月末資金有り高	27	49,081	46,518	59,849	71,232	78,744	91,233

(株) 日本パートナー会計事務所

予測貸借対照表

第41期（平成26年 7月 1日～平成27年 6月30日）

商 号：株式会社　　　　作成：H27. 2.26(18:23)

（単位：千円）

区分		項目	No.	次期計画(A) 27年 6月現在		当期実績(B) 26年 6月現在		差額 (A-B)	対比 (A/B)	備考
資産の部	流動資産	現金預金	1	91,233	22.9	46,524	12.4	44,708	196.1	
		定期性預金	2	18,435	4.6	18,435	4.9	0	100.0	
		現金預金計	3	109,669	27.6	64,960	17.3	44,708	168.8	
		受取手形等	4	8,466	2.1	7,485	2.0	980	113.1	
		売掛金	5	54,075	13.6	47,811	12.7	6,263	113.1	
		売上債権	6	62,541	15.7	55,297	14.7	7,243	113.1	
		その他当座資産	7	0	0.0	0	0.0	0		
		たな卸資産	8	16,033	4.0	33,059	8.8	-17,026	48.5	
		短期貸付金	9	0	0.0	0	0.0	0		
		その他流動資産	10	8,443	2.1	8,443	2.2	0	100.0	
		流動資産合計	11	196,686	49.4	161,760	43.0	34,925	121.6	
	固定・繰延	有形固定資産	12	122,896	30.9	135,696	36.1	-12,800	90.6	
		無形・投資等	13	78,449	19.7	78,449	20.9	0	100.0	
		繰延資産	14	0	0.0	0	0.0	0		
		固定・繰延資産計	15	201,346	50.6	214,146	57.0	-12,800	94.0	
		資産合計	16	398,032	100.0	375,907	100.0	22,125	105.9	
負債・純資産の部	負債の部	支払手形等	17	41,836	10.5	36,009	9.6	5,826	116.2	
		買掛金	18	43,060	10.8	37,062	9.9	5,997	116.2	
		買入債務	19	84,896	21.3	73,071	19.4	11,824	116.2	
		短期借入金	20	270	0.1	270	0.1	0	100.0	
		未払金	21	40,204	10.1	40,204	10.7	0	100.0	
		未払法人税等	22	4,965	1.2	750	0.2	4,215	661.3	
		割引手形等	23	0	0.0	0	0.0	0		
		その他流動負債	24	13,415	3.4	4,659	1.2	8,756	287.9	
		流動負債合計	25	143,752	36.1	118,956	31.6	24,795	120.8	
		長期借入金等	26	61,259	15.4	78,613	20.9	-17,354	77.9	
		その他固定負債	27	14,800	3.7	14,800	3.9	0	100.0	
		固定負債合計	28	76,059	19.1	93,413	24.9	-17,354	81.4	
		負債合計	29	219,811	55.2	212,369	56.5	7,441	103.5	
	純資産	株主資本	30	178,221	44.8	163,537	43.5	14,684	109.0	
		評価差額等新株	31	0	0.0	0	0.0	0		
		純資産合計	32	178,221	44.8	163,537	43.5	14,684	109.0	
		負債・純資産合計	33	398,032	100.0	375,907	100.0	22,125	105.9	

（株）日本パートナー会計事務所

次期経営計画書(財務諸表)

第41期(平成26年 7月 1日～平成27年 6月30日)

商 号：株式会社

作成：H27. 2.26(18:23)

(単位：千円)

区分	項目	前期実績	構成比	当期実績(A)	構成比	次期計画(B)	構成比	差異(B-A)	対比(B/A)	注
貸借対照表	流動資産	175,775	45.1	161,760	43.0	196,686	49.4	34,925	121.6	*
	当座資産	132,978	34.1	120,257	32.0	172,210	43.3	51,952	143.2	*
	(現金預金)	77,268	19.8	64,960	17.3	109,669	27.6	44,708	168.8	*
	(売上債権)	55,710	14.3	55,297	14.7	62,541	15.7	7,243	113.1	*
	たな卸資産	33,255	8.5	33,059	8.8	16,033	4.0	-17,026	48.5	
	その他流動資産	9,541	2.4	8,443	2.2	8,443	2.1	0	100.0	
	固定資産	213,748	54.9	214,146	57.0	201,346	50.6	-12,800	94.0	
	有形固定資産	146,145	37.5	135,696	36.1	122,896	30.9	-12,800	90.6	
	無形固定資産・投資	67,603	17.4	78,449	20.9	78,449	19.7	0	100.0	
	繰延資産	0	0.0	0	0.0	0	0.0	0	-	
	総資産	389,523	100.0	375,907	100.0	398,032	100.0	22,125	105.9	
	流動負債	125,278	32.2	118,956	31.6	143,752	36.1	24,795	120.8	*
	(買入債務)	69,887	17.9	73,071	19.4	84,896	21.3	11,824	116.2	*
	(短期借入金)	270	0.1	270	0.1	270	0.1	0	100.0	
	(割引手形等)	0	0.0	0	0.0	0	0.0	0	-	
	固定負債	110,020	28.2	93,413	24.9	76,059	19.1	-17,354	81.4	
	(長期借入金等)	91,620	23.5	78,613	20.9	61,259	15.4	-17,354	77.9	
	純資産	154,225	39.6	163,537	43.5	178,221	44.8	14,684	109.0	*
	株主資本	154,225	39.6	163,537	43.5	178,221	44.8	14,684	109.0	*
	評価差額等新株	0	0.0	0	0.0	0	0.0	0	-	
損益計算書	純売上高	797,629	100.0	777,619	100.0	869,814	100.0	92,194	111.9	
	売上原価	682,236	85.5	678,063	87.2	753,228	86.6	75,164	111.1	
	売上総利益	115,392	14.5	99,556	12.8	116,586	13.4	17,029	117.1	*
	販売費及び一般管理費	105,609	13.2	108,065	13.9	107,052	12.3	-1,013	99.1	
	販売費	2,297	0.3	2,688	0.3	2,810	0.3	121	104.5	
	一般管理費	103,312	13.0	105,377	13.6	104,242	12.0	-1,135	98.9	
	(役員報酬)	28,800	3.6	28,800	3.7	28,800	3.3	0	100.0	
	(役員外販管人件費)	2,077	0.3	3,649	0.5	2,800	0.3	-849	76.7	
	(減価償却費A)	13,265	1.7	13,718	1.8	12,800	1.5	-918	93.3	
	営業利益	9,782	1.2	-8,509	-1.1	9,534	1.1	18,043	-	
	営業外収益	12,570	1.6	23,376	3.0	14,710	1.7	-8,666	62.9	
	(受取利息・配当金)	365	0.0	551	0.1	410	0.0	-141	74.4	
	営業外費用	1,578	0.2	1,366	0.2	1,300	0.1	-66	95.2	
	(支払利息割引料)	1,518	0.2	1,306	0.2	1,300	0.1	-6	99.5	
	経常利益	20,774	2.6	13,500	1.7	22,944	2.6	9,443	169.9	*
	特別損益	-3,042	-0.4	-805	-0.1	0	0.0	805	-	
	税引前当期純利益	17,732	2.2	12,695	1.6	22,944	2.6	10,248	180.7	*
	(減価償却費計A＋B)	13,265	1.7	13,718	1.8	12,800	1.5	-918	93.3	
売上原価内訳書	売上原価	682,236	85.5	678,063	87.2	753,228	86.6	75,164	111.1	
	商品売上原価	199,991	25.1	223,787	28.8	282,844	32.5	59,056	126.4	
	製品売上原価	482,245	60.5	454,275	58.4	470,384	54.1	16,108	103.5	
	材料費	210,691	26.4	204,534	26.3	216,851	24.9	12,316	106.0	
	労務費	198,978	24.9	196,019	25.2	193,700	22.3	-2,319	98.8	
	外注加工費	35,848	4.5	31,885	4.1	33,186	3.8	1,300	104.1	
	減価償却費B	0	0.0	0	0.0	0	0.0	0	-	
	その他の経費	23,114	2.9	23,628	3.0	21,757	2.5	-1,871	92.1	
	(△)たな卸高増減	-13,611	-1.7	1,792	0.2	-4,890	-0.6	-6,682	-	
付加価値計算書	純売上高	797,629	234.1	777,619	247.0	869,814	262.9	92,194	111.9	
	商品売上原価	199,991	58.7	223,787	71.1	282,844	85.5	59,056	126.4	
	材料費	216,811	63.6	203,730	64.7	219,129	66.2	15,398	107.6	
	外注加工費	36,890	10.8	31,759	10.1	33,534	10.1	1,774	105.6	
	工場消耗品費	3,153	0.9	3,511	1.1	3,476	1.1	-35	99.0	
	加工高(粗利益)	340,782	100.0	314,829	100.0	330,830	100.0	16,000	105.1	
	加工高(粗利益)比率(%)	42.7		40.5		38.0		-2.5	93.9	
	加工高労働生産性	7,745		7,155		7,971		816	111.4	
	人件費	235,635	69.1	227,698	72.3	227,334	68.7	-363	99.8	
	労務費	165,981	48.7	155,801	49.5	157,739	47.7	1,938	101.2	
	給料手当	28,800	8.5	28,800	9.1	28,800	8.7	0	100.0	
	福利厚生費	40,854	12.0	43,097	13.7	40,794	12.3	-2,302	94.7	

(注) 総資産のすう勢比(B/A)を超える貸借対照表項目と、純売上高のすう勢比(B/A)を超える損益計算書項目に＊印を表示しています。

(株) 日本パートナー会計事務所

次期経営計画書(経営分析表)

第41期(平成26年 7月 1日～平成27年 6月30日)

商 号：株式会社

作成：H27. 2.26(18:23)

(単位：千円)

分類	細分類	項目	前期実績	当期実績(A)	次期計画(B)	差異(B-A)	対比(B/A)
		平均従事員数(月)(人)	44.0	44.0	41.5	-2.5	94.3
収益性分析	総合	総資本営業利益率(%)	2.5	-2.3	2.4	4.7	-
収益性分析	総合	総資本経常利益率(%)	5.3	3.6	5.8	2.2	161.1
収益性分析	総合	自己資本利益率(税引前)(%)	11.5	7.8	12.9	5.1	165.4
収益性分析	資本回転率	総資本回転率(回)	2.0	2.1	2.2	0.1	104.8
収益性分析	資本回転率・回転期間	総資本(日)	178.2	176.4	167.0	-9.4	94.7
収益性分析	資本回転率・回転期間	流動資産(日)	80.4	75.9	82.5	6.6	108.7
収益性分析	資本回転率・回転期間	現金・預金(日)	35.4	30.5	46.0	15.5	150.8
収益性分析	資本回転率・回転期間	売上債権(日)	25.5	26.0	26.2	0.2	100.8
収益性分析	資本回転率・回転期間	たな卸資産(日)	15.2	15.5	6.7	-8.8	43.2
収益性分析	資本回転率・回転期間	その他流動資産(日)	4.4	4.0	3.5	-0.5	87.5
収益性分析	資本回転率・回転期間	固定・繰延資産(日)	97.8	100.5	84.5	-16.0	84.1
収益性分析	資本回転率・回転期間	有形固定資産(日)	66.9	63.7	51.6	-12.1	81.0
収益性分析	資本回転率・回転期間	流動負債(日)	57.3	55.8	60.3	4.5	108.1
収益性分析	資本回転率・回転期間	買入債務(日)	32.0	34.3	35.6	1.3	103.8
収益性分析	資本回転率・回転期間	買入債務(支払基準)(日)	54.6	58.0	58.5	0.5	100.9
収益性分析	資本回転率・回転期間	固定負債(日)	50.3	43.8	31.9	-11.9	72.8
収益性分析	資本回転率・回転期間	自己資本(日)	70.6	76.8	74.8	-2.0	97.4
収益性分析	売上高利益率	売上高営業利益率(%)	1.2	-1.1	1.1	2.2	-
収益性分析	売上高利益率	売上高経常利益率(%)	2.6	1.7	2.6	0.9	152.9
収益性分析	売上高利益率・対売上高比率	売上総利益率(%)	14.5	12.8	13.4	0.6	104.7
収益性分析	売上高利益率・対売上高比率	材料費(%)	27.2	26.2	25.2	-1.0	96.2
収益性分析	売上高利益率・対売上高比率	労務費(%)	25.7	25.1	22.5	-2.6	89.6
収益性分析	売上高利益率・対売上高比率	外注加工費(%)	4.6	4.1	3.9	-0.2	95.1
収益性分析	売上高利益率・対売上高比率	経費(%)	3.0	3.0	2.5	-0.5	83.3
収益性分析	売上高利益率・対売上高比率	販売費及び一般管理費(%)	13.2	13.9	12.3	-1.6	88.5
収益性分析	売上高利益率・対売上高比率	販管人件費(%)	3.9	4.2	3.6	-0.6	85.7
収益性分析	売上高利益率・対売上高比率	営業外収益(%)	1.6	3.0	1.7	-1.3	56.7
収益性分析	売上高利益率・対売上高比率	営業外費用(%)	0.2	0.2	0.1	-0.1	50.0
収益性分析	売上高利益率・対売上高比率	支払利息割引料(%)	0.2	0.2	0.1	-0.1	50.0
生産性分析		1人当り売上高(年)(千円)	18,127	17,673	20,959	3,286	118.6
生産性分析		加工高(粗利益)比率(%)	42.7	40.5	38.0	-2.5	93.8
生産性分析		1人当り加工高(粗利益)(年)(千円)	7,745	7,155	7,971	816	111.4
生産性分析		1人当り人件費(年)(千円)	5,224	5,192	5,428	236	104.6
生産性分析		労働分配率(限界利益)(%)	68.1	71.6	67.9	-3.7	94.8
生産性分析		1人当り総資本(千円)	8,852	8,543	9,591	1,047	112.3
生産性分析		1人当り有形固定資産(千円)	3,321	3,084	2,961	-122	96.0
生産性分析		加工高設備生産性(%)	233.2	232.0	269.2	37.2	116.0
生産性分析		1人当り経常利益(年)(千円)	472	306	552	246	180.2
安全性分析		流動比率(%)	140.3	136.0	136.8	0.8	100.6
安全性分析		当座比率(%)	106.1	101.1	119.8	18.7	118.5
安全性分析		預金対借入金比率(%)	82.0	81.3	104.3	23.0	128.3
安全性分析		借入金対月商倍率(月)	1.4	1.2	0.8	-0.4	66.7
安全性分析		固定比率(%)	138.6	130.9	113.0	-17.9	86.3
安全性分析		固定長期適合率(%)	80.9	83.3	79.2	-4.1	95.1
安全性分析		自己資本比率(%)	39.6	43.5	44.8	1.3	103.0
安全性分析		経常収支比率(%)	109.4	103.1	108.1	5.0	104.8
安全性分析		実質金利率(%)	1.9	1.9	2.5	0.6	131.6
債務償還能力		ギアリング比率(%)	59.6	48.2	34.5	-13.7	71.6
債務償還能力		自己資本額(千円)	154,225	163,537	178,221	14,684	109.0
債務償還能力		債務償還年数(年)	0.0	0.0	0.0	0.0	-
債務償還能力		ｲﾝﾀﾚｽﾄ・ｶﾊﾞﾚｯｼﾞ・ﾚｼｵ(倍)	6.7		7.6		-
債務償還能力		償却前営業利益(千円)	23,048	5,208	22,334	17,125	428.8
成長性		対前年売上高比率(%)	107.1	97.5	111.9	14.4	114.8
成長性		経常利益増加額(千円)	-283	-7,273	9,443	16,717	-
損益分岐点		損益分岐点売上高(年)(千円)	748,529	744,730	809,710	64,980	108.7
損益分岐点		経営安全率(%)	6.2	4.2	6.9	2.7	164.3
損益分岐点		限界利益率(%)	42.3	41.0	38.2	-2.8	93.2
損益分岐点		固定費(年)(千円)	316,711	305,703	309,099	3,395	101.1
損益分岐点		固定費増加率(%)	98.7	96.5	101.1	4.6	104.8

(株) 日本パートナー会計事務所

JPA総研グループ　社是

一、興和

一、共豊

一、奉仕

KIJPA
(株)日本パートナー会計事務所
社長　神野宗介

JPA総研グループ　社訓

一、素直、感謝、詫び、本気
一、自己責任感、プラス思考
一、目標を鮮やかに想像し熱望
　　そして　仕事に取り組む

KIJPA
(株) 日本パートナー会計事務所
社長　神野宗介

ＪＰＡ総研グループ　五信条

一、われわれは、関与先企業の正しい防衛と経営発展のために、誠意をこめて奉仕する。

二、われわれは、常に自らに不満と退屈を感じ、常にこれに挑戦する。

三、われわれは、いつも不撓不屈の精神をもって、自分に与えられた責任を完遂する。

四、われわれは、日本一の事務所建設と全社員の幸福のため、職場の規律を厳守する。

五、われわれは、理想をもって進み、燃える情熱と鉄の団結で前進する。

ＫＩＪＰＡ
（株）日本パートナー会計事務所
社長　神野宗介

ＪＰＡ総研グループ　社員の誓い

一、我々社員一同は会社と家族を守る為、業績向上に努めます。

一、我々社員一同は会社の歴史と実績にプライドを持ち、誇りあるグループづくりを目指します。

一、我々社員一同は初心を忘れず「志」を持って、グループの繁栄と国家社会に貢献致します。

一、我々社員一同は英知と勇気と情熱を持って、活力社会を目指し、価値創造業務に力を合わせ実践断行致します。

一、我々社員一同は40年の暖簾と栄光を大切に、公正な社会を担うグループ社員、立派な勤労学徒たることを誓います。

平成十八年十月吉日　　　ＪＰＡ総研グループ　社員一同

ＪＰＡ総研グループ　職員心得

■排除される不良職員

①　腰掛け人間
②　親不孝者
③　挨拶おじぎ礼儀知らず
④　勤労学徒の自覚なき者
⑤　素直・感謝・詫び・本気のない人間

■絶対にやってはいけないこと

①　やりたくないこと
②　迷うことと自信がないこと
③　責任のもてないこと
④　世の為人の為にならないこと
⑤　義恩情に反すること

ＪＰＡ総研グループ　同志賛歌

同志とは　熱き血潮と情熱を
　ともに誓える仕事の仲間
同志とは　流す涙も苦しみも
　ともに耐えつつむすびゆく心の友
同志とは　喜びも悲しみも
　ともに語り合える人と人
同志とは　いのちの全てをかけても
　悔なく目的に精進する友と友

～プロフィール～

神野 宗介 法学修士・尚美学園大学大学院 元教授
税理士・経営士・社会保険労務士・行政書士

昭和１６年	６月	福島県二本松市大壇に生まれる
昭和４０年	３月	中央大学商学部卒業
昭和４０年	８月	税理士試験合格
昭和４１年	２月	神野税務会計事務所　開設
昭和４５年	６月	株式会社　ＴＫＣ入会 導入委員・システム委員・研修所常任講師・ＴＫＣ東京中央会会長・ＴＫＣ全国会副会長を歴任
昭和５１年	１月	株式会社日本パートナー会計事務所　設立 代表取締役社長　就任
昭和５１年	２月	社団法人青年会議所運動に没頭し、二本松ＪＣ理事長・日本ＪＣ企業コンサルティング部会長を歴任
昭和５９年	１２月	青年会議所を卒業し、同年、同友会運動に参加 その間、福島県中小企業家同友会副理事長を歴任 経営士・社労士・行政書士に登録、ＪＰＡ士々の会を結成活動中
平成　元年	４月	福島県中小企業経友プラザ代表幹事、異業種交流カタライザー登録
平成　９年	８月	株式会社日本パートナー会計事務所代表取締役会長　就任
平成１４年	３月	中央大学法学部大学院法学研究科博士号修士課程修了
平成１９年	４月	尚美学園大学大学院　総合政策研究科教授　就任
平成２３年	１０月	日本総合租税実務研究会会長　就任
平成２４年	１０月	日本戦略経営研究会会長　就任

現　　在

税務会計研究学会正会員・租税理論学会正会員・日本税法学会正会員
日本経営士会正会員・日本税務会計学会会員
日本中小企業学会正会員・アジア経済人会議会員
会計事務所後継者問題研究会会長
全日本人事ＭＡＳ協会理事長
ＪＰＡ総研グループ
　㈱日本パートナー会計事務所　代表取締役会長
　日本パートナー税理士法人　代表社員
　日本パートナー社会保険労務士法人　代表社員
　日本パートナー行政書士法人　代表社員
　㈱ジェーピーエー国際コンサルタンツ　代表取締役会長
　㈱日本パートナーバンク２１　代表取締役会長
　㈱ＪＰＡ財産クリニック　会長
ＪＰＡ士々の会会長
ＪＰＡハッピーエンディングノートを広める会　会長

ＴＫＣ全国会会員に学ぶ
中小企業の経営維新
自利利他の実践に命を燃やす社長たれ!!

平成２７年６月５日　第１刷発行

著　者　　神野宗介
発行者　　斎藤信二
発行所　　株式会社　高木書房
〒１１４-００１２
東京都北区田端新町１-２１-１-４０２
電　話　　０３-５８５５-１２８０
ＦＡＸ　　０３-５８５５-１２８１
装　丁　　株式会社インタープレイ
印刷・製本　株式会社ワコープラネット

乱丁・落丁は、送料小社負担にてお取替えいたします。定価はカバーに表示してあります。

 ISBN978-4-88471-439-0　C0034